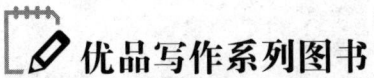 优品写作系列图书

U0781801

实用文体写作 （第三版）

Shiyong Wenti Xiezuo

潘桂云 ◎ 主编

首都经济贸易大学出版社

Capital University of Economics and Business Press

·北京·

图书在版编目(CIP)数据

实用文体写作/潘桂云主编. ——3 版. ——北京：首都经济贸易大学出版社，2019.3

ISBN 978 - 7 - 5638 - 2912 - 5

Ⅰ.①实… Ⅱ.①潘… Ⅲ.①汉语—应用文—写作—高等学校—教材 Ⅳ.①H152.3

中国版本图书馆 CIP 数据核字(2019)第 019734 号

实用文体写作(第三版)

主编　潘桂云

责任编辑　小　尘

封面设计　砚祥志远·激光照排　TEL: 010-65976003

出版发行　首都经济贸易大学出版社

地　　址　北京市朝阳区红庙 (邮编 100026)

电　　话　(010)65976483　65065761　65071505(传真)

网　　址　http//www. sjmcb. com

E – mail　publish @ cueb. edu. cn

经　　销　全国新华书店

照　　排　北京砚祥志远激光照排技术有限公司

印　　刷　北京玺诚印务有限公司

开　　本　710 毫米 × 1000 毫米　1/16

字　　数　356 千字

印　　张　20.25

版　　次　2005 年 10 月第 1 版　**2009 年 3 月第 3 版**
　　　　　　2019 年 3 月总第 7 次印刷

书　　号　ISBN 978 - 7 - 5638 - 2912 - 5/H · 204

定　　价　39.00 元

第三版前言

《实用文体写作》是对专业教育、人文素质教育、审美教育相结合的探索。教材作为重要的教学载体，体现了教师的教育理念和教育行为。书中简洁通俗的语言，大量生动的范例，实践实训的过程指导，融入了编者在体系探究、内容选取、过程探索等方面的经验，旨在为学生提供良好的学习指南，实现教学、职业生涯和人生发展的有机融合。

本次修订原因有三个：第一，2012年4月16日中共中央办公厅和国务院办公厅联合下发了《党政机关公文处理工作条例》（中办发〔2012〕14号），并于2012年7月1日起正式施行。原版教材于2011年出版，因此有必要对原版公文整体内容进行修改。第二，为增强应用写作的社会性，使其更接地气，更具有广泛性，对书中案例进行了增、删、添、改，引用一些生动而鲜活的案例，增强了新鲜感和时代感。为增强应用写作的交流感，教材中增加了学生参与性环节，让学生在平等对话、互动参与中学会学习，学会写作，实现知识和技能的增值。第三，进一步更新写作观念，突出实用性和稳固性。实用文是传播、表达情感、实现人生理想的工具，不管时代怎么变，不管行业怎么改，不管角色怎么换，实用文体写作都是打基础的、能够让人们更好地应对工作、应对生活、用于实际的基本功。不管将来用什么写作，都要有一个思维写作过程，都应具备简练准确的表达能力，而这种能力是相对稳定的基本能力。

本次修订由主编潘桂云主持实施。我们知道课程改革和教学资源建设是需要逐步探索、不断完善的，本书也存在一些遗憾和不足，恳请各位专家、学者和同行指导和批评，争取在今后的改革实践中做得更好。

本书参考、吸收并借鉴了国内外一些专家学者的研究成果，并引用了部分相关资料。由于时间仓促，部分资料未能与原作者取得联系，在此向有关专家学者致以深深的歉意和谢意！首都经济贸易大学出版社的编辑为本书的出版付出了大量心血，在此表示诚挚的感谢！

编　者

2018年9月

第二版前言

《实用文体写作》编写组站在培养高技能应用人才的角度设计教材内容,将教学内容与职业的基本规范及学生未来的职业实践结合起来,使内容贴近专业、贴近职业,实现教学、职业生活、人生发展的有机融合。

本书在编写时,试图突破传统的写作教材框架,构建新的教材体系,站在学生的角度来引导学生发现、认识、探索写作的规律,强调在实践与应用中学、在探索与发现中学、在合作与交流中学,使课堂与实践相结合,在传授知识、培养技能、提高素质的层面上,体现为专业服务、为人才的发展服务的特点,针对学生的未来人生发展设计提高其职业素质、职业能力的综合训练。

本书紧密结合专业特点和实际需要,增加了景区景点介绍、导游词写作、旅游指南写作、求职竞聘类文书、广告文案,营销、新闻庆典活动策划书,毕业论文写作等内容。在编写中突出理论知识的系统性,中外案例的示范性,方法技巧的实用性。文字表述上力求生动活泼,深入浅出。

本书精选了大量实例,设计了大量情景模拟、教学实践活动等,为学生构建了实践演练的平台,注重为学生从事的未来事业做好职业准备。同时,注重培养学生的人文素养,提升学生的精神境界,使学生既在专业上成才,又在精神上成人,使学生的情感、态度和价值观和谐统一,从而实现人生的全面发展。

本书由潘桂云策划、统稿并担任主编,张秀英、孙晓飞、张焱、李凤霞担任副主编。全书共十章,潘桂云编写第一章、第五章;张秀英编写第二章、第九章;孙晓飞编写第六章、第七章;张焱编写第四章、第十章;李凤霞编写第三章、第八章。

本教材具有较强的兼容性,既可以作为高校学生学习应用写作的专门教材,又能够供社会各类读者学习和参考。真诚地希望本书能够为读者走向成功起到奠基铺路的作用。

本书在编写的过程中,参考引用了一些书、刊、网上的资料,未能及时与原作者取得联系,在此表示歉意,并致以诚挚的感谢!

编　者

2008 年 10 月

前　　言

　　《实用文体写作》在设计编写之初就确立了一切为了学生发展需要的基本理念，突出学生在教学中的主体地位，目的在于提高学生的文化素质，培养其学习能力和职业能力。

　　本书在编写时，试图突破传统的教材写作的框架，构建新的教材体系。站在学生的角度来引导学生探索、发现、认识教学内容及规律，强调在实践与应用中学、在探索与发现中学、在合作与交往中学的思想。本书运用案例教学法和技能训练法，精选了大量鲜活的实例，技能训练中的许多做法就来源于实际工作，以此让学生更早地接触社会，了解社会，更早地学会与团队合作。本书力图使学生毕业后能更快地完成从学校人到职业人的转变，能够在激烈的竞争中脱颖而出。因此，本书在传授知识、培养技能、提高素质的层面上，体现课堂与实用相结合，为专业服务、为人才的发展服务的特点，这样更容易引发学生的求知兴趣，点燃学生内在的探索欲望，发掘其创新潜能，培养他们勇于拓展人生的精神。

　　本书紧密结合专业特点和实际需要，增加了导游词写作、景区景点介绍、对联、碑文、求职竞聘文书、广告文案、营销、新闻庆典活动策划书、毕业论文等写作的内容。在编写中突出理论知识的系统性，中外案例的示范性，方法技巧的实用性。文字表述力求生动活泼，深入浅出。

　　本书由潘桂云策划、统稿、主编，夏志强任副主编。参加编写的人员有：潘桂云、夏志强、张秀英、孙晓飞。全书共十章，潘桂云编写了第一章、第二章的第三节、第三章、第四章、第五章；夏志强编写了第二章的第一、二节、第六章、第八章、第十章；孙晓飞编写了第七章；张秀英编写了第九章。

　　本教材具有较强的兼容性，既可以作为高校、中专学生学习应用写作的专门教材，又能够供社会各类读者学习和参考。真诚地希望这本书能够为读者走向成功之路发挥铺垫的作用。

　　本书在编写过程中，参考引用了一些书、刊、网上的资料，在此一并向相关作者表示诚挚的谢意！

编　者

2005 年 8 月

目录

SHIYONG WENTI XIEZUO

第一章　绪　　论 ……………………………………………… 1
　第一节　实用文体写作概述 …………………………………… 2
　第二节　实用文体写作的要求和方法 ……………………… 10
第二章　旅游类文体写作 …………………………………… 15
　第一节　景区、景点介绍的写作 …………………………… 16
　第二节　旅游指南的写作 …………………………………… 26
　第三节　导游词 ……………………………………………… 34
　第四节　对联和碑文 ………………………………………… 44
第三章　礼仪类文体写作 …………………………………… 61
　第一节　祝词 ………………………………………………… 62
　第二节　主持词 ……………………………………………… 68
　第三节　演讲词 ……………………………………………… 74
第四章　求职竞聘类文体写作 ……………………………… 89
　第一节　求职信 ……………………………………………… 90
　第二节　个人简历 ………………………………………… 100
　第三节　竞聘词 …………………………………………… 105
第五章　策划类文体写作 ………………………………… 115
　第一节　广告文案策划 …………………………………… 116
　第二节　活动策划方案 …………………………………… 125
　第三节　营销活动策划方案 ……………………………… 134
　第四节　新闻活动策划方案 ……………………………… 143
　第五节　专题活动策划方案 ……………………………… 153
　第六节　海报和启事 ……………………………………… 161

第六章　契约类文体写作 …………………………………… 169

　　第一节　协议书 …………………………………………… 170

　　第二节　合同 ……………………………………………… 178

第七章　调查报告类文体写作 ……………………………… 195

　　第一节　调查报告 ………………………………………… 196

　　第二节　市场调查报告 …………………………………… 208

　　第三节　市场预测报告 …………………………………… 216

第八章　法律文书写作 ……………………………………… 225

　　第一节　法律文书概述 …………………………………… 226

　　第二节　法律诉讼文书 …………………………………… 228

　　第三节　法律事务文书 …………………………………… 247

第九章　论述类文体写作 …………………………………… 255

　　第一节　毕业论文 ………………………………………… 256

　　第二节　述职报告 ………………………………………… 269

　　第三节　计划和总结 ……………………………………… 273

第十章　公文写作 …………………………………………… 283

　　第一节　公文概述 ………………………………………… 284

　　第一节　常见公文写作 …………………………………… 296

主要参考文献 ………………………………………………… 313

1

第一章　绪　　论

　　有人说当今是知识经济时代,也有人说当今是高科技飞速发展的时代。社会的进步、经济的发展对各行各业的从业人员提出了更高的要求。尽管办公现代化改变了传统的工作模式,提高了工作效率,计算机帮助人们解决了大量的数据处理问题,但是社会对于人们实用写作能力的要求不是降低了,而是提高了。如今许多单位把工作人员能不能写好实用文,作为衡量其工作能力的重要标准。其实,学习实用写作并不难,只要认识到它的重要性,了解它的写作方法和特点,掌握它的写作规律和技巧,精心研究,反复练习,写作时就能够做到得心应手。

第一节　实用文体写作概述

课前提示

　　现代社会是一个充满激烈竞争的社会,竞争的关键在人才,而人才等于技能加机遇。实用写作技能是一个人学习和工作的基础能力。未来学专家预测,在未来信息时代,社会工作将逐步家庭化。其中,编制电脑程序、写作、远距离监测生产过程是家庭工作的主要任务。这里说的写作指的就是实用写作。可见,实用写作在未来社会中具有重要作用。实用写作能够体现一个人的知识文化水平和个性特征。唐代有"李白草诏吓蛮书"的故事,宋代苏轼的《策论》和《书札》也是他写作的重要组成部分。掌握实用写作技能能够帮助我们更好地把握人生机遇,使我们终生受益。

教学要求

　　◇了解实用文的概念及特点
　　◇学习实用写作的基础知识
　　◇掌握学习实用写作的方法及要求

一、实用文概述

　　我国实用文写作历史悠久,源远流长。实用文的产生大体上与文字的产生同步。"文章之始,多缘实用。"在我国古老的甲骨文字中,那些"占卜文书"就是最早的实用文。中国最早的典籍之一《尚书》,大部分篇章是古代的公文,可以说《尚书》是目前我国最早的应用文汇编。其内容包括夏、商、周三个朝代的祝词、誓词、诰言、法令,以及会计文书和盟约文书。春秋战国时期,使用较多的有书、檄文、辞令和盟书四种应用文体。"书"常用以阐明政治观点和主张,"檄文"用于征召、声讨或晓谕、告知,"辞令"用于外交,"盟书"用于诸侯间的盟约。汉代,封建专制中央集权制不断加强,国家政务活动日趋复杂,文体有了进一步的发展,名目也增加了许多,如制、诏、敕、册、策、旨、谕、檄等。这些以皇帝名义发布的令文,俗称"圣旨",这种形式一直沿用到清代末年。虽然实用文文体古已有之,但是,实用文的名称出现得却比较晚。清代刘熙载《艺概·文概》中有"文有辞命一体"的说法,"辞命体,推之即可为一切应用之文。应用文有上行,有平行,有下行。重其辞乃所以重其实也"。实用文写作在一定的历史时期内具有相对的稳定性,但它又是伴随着社会的发展而变化的。特别是改革开放后,为适应新的形势和任务,出现了一些新的实用文体。学习实用文体写作就是要研究和总结这些文体的写作特点和规律,用以指导写作实践。

二、实用文体的概念及特点

(一)实用文体的概念

实用文体,也称应用文体、常用文体,是人们处理各种事务和进行交际活动时形成和使用的具有一定格式的实用性文章。实用文在日常工作、生产、科研、学习、办理公务、处理个人事务时经常使用,具有直接使用价值和某种惯用体式。它是人们交流思想、互通情况、解决问题、处理事务的工具。

实用文体的分类方法很多,我们按照通用和专用两种方法划分。

通用的实用文体,如公文类、礼仪类、事务类、论文类、求职类、报告类、告启类等,这类文体在管理、经营、学习、生活中,在处理各项公务和日常事务、交流信息、解决具体问题时经常使用,是具有一定惯用格式的规范性的应用文体。

专用的文体,如旅游类、策划类、商务类、法律类等,这种应用文是一种带有专业特色的实用文体,是针对性强、专业特点明显的专门性实用文体。例如,旅游类文体是一种具有旅游行业特色的专门实用文,如导游词、景区或景点介绍、旅游指南等,特色鲜明,实用性、针对性都很强。

实用文体内部的划分与其他文体一样,很难严格界定。无论怎样划分,最终的目的是为了实用。

(二)实用文体与文学作品的区别

[实例1-1-1]

关于对醉酒驾驶违法犯罪行为从严处理的公告

为全力推进全县交通秩序专项整治行动,进一步加大对醉酒驾驶机动车等危险驾驶犯罪的打击力度,维护我县公共安全和人民群众的生命财产安全,对酒驾、醉驾等危险驾驶违法犯罪行为从严从重处理,特公告如下。

一、对饮酒、醉酒驾驶依法从严惩治。按照"严执法、零容忍"的要求,切实强化警力部署,织密酒驾查控网,对查获的饮酒驾驶违法行为,根据公安部《关于行政拘留执行有关问题的意见》精神,该依法行政拘留的一律执行拘留。对查获的醉酒驾驶违法行为,一律以涉嫌危险驾驶罪立案侦查,并依法先行采取刑事拘留强制措施。按照省公安厅《关于严格依法办理醉酒驾驶机动车行驶案件的通知》(甘公传发〔2016〕22号)要求,启动轻刑快办程序,尽快移送起诉,从严惩处。

二、醉酒驾驶案件一律从严判处。严格按照最高人民法院、最高人民检察院、公安部《关于办理醉酒驾驶机动车刑事案件适用法律若干问题的意见》(法发〔2013〕15 号)要求,对醉酒驾驶违法行为一律从严从快处理,坚持从重判处。

三、醉酒驾驶案件一律曝光。对依法判决的醉酒驾驶案件,一律通过县电视台、网络媒体及时向社会公开曝光,切实形成对醉酒驾驶的教育、警示和震慑。

本公告自发布之日起实施。

景泰县人民法院　景泰县人民检察院　景泰县公安局

2016 年 2 月 7 日

[实例 1 - 1 - 2]

一个十来岁的小女孩,由爸爸牵着,匆匆赶来见妈妈最后一面。只见她急促地绕过一具又一具尸体,来到妈妈遗体前。"咚"的一声跪在地上,她没有失声痛哭,也没有号啕大哭,只是两眼直愣愣地望着妈妈,泪水扑簌簌地滚落下来,前襟湿了一大片,谁也拉不走她。可是,当火葬场的工人要将她妈妈的遗体送往呼呼燃烧的火炉时,她如梦方醒,拉着、赶着,撕心裂肺地喊着"妈妈,妈妈,我要妈妈呀——",可是,阳光的色彩再也无法映入妈妈的眼帘,女儿的声音再也无法将妈妈唤醒。

[实例 1 - 1 - 1]是一篇行政公文,它从法律法规角度约束人们要遵守道路交通规则,明确了严惩道路交通违法行为的具体措施。[实例 1 - 1 - 2]是一篇文学作品,描述车祸夺去一位母亲的生命后,在火葬场发生的催人泪下的一幕。这种绘声绘色的描述具有强烈的感染力,再现了当时的真实情景。在这里,作者将自己的主观情感投入其中,向人们控诉了道路交通肇事给一个家庭带来的灾难,给一个幼小心灵造成的伤害。

从以上两个实例的对比中可以看出,实用文体与文学作品的写作有着明显的区别。

实用写作一般都具有较强的客观性,比如公文,它们从具体情况出发,运用逻辑思维,将客观事实讲清楚,以解决实际问题;写作中讲求实用性和目的性,通常有特定的阅读对象;有比较固定的格式和规范;语言要求平实、简洁、严谨、得体。但是,有些实用文体在写作上也是比较灵活的,比如导游词、演讲词、主持词等,它们在写法上,特别是在语言运用上颇具文学色彩,在结构上也很讲究技巧。要学习写作实用文体,就要认识实用文的特点,准确把握其表达方式,不断提高写作水平。

文学写作的突出特点是主观性较强,往往是从作家的主观角度出发,运用形象思维描写现实生活,塑造人物形象。一般来说,文学作品的读者对象具有不确定性;写作时强调个性和创新,人物性格个性化、典型化、表现形式多样化。文学写作的语言是含蓄的、富于变化的,常常运用比喻、比拟、夸张、暗示、象征等手法。文学作品讲求的是艺术真实,即文学作品中的人物和事件能反映社会生活的某些本质方面或发展趋向,因而不要求是真人真事,作者可以进行大胆的艺术虚构。

(三)实用文体的特点

实用文体具有以下几个特点。

1. 实用性

[实例1-1-3]

××市旅游集团公司关于委托
××旅游学院举办管理人员培训班的函

××旅游学院:

为了培养新世纪的旅游管理高级人才,我集团公司拟委托你院举办一期管理人员培训班,时间一年,人数30人,采取脱产学习的形式。学费按你院有关规定支付。能否接受,请予研究函复。

××市旅游集团公司(盖章)

2016年12月12日

[实例1-1-4]

××旅游学院关于为××市旅游集团公司
举办管理人员培训班的复函

××市旅游集团公司:

你集团公司2016年12月12日来函已于12月15日收悉。

关于为你公司举办管理人员培训班的问题,经研究答复如下。

一、同意为你公司举办管理人员培训班,人数30人,时间一年,脱产学习。开学时间:2013年3月15日。

二、有关学籍管理及实习、收费标准等问题,请参照《××旅游学院关于举办管理人员脱产培训班的规定》中的有关条款另议。

特此函复

附:《××旅游学院关于举办管理人员脱产培训班的规定》

××旅游学院(盖章)

2016年12月18日

[实例1-1-3]和[实例1-1-4]是两个单位在洽谈工作时往来的函,办理的是具体的事务性工作,解决的是实际问题。

实用文体的最主要的特点是具有实用性和直接的功用性。所以在撰写时,首先要明确写作的具体目的,思考如何撰写才能达到这一目的。实用文写作要着眼于解决工作和生活中的实际问题,往往从具体问题本身出发,运用逻辑思维,讲清楚客观事实,不以主观的表达为目的。实用文体讲求实用性和目的性,通常有特定的读者对象和具体要解决的问题。

2. 真实性

[实例 1 – 1 – 5]

避暑山庄,又称热河行宫,承德人亲切地叫它离宫。它原是清代帝王避暑及从事各种政治活动的地方。从康熙四十二年(1703 年)开始修建,直到乾隆五十七年(1792 年)才彻底完工,历时 89 年,历经康熙、雍正、乾隆三代帝王。山庄占地 564 公顷,是我国现存最大的皇家园林。

这段文字介绍了承德避暑山庄的建造时间、占地面积及规模,内容是真实的,数字是具体、准确的。

实用文在内容上必须真实、可靠。这就要求它"言必有证""案必有考"。真实性是实用文的生命,"失真"是实用文写作的"大忌"。必须完全排斥虚构和杜撰,要求所依据的材料真实、准确,反映的人和事都应是真实的;即使是真实发生的事情,也要考虑是否具有代表性和典型意义,不能以偏概全。因此,撰写实用文,要具有良好的职业道德和文风,坚持实事求是。

3. 针对性

[实例 1 – 1 – 6]

国家旅游局关于对国旅、中旅、青旅
三总社申请补办旅行社登记请示的批复

国旅、中旅和青旅三总社:

国旅〔××××〕16 号、中旅〔××××〕175 号和青旅〔××××〕2 号关于申请补办经营第一类旅行社的请示收悉。经审查,中国国际旅行总社、中国旅行总社和中国青年旅行总社,均符合《旅行社管理条例》的有关规定,具备成立第一类旅行社的各项条件,准予经营第一类旅行社的各项业务。在旅游业务上,三家旅行社总社受国家旅游局领导。希望加强科学管理,提高服务质量,维护本组织的信誉。

特此批复

国家旅游局(盖章)

××××年××月××日

实用文是为了解决工作和生活中的具体问题而写作的,每一种文体的撰写和使用范围都要有明确的针对性,不能随便使用。比如,公文中的通知、通报、请示、答复、函等都有特定的读者,针对性十分明显,作者和读者都是确定的。

4.思维的逻辑性。实用文体写作在思维方法上更侧重于逻辑思维,虽然有些实用文在撰写过程中需要运用形象思维,但多数实用文体是以具体的事件(或问题)为中心撰写的,需要把观点阐述清楚,把前因后果、现象和本质分析清楚,所采用的是逻辑思维方式。实用文体思维的逻辑性,体现在文章的结构上,要条理清楚,段落之间有明确的逻辑关系;陈述的事项界限清晰,不交叉;内容前后讲究因果,材料能够证明观点。例如:写请示,要讲清楚请求的事项和请求批准的原因;写总结,则应在陈述具体成绩和存在问题的基础上,分析说明成绩取得和问题存在的原因;写毕业论文,其结论来自对材料的分析和对所阐述问题的推断。

5.规范性。实用文体的格式是在长期写作实践中形成的,并逐渐为大家所接受,约定俗成,称为惯用格式;如果格式被法定化,就称为规范格式。一般的实用文多数有惯用格式,其中国家机关行政公文具有规范格式。实用文的格式具有使用的稳定性,不得随意更改,所以要求写作时应根据具体类型,遵守各自的惯用格式或法定规范格式。通常所说的文章的格式包含两方面的意思:一是文章的结构形式,如写计划,一般先写目的,然后再写工作安排;写调查报告,一般先介绍调查的目的、调查的对象、调查的时间和地点、调查的方式,然后再就调查的问题分项说明。二是文面形式,包括标题的形式、有无指定说明等。如国家行政机关公文在文面上,要求有秘密等级、发文机关标识及发文字号等指定说明,对文种的使用有严格的规定。

6.时效性。实用文有较强的时效性,有一定的时间限制。如果过了一定的时间,有些实用文就不再对阅读者发挥直接效用了。实用文一般具有一定的有效期,如大多数诉状、合同、法律、法规和公文等,一般都要求标明生效或执行的具体时间;有的协议或合同,一般都注明有效期限,或者有关时效的条文。有的虽然没有严格的有效期限,但是随着时间的推移,其作用也会由强到弱,逐渐失去效力。

三、专用类实用文体的独特性

有些专用的实用文除了具备一般实用文的特点外,还具有自己的独特性。比如,礼仪类文体和广告文书,导游词、演讲词和主持词等在写作形式和语言的使用上具有自己的独特之处。

(一)有些专用实用文并不排斥合理使用文学手段

[实例1-1-7]

梦中花园——丽江古城

兼山乡之容、水乡之貌

一座依顺自然的山水之城

一座亲和自然的田园之城

丽江古城

载纳西民俗风情

深层历史文化

一个以人为本的世外桃源

一个天人合一的梦中家园

滇西北雪域大江中

在熙攘浮躁的当今世界,这座古城已成了

难得一闻的一曲远山清音,红尘牧歌

这是一则丽江古城的旅游宣传广告。它既介绍了丽江古城坐落在滇西北雪域中、居住的是纳西族人的真实可靠的信息,又增加了文学性内容。它以丽江古城的自然之美、古朴之美、人文之美为铺垫,使自然与人、历史与文化、仙境与人间,水乳交融,描绘出一片人们久已向往、远离尘世的净土。到这里来吧,这里有古文化的熏陶,世外桃源的宁静,在这里能够得到大自然的洗礼。这就是这则广告创意要达到的艺术效果。

(二)有些专用实用文在格式上没有过于严格的要求

对某些专用实用文体而言,不但不需要任何固定体式,还应力求奇特、新颖、灵活。比如,在介绍某一景点时,导游词的写作就应当抓住这一景点的特点,可以有准确的数字说明,也可以有生动、形象的描述;可以有诙谐、幽默、风趣的调侃,还可以加入神话故事或传说。

[实例1-1-8]

游客朋友,我们旅游的目的地永济就要到了。永济,地处黄河中游,位于山西的南端,舜帝在此建都时称蒲坂,后改称蒲州。永济是人文荟萃之地,是一处非常值得一游的地方。早在春秋之际,在蒲津渡口就驾起过黄河上第一座以舟楫竹索相衔的浮桥。盛唐时,浮桥的竹索改为铁索,蒲津渡口两岸,分别就地铸造了四尊铁牛,这八尊铁牛重达300吨。一会儿,我们可以看到发掘出来的四尊大铁牛。游客朋友,唐朝时浇铸这四尊铁牛是用来做什么的呢?一会儿我再给大家介绍。在蒲津渡遗址旁,还深埋着鹳雀楼。王之涣的"欲穷千里目,更上一层楼"的诗句,连当今6岁小孩也会背,吟诵的就是这里著名的鹳雀楼。四大美人中的杨玉环相传就出生于永济市的独头村。唐代两位顶尖级的大诗人李白、白居易那"云想衣裳花想容""回眸一笑百媚生"的诗句,都是极言杨玉环美貌的。永济的邻县闻喜,有个山村叫裴柏,仅有200多户人家,历史上竟出了64位宰相,成为名贯三晋的"宰相村"。永济也不示弱,比之闻喜毫不逊色。至今,当地百姓仍在自豪地唱着这样一首古老的歌谣:"一巷三阁老,对门九尚书。站在古楼往南看,二十四家翰林院。

大大小小知州县,三斗六升菜子官。"这句流传至今的歌谣可以证明这里是出人才的地方,仅一本《唐诗选》里,就列出了八位出生在永济的诗人:王维、柳宗元、聂夷中、司空图等。山西的蒲州,还是唐代《莺莺传》的发祥地,元代王实甫改为《西厢记》。崔莺莺与张生的爱情故事就发生在普救寺。普救寺建于南北朝晚期,唐代武则天敕命扩建后,常御驾来寺焚香,当时人们叫"武娘娘功德院"。明朝嘉靖乙卯冬普救寺被震毁,过了 10 年又重建,抗日战争时期起火,只有佛塔独存。20 世纪 80 年代山西旅游部门按唐朝时的旧貌,重新修建了普救寺,商家还"商心别具",在后花园上端,盖起了大院套小院的"情侣园",以使前来游玩的现代情侣们,再度体味《西厢记》中的情致。

这段导游词体现了知识性、文学性和趣味性相结合的特点,叙说生动,格式灵活。

(三) 某些专用实用文体在语言运用上可以灵活多变

专用实用文在语言运用上可以严谨、平实,体现出实用文体的一般特征,也可以用词华美、生动,运用拟人、比喻、夸张、引用等修辞手法。比如,导游人员可根据游客的实际情况和具体的场景,运用恰当的方式,引起游客的兴趣,增强游客的好奇心、求知欲,而不需要在语言方面受到严格的限制和要求。

[实例 1 - 1 - 9]

黄果树瀑布是我国最大的瀑布,也是世界著名的瀑布之一。它位于贵州省镇宁县布依族苗族自治县城关镇西南约 15 千米的白水河上,故又名白水河瀑布,东北距贵阳市 150 千米。

……冬春季节,瀑布消瘦,水流清澈。遥望瀑布,"若冰绡之被玉肌",别有一番轻流曼舞的婀娜风姿……当夜幕降临,皓月当空,星辰稀疏,伫立观瀑亭前,举头望月,吟诵着"年年今夜,月华如练"的诗句,再观赏面前夜色之中的黄果树瀑布,宛若银河从九天而落,从潭中升腾起来的层层水雾直扑面门,仿佛是一幅神秘优美的图画。

此时,远眺贵州高原,峰峦叠影,不知其数;近观身边四周,花草树木,不知其名。清风拂过,送来缕缕醉人之清香,俯身侧耳细细聆听,隆隆水声之中还夹杂着蛙声和蟋蟀声,组成一曲旋律奇特的交响乐。此时此刻,不禁飘飘然若置身于世外仙境之中矣!

这段文字先介绍了黄果树瀑布的地理位置,再介绍黄果树瀑布的奇特景象,最后介绍人们看到、听到黄果树瀑布的感受。第一段是一般性介绍,第二、三段则增加了文学色彩,运用了引用、拟人、比喻等修辞手法,使介绍更加形象、生动,引人入胜。

应用能力训练

1. 实例比较实用文体写作与文学写作的区别。

2. 试比较一般实用文和专用实用文各具有什么特点。

第二节 实用文体写作的要求和方法

课前提示

有人说,阅读是一种积累,写作是一种运用。想学游泳的人,即使在陆地背上千遍动作要领,不下水去亲自实践,也永远学不会游泳。读和写是人的两个翅膀,要多读多写才能熟中生巧。实用体文写作,目的是解决工作和生活中的实际问题。因此,要重在实用,体现真实性原则。

教学要求

◇了解实用文体写作的基本要求

◇埋解作文与做人之间的关系

◇掌握实用文体写作的要领和方法

一、实用文体写作要求

实用文体写作是一种创造性的思维活动,是有规律可循、有方法可借鉴的。实用文的写作过程包括写作前主题材料的准备、结构安排、选择适当的表达方式及修改等环节。

(一)实用文的主题和材料

主题又称主旨、旨意,是文章表达的中心思想或基本观点。主题是文章的灵魂,决定着文章的质量。实用文的主题是十分明确的,撰写实用文,主题应力求正确、集中、深刻与鲜明。

材料,是指作者围绕撰写目的而搜集或积累的能够表现文章主题的事实或论据。作者要根据撰写目的搜集材料、占有材料和选择材料;实用文的材料主要来源是查阅文献、深入调研和学习积累。这些资料的搜集与积累,对研究问题、撰写文章有重要的借鉴作用和参考价值,我们可以从中总结他人研究这类问题的得失,对问题进行深入探讨和研究,这有利于文章主题的确定。撰写实用文,更应注重调查研究,要弄清事实,摸清规律,做到心中有数。如果不注重调查研究,而想当然地杜撰,或偏听偏信,就会造成工作上的失误,以致影响或危害工作。

材料是文章的内容,主题是文章的中心思想,二者必须统一。撰写时应切记主题要统率材料,要围绕主题选材;反之,材料又必须能够支持主题,所用材料与表达的主题应当一致。写文章时如果事先没想清楚就下笔,很容易造成主题与材料不一致,这需要特别注意。

(二)实用文的结构和表达方式

[实例 1-2-1]

××省旅游局关于传达贯彻
"全国旅游工作会议"精神的报告(摘要)

全国旅游工作会议后,我们即把国务院关于旅游工作的两个会议纪要和会议的主要文件复印送省委、省政府主要领导,并将会议精神先向局机关、直属单位和各市旅游部门的领导同志做了传达。现将我们传达贯彻"全国旅游工作会议"精神的主要情况报告如下:

一、对重点开发建设的××、××、××三个旅游区进行调查研究。

二、修改制订全省旅游事业发展计划,落实开发建设资金。根据这次全国会议精神,我们提出了全省今后五年旅游事业发展规划,并决定从××××年起,全省旅游建设开发资金每年按×百万元安排,省旅游事业费按×百万元安排。

三、经省长办公会议同意,成立××省旅游协调小组。由省直和××铁路局、民航局等16个单位的领导同志组成,常务副省长×××同志任组长,办公室设在省旅游局。

四、省政府于6月10日至14日在××召开了全省旅游工作会议,会议的主要议题是传达国务院召开的全国旅游工作会议精神;根据省政府会议精神审议的《××省旅游事业五年发展规划》,研究具体落实措施;统一认识,协调步伐,争取我省在5年之内进入全国旅游先进行列。大家一致反映这次会议开得及时,解决了问题。

五、我们准备在7月间就各地贯彻省旅游工作会议的情况,制订明年全省旅游开发建设计划;对于旅游企业单位和旅游开发建设上政策性优惠待遇问题,组织人力到各市进行调查和了解情况。关于政策性优惠问题,拟于8月间提出具体意见报省政府批转各地执行。

以上情况,谨此报告。

××省旅游局

××××年×月×日

实用文的结构,是作者认识、反映客观事物的具体体现,是表现文章主题的内在线索。在写作中,作者对写作的内容进行组织安排,组成观点与材料、内容与形式有机组合的骨架。实用文的结构,要求完整、严谨,纲目清楚,层次分明,段落清晰,言之有序,要避免松散与重复。一般来讲,实用文的正文都有开头、主体与结尾三大部分,但在具体安排时,还要根据不同文体的特点安排不同的结构形态。

为了说明实用文的主题,有时需要设若干个分观点,用一个层次来表述一个观点,各层次所表述的分观点的总和,就是实用文的主题。

1. 层次的表述方法

(1)用小标题表示。如,国务院《关于大力推进职业教育改革与发展的决定》一文的各层次间即用下述小标题表示:"一、深刻认识职业教育在社会主义现代化建设中的重要地位,明确'十五'期间职业教育改革与发展的目标";二、推进管理体制改革,促进职业教育与经济建设、社会发展紧密结合;三、深化教育教学改革,适应社会和企业需求;四、采取切实措施,加快农村和西部地区职业教育发展……"

(2)用数量词表示。如:一、二、三、四……,或(一)、(二)、(三)、(四)……

(3)用词、词组表示。如:"首先,……""其次,……"或"关于××的问题……""会议认为……""会议决定……"等。

2. 实用文的表达方式。表达方式,指撰写文章所采用的具体表述方法和形式,它们用来反映客观事物,表达思想感情。实用文的表达方式有五种形式:记叙、描写、抒情、议论和说明。由于文体性质和撰文目的不同,不同种类的实用文运用的表达方式也各有侧重。工作报告、简报、通报、消息和通信等,侧重采用记叙的形式;决定、讲话稿以及毕业论文、判决书等,侧重采用议论的形式;而行政法规、规章、合同、公告和通告等,则侧重采用说明的形式;还有些文体,如总结报告、调查报告和会议纪要等,要同时运用多种表达方式,即在说明目的、叙述事实的基础上再论证说理。但不论哪种文体,一般都要以说明作为最基本的表达方式,来说明情况、事理和具体的措施,以达到使人知晓的行文目的。至于描写和抒情的表达方式,多在导游词、景区景点介绍和广告等专用实用文体中使用,以增强文章的生动性和形象性。

二、写作实用文的基本素养和方法

(一)作者素养

写作实用文的作者素养应该是广泛和全面的,其中包括政治素质、思想修养、工作作风、职业道德、智力因素、业务水平等。

1.学习政策文件,提高政治素养。实用文的写作,是提高工作效率,保证社会生活正常运转的手段,是政策性非常强的工作。实用文的写作,是为现实生活中的各项工作服务的,它在一定程度上也是党的路线、方针和政策的体现。实用写作往往直接触及时代的脉搏,感应时代的神经,不断地发现新情况、提出新问题,有些文章甚至作为上级部门的决策依据,因而需要写作者有很强的政治敏锐性。实用文写作者应该努力学习\认真贯彻党和国家的路线、方针和政策,把握其精神实质,并在此基础上深入了解实际情况,以正确的立场分析问题、解决问题。例如,要起草一份合同,就必须学习《中华人民共和国合同法》等有关法律法规,否则将无法保证文稿的质量。

2.精通本职工作,知识结构合理

[实例 1 − 2 − 2]

三改亭联项处飞

清朝时期,在杭州西湖的冷泉亭上,挂有一副对联:"泉自几时冷起,峰从何处飞来。"有一年,清朝有名的文人俞樾和他的妻子到飞来峰下游玩,坐在冷泉亭边休息,欣赏这副对联。妻子看了一会儿,要求俞樾解释这副对联,俞樾把原来的对联改了两个字,作为回答:"泉自有时冷起,峰从无处飞来。"妻子嫌改得不好,立即表明自己的看法:"泉自冷时冷起,峰从飞处飞来。"俞樾把妻子和自己改动的字做了比较,认为"冷""飞"二字比"有""无"准确传神。于是,二人就高高兴兴地起身,继续游览。过了几天,俞樾带着二女儿秀孙又来到冷泉亭边,向女儿说了上次改对联一事,秀孙望着亭子,沉思了好一会儿,慢慢地说:"泉自禹时冷起,峰从项处飞来。"俞樾一向才力过人,他明白女儿在上联中的"几"字改为"禹"字,那是指大禹治水,仔细推敲,改得动人。至于那个"何"字为什么要改成"项"字,他一下还弄不清楚,只好向女儿追问原因。秀孙说:"项羽曾有歌曰:'力拔山兮气盖世',这座山峰不是他从别处拔起,怎能飞到这里来呢?"秀孙话音刚落,俞樾忙拍手称快,连连说好。

从以上这个故事来看,秀孙改写的对联之所以生动传神,令人叹服,一是因为她掌握了对联的写作知识,二是因为她有丰富的历史知识,加上她机智、反应灵敏,因此,连才力过人的俞樾都很叹服。这个故事告诉我们,知识在于积累,才能在于长期的积淀,只有平时努力,才能厚积薄发。

同样,要写好实用文,也要善于积累,要积累和掌握多方面的知识。写作者要学习本岗位的业务知识,学习本单位的有关规定,此外还应多加研究,只有这样,才能得心应手地写作实用文,解决好实际问题。"纸上得来终觉浅,绝知此事要躬行",只有尽快熟悉本职工作,使自己成为本部门的行家,才能把事情写明白,把内容表述清楚。例如,要写一份景区、景点介绍,就必须了解该景区、景点的地理位置、特色、历史、自然生态情况、人文景观状况等;要策划商品广告,就必须了解该商品的性质、特点、作用、质量、特色及用户心理需求、市场需求等情况。只有在长期实践中不断总结经验,分析得失,接受批评,吸取教训,才能成为本部门、本行业的内行、专家。

要写好实用文,还应当不断加强文化修养,完善知识结构。应该学习各种基础知识,如史学知识、伦理学知识、写作基础理论、语法修辞知识等。在知识经济时代,一个人储存信息的广博度、精确度越高,更新越快,越实用,就越能正确、及时、全面地用文字表述客观实际情况,从而提高写作实用文的水平。因此,应用文写作者要不断扩大自己的知识面,广泛涉猎相关知识,使自己成为复合型人才。

3. 端正写作态度,提高写作水平。实用文写作要有高度负责的精神和严谨的写作态度。文章写作前,要了解情况,明确目的要求,确立主题,收集信息;写作中,要选取合适的材料、组织结构、字斟句酌、锤炼语言;写完后,要严肃认真地反复修改,一丝不苟地校对文稿。只有专心致志、严谨认真、多写多练,才能不断提高写作水平,最终写好实用文。

(二)学习实用写作的具体方法

1. 学习有关实用文的理论知识。实用文写作与一般写作一样,也有自己的理论知识,应深入掌握这些知识,了解实用文的文体特点、写作格式、写作规律,从而达到事半功倍的效果。

2. 分析学习典范文书。我们可以从许多实用文的优秀实例中吸取营养,开阔视野,加深对理论知识的理解,掌握写作的方法和技巧。

3. 实际应用中多多练习。熟能生巧,只有通过不断练习,才能熟练掌握实用文写作的技巧。在练习时,还要结合自身的工作、学习和生活实际,把理论运用于实践,从而真正提高实用文写作的水平。

应用能力训练

1. 以具体的文章为例,分析实用文的主旨与材料的关系。

2. 实用文的结构和表达方式有什么特点?

3. 学习写作实用文应掌握哪些基本方法?

2

第二章　旅游类文体写作

　　随着经济社会的发展,人们的生活水平日益提高,旅游成为人们生活中的重要内容。近年来,我国旅游业保持了良好的发展势头,入境旅游、国内旅游和出境旅游三大市场均取得了长足发展。2006 年我国全年旅游总人数达到 15.5 亿人次,旅游总收入 8 935.5 亿元人民币,分别较上年同比增长 13.9% 和 16.3%。2007 年,我国旅游行业总收入首次超过 1 万亿元,达到 1.09 万亿元,同比增长 22.0%。与世界旅游业的发展相比,中国旅游业的发展潜力还非常大。据英国《卫报》报道,中国目前是世界第五大最受欢迎的旅游目的地。世界旅游组织预测,到 2020 年中国将成为世界第一大旅游目的地。旅游业无疑是 21 世纪最具魅力的朝阳产业之一,中国旅游业的发展潜力巨大,扩展空间极为广阔。旅游业的发展壮大,必然需要更多的高素质旅游人才。

　　导游词、景点景区介绍、旅游指南等旅游应用文是旅游行业广泛使用的文体。学习和掌握旅游应用文的写作已成为旅游从业人员所必须具备的基本功,也是提高旅游从业人员自身素质的一个重要方面。

第一节　景区、景点介绍的写作

课前提示

大自然的鬼斧神工造就了世间的灵山秀石,人类的灵感智慧又巧夺天工,创造了无数的人间奇迹。这些千姿百态的旅游景观,就像一本百科全书,吸引着游客去阅览。对这些优美的景区、景点要通过精彩的介绍才能展现给游客,才能给人身临其境、悦耳、悦目、悦心、悦意、悦志、悦神的审美享受。

教学要求

◇了解旅游景区、景点介绍的基本写法
◇能够撰写景区、景点介绍

景区、景点介绍是旅游行业的专用应用文体,是为旅游者参观景区景点所提供的具体的带有说明性的游览材料。它以简洁优美的文字,真实地向人们展示着景区景点的风貌和特色。

[实例 2 - 1 - 1]

黄山雄踞于安徽南部,古称黟山,唐改黄山,今属黄山市,横亘于黄山区、徽州区、歙县、黟县和休宁县之间,南北约 40 公里,东西约 30 公里,风景区方圆 154 公里,总面积 1 200 平方公里,号称五百里黄山。黄山风景区被誉为国之瑰宝、世界奇观,已成为中华民族壮丽山河的象征。黄山素有"中国第一奇山"之誉,山脉绵延 250 公里,成东北—西南走向。山势峻极而险幻,千峰竞秀,万壑峥嵘,有千米以上的高峰 77 座。三十六大峰,巍峨峻峭;三十六小峰,峥嵘秀丽。"莲花""光明顶""天都"三大主峰,均海拔 1 800 米以上。温泉、松谷、北海、玉屏、云谷、白云五大景区,风光殊异,各争其胜。黄山又是天然的动、植物园,亦是文化名山。山中林木茂密,古树繁多,森林覆盖率达 86.6%,有植物近 1 500 种,动物 500 多种,亭阁、寺庙、摩崖石刻多达 200 余处。

黄山集泰山之雄伟、华山之险峻、恒山之烟云、庐山之飞瀑、雁荡之巧石、峨嵋之秀丽于一体,明代旅行家、地理学家徐霞客两游黄山,赞叹说:"登黄山天下无山,观止矣!"又留"五岳归来不看山,黄山归来不看岳"的美誉,更有"天下第一奇山"之称。可以说,黄山无峰不石,无石不松,无松不奇,并以奇松、怪石、云海、温泉的黄山四绝著称于世。其二湖,三瀑,十六泉,二十四溪相映争辉,春、夏、秋、冬四季景色各异。黄山气候宜人,是得天独厚的避暑胜地,是国家级风景名胜区和疗养避暑胜地。黄山 1985 年入选全国十大风景名胜,1990 年 12 月被联合国教科文组织列入《世界文化与自然遗产名录》,是中国第一个同时作为文化、自然双重遗产被列入名录的,2004 年 2 月入选世界地质公园。黄山蜚声中外,令世人难忘,古今有很多黄山诗词流传于世。2007 年 5 月 8 日,黄山市黄山风景区经国家旅游局正式批准为国家 5A 级旅游景区,正式步入中国最高旅游景区质量等级系列。

以上这段文字是对世界自然文化遗产黄山风景区的介绍。如果你还没有去过黄山,看了这段文字是否产生了强烈的旅游愿望呢?它向人们揭示了那只属于黄山的奇异独特、美丽诱人的风景,强烈诱发人们的旅游动机和行为,同时又增加了人们对景区、景点的认识和了解,并从文字中获得了审美享受。

一、景区、景点介绍的写作原则

(一)严格的真实性

[实例 2-1-2]

荆州城,又名江陵城,是国务院 1982 年首批公布的全国 24 座历史文化名城之一,1996 年荆州古城墙又被国务院列为全国重点文物保护单位。荆州地处长江中游、江汉平原腹地,是产生与黄河流域中原文化辉映并重,可与古希腊、古罗马文化相媲美的楚文化发祥地。春秋战国时期的楚国,在城北五公里处的纪南城建都长达 411 年,留下了丰厚的历史文化遗存。

荆州又是三国文化诞生和繁衍的历史圣地。魏、蜀、吴三国时代,这里曾是兵家必争的战略要地。一百二十回的《三国演义》,就有七十二回的内容涉及荆州。"刘备借荆州""关羽大意失荆州"等脍炙人口的故事,就发生在这块古老的土地上。荆州的古老底蕴,更可上溯到绵延久远的史前时期。距今五六万年前的鸡公山旧石器时代遗址就在古城东北 4 公里处,古城附近已发现的新石器时代遗址多达 20 余处。无可置疑的史迹告诉人们,荆州这块古老的热土有着悠久灿烂的历史文化。荆州古城自秦汉以来,一直是历代王朝封王置府的重镇。秦时,这里置南郡,设江陵县;汉时,沿袭秦制,汉武帝划全国为十三州,荆州是其一。其时,荆州城已是当时全国的十大商业都会之一;三国时,这里是争霸的要津。此后,东晋末年的安帝,南朝时的齐和帝、梁元帝、后梁宣帝,隋时的后梁王以及唐末五代十国时的南平国王等,先后有 11 个纷争王侯在此称帝(王)建都,长达 100 余年。唐代的荆州是陪都,称"南郡",与长安城南北呼应。元代时,这里曾是荆湖行省省会。明代洪武年间,这里是湖广分省的省会。明以后,这里一直是州(府、署)、县的治所。荆州在中国漫长历史的演进中所处的这种重中之重的地位和作用,有力地促进了荆州古城的发展与进步。

这是节选自《荆州古城》的一段文字,它以翔实的史料介绍了荆州这座古城。

真实地反映景区、景点的自然景观和人文景观是景区景点写作的最基本原则。人们在旅游中崇尚自然的本真,渴望了解真实的历史。景区景点写作要真实地表现自然,真实地再现历史,要对游客高度负责。现在,有些新开发的景点存在虚构和编造历史的问题,失去了真实性,造成了很坏的影响。

(二)独特的差异性

[实例 2-1-3]

泰安市境内的泰山,又称东岳,总面积 426 平方公里,主峰海拔 1 545 米,气势磅礴,拔地通天,素有"五岳之首""天下第一山"之誉。在中华文明五千年的历史长河中,由于历代帝王封禅和民众朝拜,给泰山遗留下极为丰富的人文景观,使泰山成为华夏文化的缩影。

这段关于泰山的介绍告诉我们泰山不仅是一座名山,而且人文底蕴丰厚,称得上是中国历史文化的博物馆。

景区、景点介绍在严格遵守真实性原则的前提下,更重要的是要写出当地自然景观和人文景观的独特风貌。这种与众不同的差异性是激发旅游者游览动机的重要因素。"人无我有,人有我优"就是特色,就能引发旅游者求奇、求异、求新、求美的心理共鸣。

(三)审美的艺术性

[实例 2-1-4]

"蜀国多仙山,峨眉邈难匹",这是唐代诗人李白对峨眉山的赞誉。峨眉山,以秀而闻名中外的旅游胜地,地处成都平原西南面的峨眉县境内,主峰海拔 3 099 米,全山面积 115 平方公里。峨眉山势重峦叠嶂,巍峨俊秀;山下幽谷深邃,溪流潺潺;山间峰高崖陡,绝壁森森;山上流云雾海,变幻无穷;寺庙亭阁掩映于浓阴翠盖之间,集中展示了巴山蜀水幽、险、雄、奇的特点,享有"天下名山"之美誉。

这段风景介绍,文字精练优美,意蕴无穷,描绘了美轮美奂的仙境般的峨眉山。语言美展现景色美,景色美开拓意蕴美,意蕴美升华为审美体验和审美享受。

二、景区、景点的写作内容

[实例 2-1-5]

承德是座风景秀丽迷人、名胜古迹荟萃、四季气候皆宜的旅游名城。承德是中国首批 24 个历史文化名城之一,中国十大风景名胜之一,中国 44 处重点风景名胜区之一,中国旅游胜地四十佳之一,首批中国优秀旅游城市之一,全国十个文明旅游景区示范点之一,避暑山庄及周围寺庙被联合国教科文组织列入世界文化遗产名录。世界遗产委员会评价:承德避暑山庄,是清王朝的夏季行宫,位于河北省境内,修建于公元 1703 年到 1792 年。它是由众多的宫殿以及其他处理政务、举行仪式的建筑构成的一个庞大的建筑群。建筑风格各异的庙宇和皇家园林同周围的湖泊、牧场和森林巧妙地融为一体。避暑山庄不仅具有极高的美学研究价值,而且还保留着中国封建社会发展末期罕见的历史遗迹。

在避暑山庄、普宁寺、普陀宗乘之庙、京北第一草原、塞罕坝国家森林公园进入国家 4A 景区之后,2007 年国家旅游局旅发〔2007〕21 号文件《关于批准发布北京市故宫博物院等 66 家景区为国家"5A"级旅游景区公告的决定》,承德避暑山庄及周围寺庙景区荣膺国家 5A 级景区,正式步入中国最高旅游景区质量等级系列。

这块美丽而神奇的土地上,有许许多多的"世界之最":世界上最大的皇家园林、世界上最大的皇家寺庙群、世界最大的皇家狩猎场、世界最大的木制佛、世界最短的河流、世界独一无二的石柱……

闻名遐迩的皇家园林——避暑山庄,自 1703 年经清朝康、雍、乾三代帝王历时 89 年营造而成,占地 564 万平方米,相当于北京颐和园的两倍,有八个北海公园那么大。与北京紫禁城相比,避暑山庄以朴素淡雅的山村野趣为格调,取自然山水之本色,吸收江南塞北之风光,成为中国现存占地最大的古代帝王宫苑,是世界最大的古典皇家园林。避暑山庄将封建帝王的政治理想与中华民族的美学思想完美地结合在一起,移天缩地,集各地名园之大成,融各民族建筑之长,兼南秀北雄之美,堪称中国古典园林的顶级作品,"游承德,皇帝的选择"已被越来越多的人所熟知和接受。

清朝从康熙起,先后有 4 位皇帝到避暑山庄消夏、理政、接见少数民族王公大臣、会见外国使节,这里成为当时全国的第二政治中心。在这里曾发生过许多重大历史事件,是研究中国清代历史的实物史料。人们由此说:"一座山庄半部清史。"

避暑山庄的东北部,环列着 12 座规模宏大、气势磅礴的寺庙(俗称外八庙)。周围寺庙是清政府为安抚中国西北蒙、藏等少数民族,加强边疆管理而建造的皇家寺庙。寺庙之集中,规模之宏大,建筑之精湛,寺庙中大量佛像、祭器制造技艺之高超,使其成为藏传佛教圣地之一。这些寺庙,建筑精湛,风格各异。在这里,可以瞻仰西藏布达拉宫的气势,浏览日喀则扎什伦布寺的雄奇,领略山西五台山殊像寺的风采,欣睹新疆伊犁固尔扎庙的身影,还可以看到世界上最大的木制佛像——千手千眼观世音菩萨。近几年恢复、开发、新建的魁星楼、僧冠峰、双塔山、鸟语林、城隍庙等景点也颇受中外游客的欢迎。

景区是由一定范围内的若干景点组合而成。无论景区还是景点，都可分为自然景观、人文景观和自然人文综合景观。景区景点介绍基本遵循概述景区，分述景点的原则，融人文精神、地理民俗、典故传说、风物特产于优美文字之中。景区介绍犹如一条美丽的珠串，景点介绍则是一颗颗值得赏玩的珍珠。景区介绍众星荟萃，景点介绍异彩纷呈。

（一）关于景区介绍的写作

［实例 2-1-6］

九寨沟位于四川西北部的九寨沟县境内，地处岷山山脉西朵尔纳峰北麓，是长江水系嘉陵江源头的一条支沟，海拔 2 000～4 300 米。九寨沟古称羊峒，又名翠海，属高寒喀斯特地貌，周围有雪山 10 座，景区内有 114 个翠海（高山湖泊），17 个瀑布群，并有多处大面积钙华滩流及众多珍稀动植物。因沟内原有九个藏族村寨，故名九寨沟。沟内山顶白雪皑皑，云雾缭绕。山腰古树苍翠，遮天蔽日。山麓野花烂漫，一片嫩绿，河谷与河谷之间沿台阶地势由高而下，许多瀑布急流直泻；湖泊溪潭成群成带，水藻繁衍生息，明显地展示出高山垂直气候的不同景观，形成世界罕见的集湖泊、瀑布、滩流、溪河、雪峰、森林于一体的高山名胜区与自然保护区。九寨沟景区已在 2007 年获得国家最高标准的景区质量等级 5A 级旅游景区称号。

这就是一则自然景区的介绍，从中可以看出自然景区介绍包含这样几项内容：景区位置—地貌规模—风景特色—地位评价。

景区位置：景区所在的准确地理位置。

地貌规模：景区的地质结构、风景规模。

风景特色：景的风景特点、奇异之处。

地位评价：景区的游览价值、权威评价。

［实例 2-1-7］

平遥古城位于山西省的中部，1997 年被列入《世界遗产名录》。这座古城为此获得了这样的评价："平遥古城是中国汉民族城市明清时期的杰出范例，平遥古城保存了其所有特征，而且在中国历史的发展中为人们展示了一幅非同寻常的文化、社会、经济及宗教发展的完整画卷。"平遥古城是一座明清建筑风貌的金融名镇，虽历经社会变迁，但仍基本上保持了其几百年前的原貌。

平遥古城始建于前 827～前 782 年的周宣王时期，是当时的军事要地。今天的平遥砖石城墙是 1370 年（明洪武三年）因军事防御的需要而在西周旧城垣的基础上扩建而成的。后来人们曾屡有修葺,但城市面貌和规划格局基本没变,也使得古城得以保存其原貌。汾河之滨的平遥古城,地处三晋大地,南面介休,北靠太原,东邻上党,西倚黄河,是众多历史文化名城之一。早在尧帝时期,平遥就已被人们作为安居乐业的所在,那时称古陶地。春秋时代,平遥为晋国古邑。战国时代,晋分为韩、赵、魏三国,平遥归属赵国,时称中都。其称一直沿用到北魏,才改称平遥。

平遥古城是随着商业的发展而建立起来的,但繁荣的商业气息并没有丝毫减损这里儒家文化的领导地位。中国社会自古重农轻商,平遥的"逐末"始终以尊儒为本,严格恪守礼制。平遥古城是依据汉族传统"礼制"规划建设起来的,完全反映了以明清时期为主的汉族历史文化特色,处处以"礼"为本。整座古城气势端庄,分明经纬,中轴对称,强调面南为尊,尽数依据汉族文化传统中的"礼"序与习俗的程式布局。平遥是县级规模,所以"方三里",严格遵守了中国古城的等级,规模大小均有国家典章制度的"礼"序标准,建筑的布局与风格也都讲求"天人合一"的思想。遵循"礼制"的思想,县府衙门位于全城的中心段落,"左文右武",以文庙和魁星楼为首的文系建筑都建在东半城,右边西半城是以武庙为首的建筑。平遥古城由四大街、八小街、七十二巷构成街巷格局,也是经纬交织,井井有条。

平遥地处文化经济发达的中原地区,久沐古风,留存下来的文物自然是体现秦砖汉瓦的特征。目前平遥有国家级重点文物保护单位3处,省级重点文物保护单位6处,县级文物保护单位90多处。城内的许多古迹,虽经岁月的流逝,已不再拥有当年的光彩,但其饱经沧桑的气势和斑驳的色彩增添了它神秘的历史魅力,使得后人更有好奇之心去窥视其面纱后的真容。

以上这段文字是典型的人文景观介绍,从中我们了解了平遥古城的地理位置、历史变迁、景观特色和人文价值。

人文景观的写作内容包括:地理位置—历史变迁—景观特色—人文价值。

地理位置:人文景观的具体位置。

历史变迁:人文景观的始建年代、规模程式、经历变化、现今遗存。

景观特色:人文景观历史性的特色文化背景,蕴涵的民俗风情及相关的历史人物。

人文价值:人文景观所揭示的历史文化内涵和文物的存在价值及今天景观的文化地位和影响。

[实例2-1-8]

九华山风景名胜区,位于安徽省青阳县境,面积约100平方公里,主要景区面积32平方公里。水有五溪,山有九十九峰,以莲花、天台、天柱、十王等九峰最为雄伟,主峰十王峰海拔1 342米,境内群峰竞秀,古刹林立,人称"东南第一名山"。现为国家5A级旅游区、全国文明风景旅游区示范点,被誉为国际性佛教道场。

九华山古称九子山,唐代大诗人李白于天宝年间观其山秀异,九峰如莲花,写下了"妙有分二气,灵山开九华,天河挂绿水,秀出九芙蓉"等诗句,从此改名九华山。宋代诗人苏子美和王安石,都把九华山峰比拟为天上仙人:"肖然九仙人,缥缈凌云间",可见其景色清幽,有着动人的魅力。

"天下名山僧占多"。九华山群峰竞秀,景色清幽,早就为佛、道教徒向往的理想之地。首先占据九华山的是道教徒。历代的九华山山志记载了汉代窦伯玉、晋代葛洪、唐代赵知微等著名道士在九华山的活动形迹,以及建开元观、白云观、仙坛宫等道教活动场所的情形。

九华山成为佛教名山始于唐。653年(永徽四年),新罗国王的近族金桥觉和尚来此,见九华山秀丽,就在今天的天台、东岩隐修多年,后在今天的九华街芙蓉岭下买地建庙,弘扬佛法,他于728年(开元十六年)农历七月三十日夜坐化,终年九十九岁。传说他逝后,肉身形如佛经中所说的地藏菩萨,信徒遂称其为金地藏,并建"肉身宝殿"供奉。从此,九华山成为佛教名山,与浙江普陀山、四川峨眉山、山西五台山合称为我国佛教四大名山。九华山今存寺庙90余座(其中9座列为全国重点寺院,30座列为省级重点寺院),有僧尼近600人,存真身(肉身)5尊,佛像6 300余尊,藏历代经籍、法器等文物2 000余件。

九华山寺庙集中在九华街,街上除有开山化城寺、肉身宝殿外,还有祇园寺、百岁宫、龙庵、立庵等20多座寺庙,沿路傍山更是三里一庵、五里一庙,正如杜牧诗中所说:"南朝四百八十寺,多少楼台烟雨中。"因此,佛教徒都把九华街称为"莲花佛国"。

九华山山水风景最著者,旧志载有九华十景:天台晓日、化城晚钟、东崖晏坐、天柱仙踪、桃岩瀑布、莲峰云海、平岗积雪、舒潭印月、九子泉声、五溪山色。此外,还有龙池飞瀑、闵园竹海、甘露灵秀、摩空梵宫、花台锦簇、狮子峰林、青沟探幽、鱼龙洞府、凤凰古松等名胜。

关于九华山的风景介绍是自然和人文综合性的文字,我们从中可以看出它综合了自然景区和人文景区的两项写作内容。综合类景观介绍的写作内容可以概括为:地理位置—风景结构、历史沿革—景观特色—综合价值几个部分。景观价值和评价部分既可以灵活地紧接景区地理位置之后给人一个先入为主的强烈印象,也可以放在最后起特别强调的作用。

(二)关于景点介绍的写作

景点介绍是一个具体景点的介绍性文字。景点介绍一般都是在景区概括性介绍之后进行,并和景区介绍形成一个整体,从而达到彰显景区特色的目的。也就是概述景区之后,分述景点,所以说景点介绍写作和景区介绍写作的相同之处很多,但前者具有较强的针对性,并要介绍更多的细节。

[实例 2 - 1 - 9]

下面是位于河北石家庄市正定县城内隆兴寺铜铸大悲观世音菩萨的介绍。

五檐三层、高 33 米的大悲阁内矗立着高大的铜佛铸像,这就是闻名退迩的正定大菩萨。她身高 19.2 米,立于 2.2 米高的须弥石台上,是我国现存最高的铜铸观音菩萨像,是奉宋太祖赵匡胤敕令而造,也叫千手千眼观音,全称是"大慈大悲救苦救难观世音菩萨"。这尊千手千眼观音菩萨像有 42 臂,分别执日、月、净瓶、宝杖、宝镜、金刚杵等法器。面部表情端庄恬静,仁慈庄重,达到了瞻之弥高、仰之益恭的艺术效果。大佛始铸于北宋开宝四年(971),有 3 000 匠役投身这项工程。由于佛像超高,所以采取自下而上,分段接续铸造。第一节铸下部莲花座,第二节铸到膝盖,第三节铸到脐部,第四节铸到胸部,第五节铸到腋下,第六节到肩部,第七节铸头部,最后铸 42 臂。工程浩大,工艺复杂,它是北京周边地区 4 尊大佛之一(北京雍和宫大佛、天津蓟县独乐寺大佛、承德普宁寺大佛)。

[实例 2 - 1 - 10]

接着我们看下面关于《肉身宝殿》的景点介绍。

肉身宝殿是建在神光岭上的金地藏墓地,俗称肉身塔,万历年间名"护国肉身宝塔",1857 年(清咸丰七年)毁于火,现塔是同治年间重建。殿顶琉璃生辉,殿下重檐斗拱,雕梁画栋,宏伟壮观。殿内正中为七级木制宝塔,高约 17 米,每层有佛龛 11 座,供奉地藏菩萨坐像。塔基、神台和殿内地面均铺以汉白玉,殿前有石级 84 级。殿后一匾,上书地藏誓愿。

相对于前边的景点介绍,《肉身宝殿》则是一个简略的景点介绍,但我们也能从中看出相关的知识要点。

景点介绍可以使游人在很短时间内对一个景点产生认识和了解,领略到景观的神韵和魅力。

三、景区、景点介绍的写作技巧

[实例 2 - 1 - 11]

"江南佳丽地,金陵帝王洲。"曾是"十代都会"的南京城,在 2 400 多年的城建史中曾经 8 次作为封建王朝的国都,并成为太平天国和中华民国临时政府的首都。1927 年后,它是国民党的统治中心,曾经有许许多多的革命志士在这里惨遭杀害。帝国主义列强和国民党反动派的残酷统治,使旧社会的南京破烂不堪,布满了污混的浊水。因此,坐落于今长江路 292 号的近代建筑群,在世人心目中具有重要的独特历史含义。无论是革命政权的风云际会,还是封建主义和蒋家皇朝的反动统治,都使这里浸透着浓重的历史氛围。——《总统府旧址》

[实例 2–1–12]

素有"江西第一楼"之称的滕王阁,雄踞南昌沿江北大道,依城临江、瑰伟绝特,因"初唐四杰"之首的王勃的一篇雄文《滕王阁序》而得以名贯古今,誉满天下。文以阁名,阁以文传,历千载沧桑而盛誉不衰。——《滕王阁》

以上两段文字分别是《总统府旧址》和《滕王阁》景观介绍文字的开头部分。看了这两段文字,人们会对景观有一个深刻的印象,比如"总统府旧址"的特殊历史氛围,"滕王阁"的文阁齐名共传。

[实例 2–1–13]

五大连池风景区位于黑龙江省西北部的五大连池市、小兴安岭西南侧前台地上,距北安市 60 公里。其四周分布着 14 座火山,以及一系列火山矿泉,构成了独特而典型的火山景观,因而有"火山博物馆"之称,是我国著名的火山游览胜地。

短短的几行字,我们就知道了"五大连池"的风景特色——中国有名的"火山博物馆"。

由以上实例我们可以看出,景区景点介绍需要一定的写作技巧,这样才能达到先声夺人、引人入胜的境地。

(一)彰显特色,先声夺人

可以先明确景区景点的地理位置,也可以评价其景观的价值特色,但要注意突出景区景点的特色,要先声夺人,给游人留下深刻的印象,起到引导人们的兴趣和好奇心的作用。

[实例 2–1–14]

千年的文化底蕴造就了乌镇不少的名人,从宋元明到清光绪二十七年为止算起,乌镇共有举人 103 人,进士 48 人,正应了"中原两圣人,江南千状元"这句俗话。其中,现代作家茅盾、清代翰林夏同善以及南北朝梁昭明太子萧统的老师沈约名气颇盛。

[实例2-1-15]

五大连池"名山如屏障,珠带五湖清",自然景色优美,素有北国江南之称。五大连池火山风光具有四大特点:山秀、石怪、水幽、泉奇。山,指火山爆发时喷出的岩流和碎屑物;水,指波光粼粼的五个池子;泉,指含有钠、钾、铁、镁离子和多种微量元素及二氧化碳的"药泉"。

景区、景点介绍贵在特色,这是最终吸引旅游者的根本原因。所以写作时需要抓住自然景观和人文景观的独特之处,用最准确、最新奇、最别致的字眼来概括描述。

(二)提炼神韵,引人入胜

许多名胜古迹都有它的特色,如甲天下的桂林山水、独一无二的敦煌壁画、美国拉斯维加斯的黑色娱乐……

许多风格各异的景色需要景区、景点介绍来引导人们去审视美、认识美、享受美。对景区、景点要进行全方位、多层面的挖掘,寻找它的神韵,彰显它的特色,提炼、总结出景观的独特之处。

(三)巧妙结束,回味悠长

[实例2-1-16]

走进澳门,在摩天大楼的夹缝间,既可看到中式建筑的寺庙,又可看到西式建筑的教堂;既可看到人们在求神拜佛,也可看到人们在做礼拜。在现代商住楼宇、豪华酒店、华丽的教堂和飞驰的小轿车之外,传统的风采韵味随处可见:东方式的园林建筑,香火鼎盛的庙宇,沉默的炮台,狭窄的石子街道,黄昏时的三轮车,还有中老年人的唐装……宁静的传统情致与动感十足的现代节拍相互融合补充,形成澳门独特的城市景观。

这是澳门市介绍的结束语,对澳门的城市景观做了一个全面的总结,这样结束给人一个回味悠长的想象空间。——总结式结束

[实例2-1-17]

苍山洱海,山水相依,绵延40多公里,就像一幅色彩鲜明的山水画卷。"风花雪月"四景更使苍山洱海风光独具魅力,使人们充满无限向往!

关于苍山洱海介绍的结束,具有很强的鼓动性,激发人们的游览兴致。——畅想式结束

[实例2-1-18]

风景秀丽的"女儿国"泸沽湖,风情山水互为熏染,使人一走进泸沽湖畔,便宛然走进了一个秀美缥缈的神的世界。台湾著名学者李森灿先生曾称赞它是极端完美的艺术品。

这是一个对自然景色进行人文挖掘的具有审美延伸效果的结束语,这样结束提升了景观的欣赏价值和美学地位。——提升式结束

[实例 2 – 1 – 19]

看完陈列,顺道还可以去"听鹂馆"参观。那是一座小小的四合院,里面的盆景值得观赏,临时举办的各种展出也很有文化品位。

这小段文字是武侯祠的结尾,文字简单而自然,采用随游踪延续的顺理成章的参观结束法。——自然结束法

情景模拟训练

以你最熟悉的景点为例,模拟介绍景区景点概况。

应用能力训练

对一个熟悉的景区或景点做深入考察,并写出景区或景点介绍。

第二节　旅游指南的写作

课前提示

当今社会,旅游已经成为一种时尚,一种休闲方式,人们已经不仅是参加那些固定的团队出游,而且还选择了许多方便灵活的出游方式。因此,旅游指南就可以在最大范围内为出游者提供帮助,整合旅游景区景点、酒店宾馆、旅行社、交通票务等各个旅游要素,提供国内外旅游线路、机票、食宿等信息,同时介绍各地旅游景点、风土人情、户外攻略等,打造旅游生活消费平台。

教学要求

◇了解旅游指南的基本写作要素
◇能够撰写旅游指南

[实例 2 – 2 – 1]

北京八达岭水关长城

(一)景区概况

万里长城最早修建于公元前 7 世纪。秦始皇统一中国后,把各国修建的长

城连接起来,形成最初的万里长城。其后明朝在此基础上做了大规模的修筑,至此形成北方重要的防御体系。长城历经两千余载,纵横华夏大地十万余里,其本身就是一部浩然的历史长卷,国之魂魄,民之脊梁。长城已经成为中华民族文化和智慧的象征,并已深深地扎根于每一个炎黄子孙的心中。

八达岭水关长城位于北京市西北40公里,此段长城是八达岭长城东段,因修建中国第一条自主设计的京张铁路而被截断。水关长城是明长城的遗址,由抗倭名将戚继光督建,距今有400余年历史。此段长城建于险谷口,自水门箭楼长城呈"V"字型,顺应山势而行,如巨龙似鲲鹏展翅欲飞。箭楼既是敌楼同时兼具水门功效,此种建筑方式在沿线长城建筑中极为罕见,故名水关长城。水关长城地势险要,苍龙起伏于崇山峻岭之间,穿行于悬崖峭壁之上,城堡相连,烽隧相望,双面箭垛,拒敌万千。水关长城东起"川字一号",西至京张铁路,全长6.8公里,以奇、险、陡、坚著称。

八达岭水关长城地处关沟中部,七十二景似明珠般散落于长城四周,弹琴峡、金鱼池、石佛寺、骆驼石等诸多景点散落于方圆500平方米的空间,为游客提供了丰富的旅游资源。

长城四季美如画,春看山花烂漫,夏览草木葱郁,秋观漫山红叶,冬游苍龙卧雪。这里山清水秀长城壮美,人杰地灵古寺清幽。到了春天看长城两侧山花烂漫,远处长城悠远入云烟,您将从中充分体会到中华民族的伟大。顺着长城西行3 000米,您又将看到中国第一条铁路"京张铁路"及"人"字形铁道,可前去瞻仰詹天佑衣冠冢,领略近代伟人风采。

水关长城于1995年正式对外开放。篮球巨星乔丹、F1赛车手蒙托亚都曾到水关长城观光游览,香港演艺界巨星刘德华演唱的《中国人》背景即为水关长城。水关长城越来越成为诸多长城景点中游客的首选之地。

(二)旅游资讯

1. 水关长城景区开放时间:
旺季:5:30~18:30;淡季:6:30~17:30。

2. 景区门票价格:
旺季:成人×元,学生及60岁以上老人(凭证)×元。
淡季:成人×元,学生及60岁以上老人(凭证)×元

3. 景区内通信:景区具备邮箱、IC卡电话等通信设施,可为游客提供方便服务。

4. 交通:自驾车游客沿八达岭高速公路出京方向到高速公路16出口即到。
公交车路线:德胜门乘坐919路公共汽车,水关长城站下车即可。

5. 旅游节庆活动:
植树活动:每年春季3~5月,秋季8~10月,团体、个人皆可;

杏花节:每年 4 月 1 日～5 月 15 日;

红叶节:每年 9 月 15 日～10 月 30 日;

登山节:每年重阳节(老人凭证半价优惠)。

6. 餐饮、住宿:

距水关长城仅千米距离的"长城脚下的公社"以超现实主义的建筑风格闻名于世,同时还是集游览、餐饮、住宿为一体的高档酒店。

八达岭庄园饭店距水关长城 2 000 余米,此处酒店是集住宿、娱乐、餐饮、购物于一体的准四星酒店。

水关长城附近的石佛寺村、里炮村是北京市民俗旅游重点推介村,吃农家饭、住农家院是此处民俗旅游的一大特色。

G 景区联系电话:(略)

到水关长城来吧!这里将以独特的自然风光、优质的服务、多层次的知识介绍为您展现中华民族五千年的悠久历史,把古代、近代、现代三个不同时期最能代表中华民族才智的代表作展现在您面前,让您充分领略五千年文化的丰富内涵。

以上是北京水关长城的旅游指南,它基本上涵盖了水关长城的各类旅游要素,侧重介绍了水关长城的优势,即历史和设施状况,并对休闲、娱乐等方面的特色做了介绍,使旅游者对水关长城有一个比较全面的了解。

旅游指南是比较详细地提供旅游景区、景点介绍和旅游资讯服务的文字材料,旅游指南可以说是旅行出游的小百科全书。内容详细的旅游指南可以成为一本书,简单的也可以只用几页纸。旅游指南中的旅游资讯涉及旅游中的衣、食、住、行,民俗风情等各个方面的内容,广泛、周密的介绍,使旅游者能对要去的旅游目的地及相关景区、景点的情况有一个比较全面、具体的了解。

[实例 2-2-2]

神奇的九寨沟

一、景区概况

九寨沟,这块神奇的仙境,位于四川省阿坝藏族羌族自治州九寨沟县境内,南距四川省省会成都 400 多公里,属高山深谷碳酸盐堰塞湖地貌。景区长 80 余公里,茫茫 6 万多公顷,因沟内有盘信、彭布、故洼、盘亚那、则查洼、黑果、树正等九个藏族村寨而得名。据《南坪县志》记载:"羊峒番内,海峡长数里,水光浮翠,倒影林岚。"故此地又名中羊峒、翠海。

20 世纪 70 年代,这片在莽莽丛林中沉寂了千百万年的仙境终于被一群偶然闯进的伐木工人发现。1982 年,九寨沟成为国家首批重点风景名胜区。1990

年,在全国 40 佳风景名胜区评比中,九寨沟名列新自然景区榜首。1992 年,九寨沟被联合国教科文组织纳入《世界自然遗产名录》,成为全人类共同拥有的宝贵财富。九寨沟景区在 2007 年获得国家最高标准的景区质量等级 5A 级旅游景区称号。

九寨沟总面积约 620 平方公里,自然景色兼有湖泊、瀑布、雪山、森林之美,有"童话世界"的美誉。大多数景点集中于"Y"字形的三条主沟内,纵横 50公里。

九寨沟现已规划的六个景区是:宝镜岩景区、树正景区、日则景区、剑岩景区、长海景区、扎如景区。

黄山归来不看山,九寨归来不看水。九寨沟的精灵是水,湖、泉、瀑、溪、河、滩,连缀一体,飞动与静谧结合,刚烈与温柔相济,千颜万色,多姿多彩。高低错落的群瀑高唱低吟;大大小小的群海碧蓝澄澈,水中倒映红叶、绿树、雪峰、蓝天,一步一色,变幻无穷;水在树间流,树在水中长,花树开在水中央。

九寨沟的森林有 2 万余公顷,在 2 000 米至 4 000 米的高山上垂直密布,主要品种有红松、云杉、冷杉、赤桦、领春木、连香树等。在这里的原始森林中,栖息着珍贵的大熊猫、白唇鹿、苏门羚、扭角羚、毛冠鹿、金猫等动物。海子中野鸭成群,天鹅、鸳鸯也常来嬉戏,是我国著名的自然保护区之一。

彩林、叠瀑、翠海、雪峰、藏情是九寨沟的五绝。九寨沟一年四季均可旅游,而尤以秋季为最佳。

二、旅游资讯

1. 最佳旅游时间

九寨沟被誉为"童话世界,人间仙境",其风光一年四季风韵不同,给人留下无穷的回味。九寨沟的春天妩媚动人,仲夏绚丽多彩,深秋浓艳娇娆,隆冬神奇莫测。九寨沟的深秋是最绚烂的,也是令人最难忘的,山坡上的树叶呈现出金黄、火红等色彩,倒映在大大小小的海子里,湖山同色,十分迷人。这时也是游人最多的时候,是九寨沟的最佳旅游季节。10 月以后进入下雪季节,旅游进入淡季,但来九寨观光赏雪,体会雅致迷人的冬韵也定会让你回味无穷。

2. 景区门票价格

九寨沟门票:第一次进沟——旺季(4 月 1 日到 11 月 15 日)220 元/人;淡季(11 月 16 日到 3 月 31 日)80 元/人。观光车票:淡季:80 元/人;旺季:90 元/人。现役军人、残疾人、60～70 岁老年人及在校学生,可以凭有效证件购买优惠票,旺季 115 元,淡季 80 元。

3. 景区内通信

各宾馆有直拨电话,景区内绝大部分地区可使用手机,沟口有 IC 卡机。

4.交通

（1）外部交通

①航空：游览九寨沟较便捷的途径是乘飞机到成都,再转车前往九寨沟。上海—成都：上航、东航、国航、四川航空都有航班。上海—绵阳：上航、东航有航班。北京—成都：国航、海航、四川航空有航班。广州—成都：南航、国航、四川航空有航班。

特别提醒：双流国际机场距离成都15公里,成都的士5元起价;1.7元/公里。

九寨—黄龙机场位于松潘县川主寺镇,距九寨沟沟口和黄龙分别为83公里和52公里,于2003年9月28日正式通航,国航西南公司首先开通了至成都、重庆的航线。从成都飞到九黄机场仅需45分钟。

②铁路：北京、上海、广州、重庆、西安、昆明、乌鲁木齐、兰州等10多个大城市都有火车直通成都。可以先乘坐宝成线火车到达四川成都或者广元、江油,再转乘汽车前往九寨沟。

③公路：到达成都后,可乘坐汽车进入九寨沟。

九寨沟环线是四川一条重要的旅游干线,贯穿四川的部分精品旅游景区。九环线呈环状,全长913公里,起点是成都,终点是九寨沟,分东线和西线,也就是说,从成都往返九寨沟可以走两条道路。

西线：约430公里

成都—都江堰—汶川—茂县—松潘—川主寺—九寨沟

东线：约520公里

成都—广汉—德阳—绵阳—江油—平武—九寨沟县—九寨沟

（2）内部交通

九寨—黄龙寺

九寨沟与黄龙寺之间的距离为128公里。随团旅游者可不必担心这两个景点之间的交通问题。自助旅行者从九寨去黄龙,可先乘往松潘、成都方向的班车南行92公里到川主寺(红军长征纪念碑,此处有车北上甘南和兰州),再转平武方向的车东行41公里即到黄龙寺。

九寨沟内交通非常便利。为了保护沟内环境,让不太宽敞的盘山道路畅通无阻,同时增加沟内接待人数,目前沟内交通全由绿色观光巴士承担。这种观光巴士用天然气作燃料,几乎无污染,在沟内指定站点可以上下,十分便利。

观光车票在景区售票处购买,票价：旺季(5月1日～10月底)90元,淡季(上年11月1日～次年4月底)70元,保险费3元。采取一次购票的办法,在沟内有效,出沟再进就无效。

（3）九寨沟主要景点里程

沟口—诺日朗　　　　14.6公里

诺日朗—长海　　　　17.8公里

诺日朗—原始森林　　18公里

沟口—九寨镇　　　　7公里

沟口—九寨沟县城　　42公里

沟口—黄龙寺　　　　128公里

5.旅游节庆活动

（1）藏羌烤羊晚会

藏羌烤羊晚会集藏羌舞蹈、山歌、宗教仪式表演、民族服饰、民族乐器、藏式婚礼、锅庄等民族民俗活动为一体,用朴实、欢快、粗犷、明朗的手法,溶入藏羌民族神秘的自然美、宗教秩序美、积极的生活美等风土民情,采用独特而多样化的表演艺术和造型风格,体现藏羌民族的思想情趣、审美意识,充分展示了藏羌民族的聪慧灵气,自然淳厚以及乐观积极的思想、个性和气质。藏羌晚会乃是九寨沟藏羌文化艺术中独放异彩的一朵奇葩,亲临晚会现场,是九寨沟完整旅游不可分割的一部分。

（2）麻孜会

农历正月为藏族的年节,而九寨沟最隆重的节日当数农历三月十五的"麻孜会"。这天男女老少都身着盛装去扎如寺参加庙会,烧香敬神,朝佛转山,向师长、亲友、喇嘛敬献哈达,表达美好的祝愿。庙会上也有唱歌跳舞、演藏戏等庆典活动。青年男女也常在这天寻觅知音,结交朋友。

（3）德朵节

每年冬季至初春是易发生火灾的时节,当地藏民以村寨为单位,请喇嘛在专门的院内念经祈求免灾。这一节日由两个仪式组成:一是守火仪式,一是驱火仪式。守火仪式时,要在寨子中最适宜观望的地方搭一个瞭望篷,每家委派一名代表驻守瞭望篷。在晚上12点前,寨民围寨转游,边转边唱,告诫人们防火。驱火仪式由几个寨子联合举办,持续一天。寨民均穿漂亮的新衣,念经祷告,观看由数十人组成的马队摇旗呐喊,鸣枪驱火。

（4）转山节

农历六月十五和七月十五的转山节,主要活动是朝拜扎依扎嘎神山,但也充满节日的喜庆气氛。转山这天,藏胞大都要着盛装,相互祝酒,齐声歌唱,骑马或步行绕神山一圈。

6.餐饮、住宿

随着九寨沟旅游业的蓬勃发展,九寨沟宾馆服务业的发展如雨后春笋。到九寨沟旅游不必担心无处落脚,九寨沟客房床位数已达近 3 万张。在绵延 5 公里的宾馆建筑群中,九寨沟景区目前拥有准五星级宾馆(国际大酒店)1 个,准四星级宾馆 5 个,三星级宾馆 6 个,拥有星级标准床位 6 785 个。宾馆建筑形式多以藏式结构为主,结合现代人生活要求,设施完备,布局合理,环境高雅,安全舒适,价格合理,可以满足不同层次人群的需求。

五星级:九寨沟国际大酒店,价格在 600 ~ 1 000 元。

四星级:中旅大酒店、格桑大酒店、金龙渔港大酒店、价格在 500 ~ 900 元。

三星级:九寨沟中油避暑山庄、九龙宾馆、九寨沟宾馆、贵宾楼宾馆、新九寨沟宾馆、九寨山庄、金鑫大酒店、九寨沟锦绣宾馆、棠中宾馆、蜀电宾馆、千鹤大酒店、鑫源大酒店等,价格在 400 ~ 800 元。

二星级:九鑫宾馆、羌林大酒店、九安宾馆、天鹅宾馆、麟祥园宾馆等。

普通宾馆:有 20 多家普通宾馆。

7. 九寨沟特产

(1)虫草鸭

九寨沟藏胞们用虫草做成的虫草鸭,味极鲜美,还是上等补品。

(2)贝母鸡

贝母是药用植物中的"名门望族",九寨沟一带有川贝和暗紫贝母两种。贝母性味苦甘、凉口,能清肺散结、止咳,并能治疗叶瘵咯血、心胸郁结、肿痈等病症。

(3)洋芋糌粑

九寨沟藏胞制作的洋芋糌粑,是以土豆为主要原料烹调的膳食。

(4)素烧如意

如意菜即蕨菜,因其状若一柄绿莹莹的古代如意而得名,国外把它列为健康食品,称为"山菜之王"。

(5)九寨矿泉

九寨沟泉水延绵 50 余公里,湖边、林中一眼眼泉水,汩汩而涌,终年不断,其中不乏优质矿泉。据测,泉水色度小于 3 度,锶含量为每升 1.187 毫克,优于有关国家标准。同时还含有多种有益人体健康的微量元素,因此被定名为锶天然矿泉水。

8. 旅游注意事项

(1)前往九寨沟旅游,应选择信誉高、服务好的旅行社组团。自驾车旅游者应提前预订景区宾馆。

(2)带足御寒衣物。

(3)防范高山反应。

(4)尊重当地少数民族的生活习惯和信仰,避免与当地居民发生冲突。

(5)随身携带常备药品、方便食品和水,以备不时之需。

以上是国家自然保护区九寨沟的旅游指南,它基本上涵盖了九寨沟旅游的各类旅游要素,所侧重的是九寨沟旅游的特色,不仅使游客对景区有了比较深刻的印象,同时还能指导游客进行相关的旅游准备。

一、旅游指南的写作要点

(一)介绍旅游景观,揭示旅游内涵

用简练、准确而生动的文字对旅游景区、景点进行宣传,展示景区、景点的旅游环境及设施;同时让潜在游客和社会公众了解景区、景点的基本景观风貌,是旅游指南写作的最基本要求。

(二)总结旅游特色,突出个性优势

对景区、景点进行介绍的同时,旅游指南还需在有限的文字中总结出个性优势,明确景观类型、风格、特色,引导游客观光游览,吸引潜在消费者的注意力,为不同爱好、不同性情的游客提供服务。

(三)宣传旅游环境,解答游客心中疑问

旅游指南需要对景区旅游环境及相关旅游设施进行介绍,打消游客出游中存在的疑虑,减轻其心理负担,真正使出游成为精神享受。

(四)提示相关问题,指导旅游活动安排

在旅游指南中还需进行必要的出游提示,对道路、交通、通讯、食宿等进行准确明晰的说明,便于各种类型的出游者选择参考,无论是团队、自驾游者还是背包族,都能各取所需,从中获取相关信息和建议。

二、旅游指南写作的特殊性

旅游景区、景点介绍和旅游指南写作的区别在于,旅游景区、景点介绍比较简捷、明快、中性,而旅游指南则是整体介绍,将旅游的六大要素(吃、住、行、游、购、娱)几乎都罗列在内,在景点概况中含有很强的感情色彩。

应用能力训练

1. 体会旅游景区、景点介绍和旅游指南的不同写作内涵和写作差异。

2. 对一个景区或景点做实地考察,了解一些旅游要素,编写一篇简单的旅游指南。

第三节　导　游　词

　　旅游团队由导游员带领,导游词就是导游人员在引导游客游览活动中对有关事物进行解说的应用文字,是导游员的工作用语,是一种具有旅游业职业特点的专门用语。学习撰写导游词,是导游人员必须掌握的技能。

　　◇能够理解导游词与一般口语的区分与用法
　　◇了解导游词的基本写法
　　◇学会写作导游词

[实例2－3－1]

天坛导游词

　　各位朋友,现在我们来到了天坛,首先我为大家简单介绍一下。天坛是世界上现存的规模最大的古代皇家祭祀性建筑群,它是明清两代皇帝祭天、祈谷及祈雨的地方。天坛完工于公元1420年,位于紫禁城的东南方向,全园占地273公顷,是紫禁城面积的4倍。在中轴线上有三组非常重要的建筑,自南向北依次是圜丘坛、皇穹宇及祈年殿。另外,园中西侧有斋宫等建筑,全园遍植古松,庄严肃穆,是一处非常理想的祭祀场所。

　　在明代,天坛初建之时,实行天地合祭,不仅祭天,而且祭地,其位置便是今天祈年殿所在的祈谷坛上。后来,在京城的北面设地坛,专门祭地,又在祈年殿的南侧修建了圜丘坛及皇穹宇,专门祭天,从而形成了天坛今天的格局及规模。

　　最后一个在这里祭天的人是窃国大盗袁世凯,但天不遂人愿,袁某只过了83天皇帝瘾便一命归西了。新中国成立后,国家多次拨款重修天坛,但不再是为了祭天,而是为了给世人、给世界留下一份遗产。

　　1998年,天坛被联合国教科文组织列入《人类遗产名录》。好!下面我就带大家参观。

　　导游词是导游员引导游客游览观光的讲解词,它可以是对名胜古迹的介绍,也可以是对文物陈列的解说,还可以是对展览标本的说明,或者是产品展销的推荐等。导游员通过导游词引导旅游活动,间接达到推广旅游市场的作用。所以,导游词的质量关系到旅游服务的质量,也关系到旅游景区的"名牌"形象。

一、导游词的作用

（一）引导游览，介绍说明

导游员的工作全靠两条腿和一张嘴，两条腿要不停地走，引导路线；一张嘴要不停地说，边走边讲，交流互动，介绍历史，说明现实，描绘风景，推介物产，安排好吃、住、玩、娱、购、行。

（二）沟通情感，激发兴趣

"有朋自远方来，不亦乐乎"，导游员要通过导游词来表达对游客的欢迎、尊重和关心，引导游客对旅游地产生强烈向往、浓厚兴趣和快乐的心情，实现与游客情感的沟通和交流。

二、导游词的特点

导游词有如下特点。

（一）真实性

参加旅游活动反映了人们对生活的热爱和对真善美的追求。文物古迹是真实的，青山绿水是真实的，历史和现实是真实的。导游员必须把这些真实的景物之美实实在在地讲解给游客，让人们从中体会到生活的美好，从而达到开阔眼界、放松心情、增长知识的目的，得到真实的审美享受。导游词中的任何编造和谎言都是对游客心灵的伤害和欺骗。

（二）知识性

导游词反映和表现的内容是文物古迹、自然山水等人文景观和自然景观，涉及历史、地理、政治、经济、文化、军事等各个方面的知识。写作导游词时也会运用到多种技巧和多种表现手法。

（三）艺术性

从欣赏和审美的角度看，导游词应该具有较高的艺术性。游客所面对的旅游景物具有艺术之美，作为对景物解说的导游词更要艺术地将它们反映和表现出来，引导游客进入一个崇高的审美境界。

（四）趣味性

旅游是一种放松心情的活动。导游词叙事描景应该趣味横生，富有吸引力。要适合不同层次游客的欣赏能力，吸引人们想听、爱听、听而不厌。

（五）口语化

导游词最终是通过导游员的述说具体地表现出来，作用于人们的听觉，因此，导游词要口语化，通俗易懂，要避免那些晦涩艰深的语句出现。

三、导游词的结构和内容

一般来说,导游词包括前言、后语和总说、分述这样几部分内容。

(一)前言

[**实例 2 – 3 – 2**]

在座的各位大家早上好! 非常高兴在周末的早上见到大家,感谢大家对我们旅行社的支持和对我本人的信任。我有这样一次机会与大家同行并为大家服务,心里非常高兴。首先做一下自我介绍,也就是说我们先认识一下。我姓王,大家叫我小王或王导都可以,怎么亲切就怎么叫;开车的师傅姓李,李师傅,这三天大连之行就由我和李师傅共同为大家服务。大家在旅途过程中有什么困难和要求的话尽管提,不要客气,我和司机师傅会尽力帮助大家解决,换句话说,如果大家在吃、住、行、游、购、娱等方面有什么不满意的或觉得我哪些地方做的不合适,希望大家及时提出来,我会立即改正。就是不希望大家回程时再对我说:小王,这个地方你做得不好,那我想你并没有给我改正的机会,那我也只能对你们说:抱歉,下次我会注意的(笑)。同时也希望在座的各位对我们的工作能够给予支持和配合。预祝我们的行程圆满、顺利,同时也预祝各位在大连玩得开心,旅途愉快!

其实一上车,我与大家就有一种似曾相识的感觉,虽然现在我不能一一叫出大家的名字,但是我想在接下来的三天时间里我会慢慢了解大家,熟悉大家。那么现在大家只需要记住我就可以了,大家还记得我姓什么吗? 姓王(客人说),那么车上有没有和我同姓的,举手(这时有一个男客人举手)。对不起,我说的是同性,性别的性(客人笑)。

好了,开个玩笑,谢谢大家捧场。我们的车已经行驶在高速公路上了,给大家提几个小的建议。首先,大家在座位上坐好之后就不要随便走动,以免车速过快出危险;其次呢,早上大家都起来的很早,可能没有吃早餐,那么大家等一下吃东西的时候把吃剩下的果皮放在一个方便袋子里,下车的时候师傅会为大家清扫。咱们这台车将陪伴大家三天,希望大家能保持一个好的环境。最后一点就是坐在窗边的朋友千万不要把手或头部伸到窗外去,以免被其他的车辆刮伤。出门在外,旅游固然重要,但是平安是最重要的,我觉得出门在外平安就是一种幸福。那么我也希望这个行程能够把大家高高兴兴地带出去,平平安安地带回来!

[**实例 2 – 3 – 3**]

各位朋友:

大家好!

"有朋自远方来,不亦乐乎!"首先我对各位朋友的到来表示热烈的欢迎。

我是导游员小赵,很荣幸能够陪同大家一起去感受这大自然赋予的灵山秀水,探索绵延千载的佛教文化,共同分享这段美好时光。那么让我为大家献上一曲《请到峨眉来旅游》,以此表达我们峨眉山人的诚意和热情:"参天的青山喜招手,满山的杜鹃笑点头,欢迎远方的客人都到峨眉游,群峰叠重翠,飞瀑挂山口,琴蛙弹奏迎宾曲,仙雀献歌喉……"

好,谢谢大家鼓励的掌声。现在就让我们开始今天的旅程。

前言是导游员对游客表示热情欢迎、交代游览活动计划、提醒有关事项、联络情感、营造良好氛围、向主题过渡的文字。它是对游览活动的一个很好铺垫。

(二)后语

后语是导游员对游客进行真诚告别,对游览过程进行总结的话语。后语内容不固定,一般文字比较简洁,可以总结游览景观,可以请游客留下宝贵意见,也可以进行告别祝福等。

［实例 2 － 3 － 4］

好了,游程将尽,让我们一齐高歌下山。还记得上山时我说的一句四川话吗?"上山脚杆软。"现在你可体会到下山的滋味了:"下山打闪闪。"就是这脚好像支不起力似的。可您一想到又游览了一处世界自然遗产,您就会非常非常高兴的。

在游程结束的时候,请大家给我提出宝贵的意见。不久的将来,黄龙可能会架设索道,到那时欢迎您再来与黄龙相会,因为我相信大家只来这里一次肯定是不会满足的。

这是四川黄龙风景区导游词的结束语,亲切自然。

［实例 2 － 3 － 5］

各位朋友,自贡恐龙博物馆从 1987 年至今开放以来,深受中外游人的喜爱。"中国旅游胜地四十佳""爱国主义教育基地""园林式单位""优质服务示范单位"等殊荣接踵而至。根据规划,它的未来将是一个寓科研、科普、旅游为一体的世界一流的恐龙公园。

永远开放的自贡恐龙博物馆恭候大家能再次光临。谢谢!

这是四川自贡恐龙博物馆导游词的结束语,不仅对游览进行了评价式总结,还展望了博物馆的美好未来。

［实例 2 － 3 － 6］

今天的参观到此结束,请让我祝福各位朋友:扎西德勒(吉祥如意)!

这是一个祝福式结束语,自然简洁。

(三)总说

总说部分是对游览对象进行概括介绍,一般包括这样几个内容:游览地的总体概貌、游览地的旅游价值和地位、将要游览的主要内容和特色等。主要作用是给游客一个总的印象,使游客对游览地有一个全面的认识,激发其游览的浓厚兴趣,还可以达到提醒游客做好游览过程的物质、精神准备的目的。

[实例 2 - 3 - 7]

下面是西藏《扎什伦布寺》导游词的总说部分。

扎什伦布寺是黄教六大名寺之一,意为"须弥福寿"寺。扎什伦布寺建筑面积 30 万平方米,是后藏最大的寺院。1447 年 9 月,由宗喀巴的第八弟子、一世达赖根敦珠巴在帕竹政权的资助下修建而成。根敦珠巴也是第一个把黄教传到后藏去的人。1600 年,四世班禅罗桑确吉受扎什伦布寺之邀,担任了该寺第十六任法台。自此,扎什伦布寺成为历代班禅额尔德尼的驻锡地。后经历代班禅不断扩建,扎什伦布寺才逐渐成为铜佛高耸、金碧辉煌、雕刻精美、壁画生辉的宏伟建筑,并成为后藏地区政治、经济、文化和宗教的中心。

扎什伦布寺整体建筑面南偏东,依照黄教经学院传统的建筑布局,以中心为殿堂。整个建筑分班禅拉章(寝宫)、堪布会议厅(后藏行政机构)、四大扎仓(经学院)和灵塔殿、晒佛台等,总计有 56 座经堂,236 间房屋。

这段文字总体介绍了扎什伦布寺的历史和基本概况,使游客对扎什伦布寺有了一个全面的了解,便于人们更好地认识这座有着悠久历史和浓厚宗教氛围的独特建筑群。

[实例 2 - 3 - 8]

下面是《九寨沟》风景区导游词的总说部分。

九寨沟的得名,源于沟内有 9 个藏族村寨,它们是树正、则查洼、黑果、荷叶、盘亚那、故洼、尖盘、彭布、盘信。

九寨沟东西宽 29 公里,南北长 47 公里,总面积 620 平方公里。它是国家第一批公布的重点风景名胜区,1990 年被评为"中国旅游胜地四十佳",1992 年正式列入《世界自然遗产名录》。1997 年 10 月月 29 日,又被联合国接纳为"国际生物圈保护区";2007 年又获得了中国旅游质量等级中最高级别的 5A 景区荣誉。在景区 Y 字形的三条沟中,108 个因地震、滑坡、泥石流而形成的海子——也就是湖泊,由 5 个流滩、12 道飞瀑、10 余道泉水串珠般构成奇异的自然风光。九寨沟的形成,地质学家说它是冰川、地震、钙化等地质作用的综合成果。专家学者把九寨沟卓绝的风光归纳为五绝——翠海、叠瀑、彩林、雪峰和藏族风情。

这段文字对九寨沟的得名、景观规模、游览价值、地貌成因及风景特色进行了概括性介绍,给游人一个总体印象,便于游览者在一个个参观具体风景点时加深对九寨沟景观的认识。

(四)分述

分述是导游词中对各部分景观进行逐一具体讲解说明的部分,也是一篇导游词的主体部分。

写作这一部分,一般按照游览线路的先后次序或者方位对景观做出具体解说。由于各个景观具有相对的独立性,解说完一个才能解说下一个,所以写作时需要注意景观之间要有清晰的段落层次划分(也可用小标题显示),必要时要有过渡性语句进行衔接,免得给人突兀感。另外,景观的介绍文字切忌平分笔墨,要突出重点。同时还应注意挖掘景观背后的深层文化内涵,使游客既能有所收益,又得到审美启迪。

[实例2-3-9]

这是扎什伦布寺导游词中有关《释迦牟尼殿》的部分。

现在我们参观释迦牟尼殿,这里供奉着扎什伦布寺的创建人根敦珠巴为纪念他的经师西绕森格而塑造的释迦牟尼像,两旁分别是释迦牟尼的八大弟子像。大殿左侧是1461年在阿里古格王觉扎本德的资助下兴建的弥勒佛殿。佛堂中央供有一尊高11米的弥勒佛立像,这是藏族工匠和尼泊尔工匠共同塑造的,也是中尼两国人民长期友好合作的历史见证。弥勒佛像两旁是一世达赖根敦珠巴亲自塑造的观音菩萨和文殊菩萨像,也是扎什伦布寺最古老的塑像。大殿右侧是度母殿,佛殿中央供有一尊2米高的白度母塑像。我给大家介绍一下度母。度母藏语称为"卓玛",据说,观世音菩萨的化身很多,度母即是她化身的救苦救难本尊,以颜色区分,现为二十一像。二十一尊度母的颜色都不相同,最受人们尊敬的是白度母和绿度母。你看这尊白度母双手和双足各生一眼,脸上有三只眼,因而又称"七眼女"。据说,她性格温柔善良,非常聪明,没有瞒得过她的秘密,人们有难总爱求助于她,故又称为"救度母"。她头戴花鬘冠,高耸发髻,双耳坠着大耳环,上身袒露斜披络腋,双脚盘坐在盛开的莲座上,左手持一朵曲颈莲花,右手掌向外,表示愿意帮助人解难,形象典雅优美。在白度母两旁塑有绿度母。白度母背后有二十一度母的壁画。

这段文字让我们既了解了释迦牟尼殿的修建缘由、修建历史以及本殿最值得珍视的地方,又让我们对塑像供奉的整体布局有了清晰的认识,同时重点了解了度母塑像,使我们从中获得了很多知识。整篇文字自然简洁,流畅生动。

[实例 2 - 3 - 10]

这里叫芦苇海。如果您用眼睛把视野紧缩到湖区,您将感受到江南水乡般的氛围,水草丛生于山谷之间。其实,这一段是一种湿地景观。湿地适应于多种水生植物的生长繁衍,芦苇、水灯芯、节节草、田葱,都在这里"定居"下来。再看看水里有什么?是"鱼翔浅底"。九寨沟里有一种鱼,这种鱼没有鳞,动物学上把无鳞的鱼称为"裸鱼",它又是鲤鱼的一种,叫"松潘裸鲤"。

这段短小的文字是九寨沟风景区导游词中的一个景观——芦苇海,是分述中略写的部分,但我们却能看出,这段文字中所包含的内容和知识点并不少。比如,"江南水乡"给人广阔的想象空间;"海子""湿地""裸鱼"可以引发人们的科普意识;并且,通过介绍使游客认识芦苇、水灯芯、节节草、田葱等适合湿地生长的水生植物,同时让游客欣赏到"鱼翔浅底"这样诗意盎然的景观。

需要注意的是,在分述部分中,常常涉及一些具体的实物景观,一般要明确指明实物,说出其名称,必要时要做简单的解释说明。

[实例 2 - 3 - 11]

眼前这座直插云霄的佛殿就是扎什伦布寺最著名的强巴佛殿。什么是强巴佛呢?强巴佛就是未来佛,也就是弥勒佛。

许多名胜古迹、文物寺庙的名称命名都体现着当年特定的时代背景,为了让游客能有所了解,导游词可根据具体情况做些必要的解释。名胜古迹、河流山川等景观往往联系着许多人物知识、掌故传说,把这些介绍给游客,一定会使导游词妙趣横生,韵味独特。

四、写作导游词的要求和技巧

导游词与一般解说词一样,具有语言简明、准确的特点。同时,它还具有自身的一些特点,融科学性、知识性、艺术性和灵活性于一体。导游词的介绍内容要真实,整体脉络要清晰,知识与景物要契合,文字要通俗易懂。导游词要有真实的美感,反映出事物的本质;要有简洁之美,文意表达清楚;要揭示事物的发展变化,体现灵动之美;要拓展听者的想象空间,含蓄而回味无穷。所以,写好导游词需要丰厚的知识底蕴、娴熟的写作技巧和求真务实的态度。

(一)知识丰富,含金量高

游客出游是怀着强烈的求新、求奇、求异、求美心理的,一般都希望开阔眼界,增加见闻,扩充知识。因此,导游词必须具有很强的知识性,才能满足旅游者精神享受的需要。所以,在撰写导游词时,要融进游览地的历史沿革、地貌成因、民俗风情、掌故传说,这就需要写作者具备政治、经济、历史、地理、文化、宗教、建筑、艺术等多方面的知识。比如，在为游客介绍西安的时候，会说到西安是我国历史上著名的古都。为什么西安称其为古都而不叫它古城，原因在于历史上曾有周、秦、汉、隋、唐等11个王朝在此建都，历时1 100多年，西周的丰镐、秦的咸阳、西汉和隋唐的长安都是它的前身。至今西安与雅典、开罗、罗马并誉为世界四大文明古都。再比如，讲解苏州四大名园之首的拙政园时，会讲到它以水为主的特色，园内31景多临水，有移步换景之妙，形成了它有别于其他古典园林的特色。拙政园的整体布局采用分割空间，利用自然，因地造景，对比借景的手法，吸收了传统的绘画艺术，宛如一幅全景似的立体画卷。这样的导游词可以增进旅游者对游览地的了解，扩大游客的知识面。

(二)技巧娴熟，趣味浓厚

一篇好的导游词，不仅包含着丰富的知识，还是一篇生动的美文。要将广博的知识蕴藏在生动、形象、活泼的语言之中，由此达到引人入胜的效果。这就需要在导游词中恰当地运用语言技巧，合理地使用比喻、拟人、象征、夸张等修辞手法，变抽象为具体，给单调添韵味，化腐朽为神奇。

[实例2-3-12]

下面是一段描写四川第二大淡水湖邛海景色的导游词。

春夏秋冬、晨昏昼夜、晴雨雾雪，邛海景色各具其妙。邛海靠湖底岩溶裂隙水及山泉补给，水质极佳，清澈透明。在不同的季节和天气，湖水呈现深浅不同、纯净细柔的绿、蓝、青各色，显示出高原湖泊独有的恬静之美。春日，天光水色上下一碧，浩瀚波光闪耀在苍山碧野之中，岸边柳翠桃红，燕语呢喃，"舟行碧波上，人在画中游"。夏日，盈盈湖水脉脉含情，彩霞耀眼，满目明丽，山寺渔村相映生辉。秋日，天高气爽，水天一色，玉兔初升，明镜如水，上下争辉，浑然一体，充满无限画意诗情。冬季，天净水明，红枫翠柏倒映湖面，海鸥、白鹅嬉戏波间，清新静谧，凝重旷远。登舟游海，犹如在宽阔平展的绿绸上滑行。阵阵带着水藻香味的清风不时吹皱湖面，在涟漪上举桨，简直不忍划破那柔美、细腻的线条，只有让小船轻轻剪开平整的水面悄然而行。而船尾拖着长长的水花，却又诱人回顾。船到湖心，海鸥声声，四望茫茫，只感觉到湖的辽阔，心的宽广。夜幕降临，湖面掀起一层层狂潮，如千军万马踏浪奔腾而来，形成有名的邛海"白鹅浪"。

这段文字既是风景介绍，又是纯正的美文，既突出了邛海的四季水韵，又描绘了与邛海相映成趣的自然景物和灵动的色彩。全文运用了比拟、借代、比喻、排比、叠词等多种修辞手法。"盈盈湖水脉脉含情""在涟漪上举桨，简直不忍划破那柔美、细腻的线条""登舟游海，犹如在宽阔平展的绿绸上滑行"等很多语句，把邛海的水色写的可爱至极，使美文与美景相映生辉，极富有感染力。

[实例 2 - 3 - 13]

下面是一段四川黄龙风景区中 500 彩池的导游词。

您现在站在了 500 彩池的边上,是不是有一种"美不胜收"的感觉?请大家爱护景观,因为钙华是十分酥脆的,轻轻一摁可能就会破坏它自然的美。这里最大的彩池可以用亩来计算,最小的呢? 有句话说"小可藏袖",就是说小巧的可以装在袖子里,当然请您别把彩池装在衣袖里。您看,彩池的形成有的与地势有关,有的与枯枝败叶有关,还有的和动物踩踏有关。总之,有物挡了水流,就产生了钙华沉积,久而久之,成了池塘的边沿。至于色彩就更丰富了,这池是蓝色,那池是黛绿,这池是蔚蓝,那池是紫红,真是五光十色,绚丽出奇。曾有诗赞叹这里,说"溢出红蓝青橙紫,彩池彩波同争艳"。这片池群也得名于此诗,叫"争艳池"。而每一个彩池也应有名字,您也可以给它们取些名字:荷花池、龙嘴含珠池……

这段文字既风趣幽默又不失文采,融知识性和趣味性于一体。作者运用了几个问句,亲切、活泼、可爱,拉进了与游客的距离。长短句交错使用,如谈天般娓娓道来,把人的情感和景物特色紧密融合,可谓天人合一的杰作。

(三)多变灵活,寓游于乐

旅游者来自世界各地,他们不仅可能是国内的旅游者,还可能是外国旅游者;可能是华人、华侨、港澳台同胞回国观光,也可能是业务旅行的游客。民族、种族不同,文化背景不同,受教育的程度不同,环境职业不同,宗教信仰不同,就会导致他们的兴趣爱好不同。所以,导游词要根据不同的对象从内容和形式上具有灵活的多变性,这样才会与游客很好地进行心灵沟通,达到理想的效果。此外,在讲解的同时还要注意调动游客兴致,活跃气氛,沟通情感,巧妙地和游客融为一体。

比如上面的实例中 500 彩池的导游词的结束句,就可以调动游客的兴致。

曾有诗赞叹这里,说"溢出红蓝青橙紫,彩池彩波同争艳"。这片池群也得名于此诗,叫"争艳池"。而每一个彩池也应有名字,您也可以给它们取些名字:荷花池、龙嘴含珠池……

对于不同的游客可以进行针对性的讲解,比如对于那些音乐爱好者,下面这段关于九寨沟芳草海的导游词就契合了他们的兴趣和情致。

[实例 2 - 3 - 14]

芳草海曾因有天鹅栖息,又叫作天鹅海。如果您钟情于芭蕾舞剧《天鹅湖》,您会被剧中柴可夫斯基的音乐所感动,您一定会闭上眼睛用耳朵去欣赏:

钢琴平静的声音像碧波荡漾,大提琴舒展的旋律描绘了天鹅昂首缓缓浮游的高雅姿态。"现在,我们可以用耳朵、鼻子、眼睛去感受这里美妙的大自然,依然能够体会同样的感动。"

下面这段导游词在景色描述中与游客一起做了一个高雅的文字游戏——对联,既活跃了气氛,又提升了游客的审美欣赏水平。

[实例2-3-15]

先生们、女士们,现在展现在您面前的正是壮丽的金沙铺地。这是一个大规模的钙华流,它长750米,最宽处122米,最窄处40米,面积8万平方米,相对高差116米,海拔为3281米至3397米。大家仔细看,水流的钙华沉积在凹凸不平的岩坡上,形成片状的钙华层层搭叠,水在金黄的坡上跳跃,好像龙的鳞片,所以有人把这称为黄龙的背。

清代有一位学者曾写了一副对联,上联是"玉峰插天,万棵苍松映白雪";下联的开头四个字就是这个景点的名字:"金沙铺地"。怎么样? 朋友们,我们来开动脑筋,对出后面的几个字? ……呵呵,对了,应该是"千层碧水走黄龙"。

情景模拟训练

到熟悉的景点模拟导游员练习导游词讲解。

应用能力训练

下边是新疆喀纳斯景区的一段介绍材料,请把它改写成一篇导游词。

喀纳斯自然景观保护区

喀纳斯湖位于新疆北部的阿勒泰地区布尔津县境内,距阿勒泰市西北约265公里,有"东方的瑞士"之称。它是一个坐落在阿尔泰深山密林中的高山湖泊。"喀纳斯"为蒙古语,意为"峡谷中的湖"。喀纳斯湖状如弯月,湖面海拔1374米,南北长24公里,平均宽约1.9公里,湖水最深处188.5米,面积45.73平方公里。自然景观保护区总面积为5588平方公里。

喀纳斯湖四周雪峰耸峙,绿坡墨林,艳花彩蝶,湖光山色,美不胜收。这里是我国唯一的南西伯利亚区系动植物分布区,生长有西伯利亚区系的落叶松、红松、云杉、冷杉等珍贵树种和众多的桦树林,已知有83科298属798种。有兽类39种,鸟类117种,两栖爬行类动物4种,湖中鱼类7种,昆虫类300多种。许多种类的花木鸟兽在全疆乃至全国都是绝无仅有的。美丽而神秘的喀纳斯,它那苍茫起伏的山地,寥寥天际飘动的云团,色彩多变的湖水与森林雪山相接,壮观的现代冰川映衬着雪山之巅;冰川、湖泊、森林、草原、牧场、河流和民族风情融于一体的画卷,使整个喀纳斯充满了宁静与和谐。最难忘的是喀纳斯的秋天,满眼的金黄、橘黄、浅黄、嫩黄、层层叠叠、参差错落,从山脚直漫上山顶,又从峰顶倾泻下来,用层林尽染已不能形容这壮美、醉人的景象。充满这个世界的尊贵黄色,就是喀纳斯最成熟、最丰饶、最具代表性的色彩。山峰终年积雪,雪压青松,一派冰封雪飘的北国风光,雪豹、雪兔、雪鸡等动物会让你不期而遇,更令人激动。乘雪橇在皑皑的雪道上奔驰,这就是喀纳斯的冬季。

喀纳斯湖的主要景观有:

1. 喀纳斯"湖怪"。当地称作"大红鱼",实际上是珍贵鱼种——哲罗鲑,据说最长的达 10 米以上。据当地牧民介绍,马匹、骆驼饮水湖畔,常被"湖怪"拖入水中当了"点心"。

2. 云海佛光。每当大雨过后,清晨登上喀拉开特山顶的观鱼亭,观赏日出景色,可见喀纳斯湖上空云海翻腾,雾涛升空,有时可看到如同峨眉山佛光那样的奇观呈现,凉亭和亭中人影,毕现光环之中。

3. 变色湖奇观。喀纳斯湖是有名的变色湖,水色时而碧绿,时而蔚蓝,时而灰青,时而乳白,一日可变数色。

4. 千米枯木长堤。在湖四周,树木迭代更换,朽木纵横,枯树交错,经风吹雨冲飘入湖中,却奇怪地逆流而上,漂到湖的北端,在上游汇聚,年深日久,垒起了一道千米木长堤,实属罕见。

5. "图瓦人"部落。在湖南岸,有一个蒙古民族乡,居住着一些信奉喇嘛教的蒙古族居民。他们是我国一个古老而强悍的少数民族——图瓦人的后裔。隋唐时被称为"都播人",元代又被称为"秃八人"。他们说近似于哈萨克语的突厥语,以狩猎、放牧为生。

6. 自然与人合作的艺术品——羊背石。喀纳斯是经第二次大冰期的巨大复合山谷冰川刨蚀而形成的。湖东岸高大的陡崖旁,至今还有长几十米的羊背石,石上布满了丁字形冰川擦痕,可作为冰川活动造成喀纳斯湖的见证。更有趣的是,石上还留有古代游牧民族的岩画和石刻。

第四节　对联和碑文

课前提示

对联和碑文这两朵奇葩,是中华民族优秀传统文化的重要组成部分。这两种民族艺术形式应用范围十分广泛,既有实用价值、教育价值,又有欣赏价值、史料价值和民俗价值。数千年来,它们一直为人们所喜闻乐见。

教学要求

◇ 了解对联和碑文的特点及种类

◇ 掌握对联的表现手法

◇ 理解碑文的基本写作格式及要求

◇ 学习并背诵一些名胜古迹的对联,尝试撰写对联

一、对联

[实例2-4-1]

在山东淄博市淄川区蒲家庄的南北大街上,有一座十分幽静的小院,这就是誉满天下的聊斋,也就是《聊斋志异》的作者蒲松龄的故居。

古色古香的聊斋,主要是三间老瓦北屋。屋门极为精致,上边悬挂着研究蒲松龄的著名专家路大荒先生题写的"聊斋"匾额。进门后,可看见正墙上挂着清代著名画家宋湘麟为蒲松龄精绘的画像。画像两边是郭沫若于1961年初冬到这里参观时撰写的一副对联:

写鬼写妖高人一等

刺贪刺虐入骨三分

院子里边,还有一座展室,展室里有现代著名作家老舍撰写的一副对联:

鬼狐有性格

笑骂成文章

著名画家吴作人也留有一联:

岂有真鬼狐　前贤形此箴世

安得装妖冶　后代剥它画皮

冯友兰也有一副对联题赠聊斋:

鬼怪精灵,书中人物

嬉笑怒骂,笔底文章

以上几幅对联都是出自名家之手,表现手法却基本相同,都是两句一联,分为上联和下联,上下联的字数相等,内容相关。

对联,是中华民族独有的文化瑰宝,也是世界文艺园圃中的一朵奇葩,是一种独立于诗词曲赋等形式之外的传统文学样式。人们常用它来写景状物、叙事抒情、言志寄怀、庆喜吊丧、装饰环境、题赠劝勉、嬉戏逗趣、斗智逞才、诙谐讽刺

等。对联是一道语言风景,具有极高的欣赏价值、教育价值、史料价值和民俗价值。

对联是由内容相关、结构相同、词性一致、平仄协调的对偶句组成的一种社交类文体。

对联一般由三部分组成,第一部分是上联,也叫出句;第二部分是下联,也称对句;第三部分是横额,也叫横批或横披。横额也是对联表现形式的基本要求之一。按照传统习惯,它由四字式常用语或成语组成,它的作用主要是统领全联精神,起到画龙点睛、揭示中心、补充对联内容的作用。根据需要,有的对联的横额用匾来代替,有的对联可不用横额,如园林胜地、大型建筑的楹柱上,或用花圈贴挂挽联追悼死者,往往不便于运用横额。

(一)对联的特点

对联的最大特点就是对仗,对仗是对联的形式和灵魂,其具体特点是:

1.两句一联

四面湖山归眼底,

万家忧乐到心头。

——陈大纲:岳阳楼联

对联由两句组成,上句叫出句,下句叫对句,也有把上、下句叫作上只、下只,上半联、下半联。上下联是对联的主体,有合璧之妙,缺一不可。“对”就是形式上成双,彼此相“对”;“联”就是上、下联的内容要互相映照,紧密联系。一副对联的上联和下联,必须结构完整统一,语言鲜明简练,共同说明一个问题,表现一件事物,阐述一个道理。

2.讲究对偶

清风有意难留我,

明月无心自照人。

——王夫之:衡阳湘西草堂联

由于汉语是以单音为主,文字更是一个个独立的方块字,很容易写成整齐的句子。对偶讲究上下联要字数相等,词性、词组相同,结构、句法一致,成双成对地排列。

3.平仄相对

水能性澹为吾友,

竹解心虚是我师。

——阮元:沈阳故宫衍庆宫联

对联上、下联的表现方法,要求声律相对,也就是平仄相调。古汉语中,字的读音有平、上、去、入四声。其中,平声又分为阴平和阳平。现代汉语的分法已有改变,把它都归为平声。至于仄声,那就是上声、去声和入声。对联要求平声对

仄声,仄声对平声。这种要求,和律诗的对句一致,读时朗朗上口,有一种音韵和谐之美。如:

云带钟声穿树去,

(平仄平平平仄仄)

月移塔影过江来。

(仄平仄仄仄平平)

4.语意相关

天上月圆人间月半月月月圆天越半,

去年年尾今年年头年年年尾接年头。

对联的上下句之间不是孤立的,而是彼此关联的。对联的上下句之间的语意有正对、反对、串对三种形式。

(1)正对,是指上、下联意义相似或相关。如:

面面有情,环水环山山抱水;

心心相印,因人传地地传人。

　　　——西湖四照阁联

(2)反对,是指内容上一正一反,相互映衬。如:

十年胜败一知己,

七尺存亡两夫人。

这是江苏淮阴韩信祠的一副对联,"一知己"指的是萧何,他曾对韩信有知遇之恩,在他的推荐下,韩信屡建奇功,后来韩信被杀,又是萧何与吕后设计陷杀。"两夫人",其一是指韩信幼年贫寒,为漂母所救;其二是指最终命丧于吕后之手。从以上两个例子可以看出,反对就是上、下联之间是相对或相反的关系。另如鲁迅写的"横眉冷对千夫指,俯首甘为孺子牛"也是反对。

(3)串对,也叫流水对,是指上、下联的意义相互连接,结构上有明显的顺承、递进或因果关系。如:

译书尚未成功,惊闻陨星,中国何人领呐喊;

先生已经作古,痛忆旧雨,文坛从此感彷徨。

1936年鲁迅逝世,在上海万国殡仪馆的追悼大厅里,鲁迅先生的遗体上覆盖着一面写有"民族魂"三个大字的红旗。"高山仰止,景行行止",举国同悲,万民齐泣。这是国际友人斯诺送来的挽联,堪称一绝。

(二)对联的种类

1.春联。春联是元旦、春节时张贴的对联,它的时效性比较强。春联往往用以除旧迎新,表明志向,展望未来,表达美好祝愿等。

[实例2-4-2]

春联集锦

世纪春光映照欢乐家庭,时代惠风点染多彩人生。

春回大地千峰秀,日暖神州万木荣。

天泰地泰三阳泰,家合人合万事合。

九州安泰光日月,四海康宁唱升平。

普天同庆喜看神州巨变,万众一心共建华夏文明。

2.楹联。为了表达某种愿望或满足装饰需要,人们将在宫廷、庙宇、府宅、园林的楹柱上,或用木板刻制,或在壁石上雕琢的联语,统称为楹联。这些楹联有的描绘自然风光,有的展现人文景观,有的抒发感慨,有的借景言志,有的评述历史,有的阐述哲理,有的宣扬佛、道、儒的思想,有的反映人与自然、人与历史的关系。

[实例2-4-3]

名胜楹联集锦

月映竹成千个字,霜高梅孕一身花。

    ——袁枚:扬州个园联

此地有崇山峻岭,茂林修竹;是能读三坟五典,八索九丘。

    ——李凶培:南京随园联

依然极浦遥山,想见阁中帝子;安得长风巨浪,送来江上才人。

    ——宋荦:南昌滕王阁联

一门父子三词客,千古文章四大家。

    ——戴火景:眉山三苏祠联

日月两轮天地眼,诗书万卷古人心。

    ——朱熹:庐山白鹿书院联

仰之弥高,钻之弥坚,可以语上也;

出乎其类,拔乎其萃,宜若登天然。

    ——泰山天街孔庙联

深心托谊素,怀抱观古今。

    ——爱新觉罗·弘历:北京故宫三希堂联

川岩独钟秀,天地不言工。

    ——北京:颐和园宝云阁联

一生二二生三三生万物,地法天天法道道法自然。

    ——道观对联

含远山,吞长江,其西南诸峰,林壑尤美;

送夕阳,迎素月,当春夏之交,草木际天。

   ——扬州平山堂楹联

雄笔振清词,追赏得烟云之趣;

佳辰逢盛景,乘间探丘壑之奇。

   ——避暑山庄静寄山房前殿楹联

诗惭杜叟,文愧范公,我来敢拈毫,有怀千古无双士;

地坼东吴,浪挟乾坤,此去难为景,曾上九州第一楼。

   ——羊春秋:岳阳楼联

愿天下有情人都成为眷属;

是前生注定事莫错过姻缘。

   ——西湖白云庵月老祠联

如砥湖平,湖镜映天湖有月;

似棉柳软,柳荫垂地柳藏莺。

   ——西湖三潭印月联

胜地重新,在江藕花中,绿杨阴里;

清游自昔,看长天一色,朗月当空。

   ——平湖秋月联

3. 贺联。贺联是用于祝贺生日、立功、结婚、生子、乔迁、开业庆典等使用的对联。写这类对联,要求感情真挚,切合双方的交谊和地位。

人同世纪寿,心与天地齐。

   ——为冰心老人祝寿联

4. 挽联。挽联是对死去的人表达哀悼之意而写的对联。

灰撒江河看不尽波涛涓滴都是人民泪,

志华日月信无际光焰浩气长贯神州天。

   ——人民挽周恩来总理

江户矢丹诚,感君首赞同盟会;

轩亭洒碧血,愧我今朝侠女魂。

   ——孙中山挽秋瑾

5. 言志联。言志联是用来表达志向、理想和愿望的对联。

人生得一知己足矣,斯世当以同怀视之。

   ——鲁迅:赠瞿秋白

养成大拙方为巧,学到如愚才是贤。

　　——李铁夫：自撰格言联

海纳百川，有容乃大；壁立千仞，无欲则刚。

　　——林则徐：自勉

6.讽刺联。讽刺联是用以讽刺人或事的对联。

史笔炳丹书，真耶？伪耶？莫问那十二金牌，七百年志士仁人，更何等悲歌泣曲；

墓门凄碧草，是也？非也？看跪此一双顽铁，亿万世奸臣贼妇，受几多恶报阴诛。

　　——彭玉麟：西湖岳王庙联

正邪自古同冰炭，毁誉于今判伪真。

　　——西湖岳飞墓联

青山有幸埋忠骨，白铁无辜铸佞臣。

　　——徐氏女：西湖岳飞墓联

7.奇联。有一些对联在内容、结构、读音、文辞、气势或意境方面比较奇特。如：

佛脚清泉飘飘飘飘飘飘下两条玉带，

源头活水冒冒冒冒冒出一串珍珠。

　　——济南千佛山趵突泉

云朝朝朝朝朝朝朝朝散；

潮长长长长长长长长消。

　　——温州江心亭对联

上联中一、三、四、六、八之"朝"，读音为"朝夕"之"朝"，其余读为"朝拜"之"朝"；下联中一、三、四、六、八之"长"，读音为"长短"之"长"，其余读作"生长"之"长"。汉字是丰富多彩的，一字多音的情况既很常见，又很特殊。这副对联，就体现了汉字一字多音的特点，引人入胜，十分有趣。

[实例2-4-4]

五百里滇池，奔来眼底。披襟岸帻，喜茫茫空阔无边。看东骧神骏，西翥灵仪，北走蜿蜒，南翔缟素。高人韵士，何妨选胜登临。趁蟹屿螺洲，梳裹就风鬟雾鬓。更萍天苇地，点缀些翠羽丹霞。莫孤负四周香稻，万顷晴沙，九夏芙蓉，三春杨柳。

数千年往事，注到心头。把酒凌虚，叹滚滚英雄谁在？想汉习楼船，唐标铁柱，宋挥玉斧，元跨革囊。伟烈丰功，费尽移山心力。尽珠帘画栋，卷不及暮雨朝云。便断碣残碑，都付与苍烟落照。只赢得几杵疏钟，半江渔火，两行秋雁，一枕清霜。

这是清人孙髯为昆明大观楼撰写的最负盛名的对联。康熙三十五年（1696），大观楼建成，孙髯路经此处，见大多数文人墨客前往吟诗作赋，为清朝歌功颂德，甚为气愤，傲然写下这一幅一百八十字的长联。上联写滇池风物，视野极其开阔；下联写云南历史，追溯直达汉唐。内容上它完全否定了包括清朝在内的整个封建王朝。艺术上首创一边写景，一边叙事，一边抒情，情、景、事互相交融的格调；排句用典也极具规模，为后世写长联者提供了借鉴。

此联气势磅礴，构思巧妙，文辞优美，全联集为一体，一气呵成，通达流畅。后来有不少仿此联写者，至今不下数百幅，然而却没有一幅可以与此联相比。可以如此说，孙髯的此副对联，是中国对联的一个高峰。

8. 谐趣联。谐趣联是一种比较风趣、幽默的对联。如：

大肚能容，容天下难容之事；

笑口常开，笑世间可笑之人。

此联书于北京潭柘寺弥勒殿。弥勒是佛教大乘菩萨之一，其特点为心广体胖，面带笑容。天下弥勒寺的对联，大都抓住了弥勒的特点来写，而独以潭柘寺的这一幅最为著名。说弥勒佛的肚子大，能"容天下难容之事"；开口笑，是笑"世间可笑之人"，体现出了佛教的本性，发人深省。

日日携空布袋，少米无盐，却剩得大宽肚肠，不知众檀越，信心时用何物供养？

年年坐冷山门，接张待李，总见他欢天喜地，请问这头陀，得意处有什么来由？

此联书于福州涌泉寺。如果说潭柘寺的对联是从正面来说的，答案十分肯定，那么此联上下联皆用发问的形式结尾，既谐趣，又引人思考。

（三）对联的表现手法

1. 对联的技巧。在对联的创作中，要重点把握好"对""工"两字。

（1）重在一个"对"字。"对"的含义是指上、下联整体或相对应的部分应该满足以下六个方面的要求：字数相等；词性相通，即除形容词和动词可以灵活通融相对外，其他词类必须是同类词相对；语法结构相同，含词的结构和句子结构两层意义；平仄相反；内容相关，含相反；气势相当，即下联的气势要比得上或称压得住、敌得过上联，并最好能比上联气势更大一些。讲求气势是对联的独到之处，也是其比律诗的对仗要求更严格的地方。

对联不"对"，则虽意义深远而难称佳对，而辨"对"的最敏感处则在于对词性的把握和运用。

（2）精在一个"工"字。对联在原则上应为工对（巧联、趣联除外），即对仗通常力求工整，不仅要求动词、形容词、数词、颜色词、方位词、虚词等只能自身相对,而且名词也还需分得更细,进一步分为许多门类,诸如:天文、地理、时令、服饰、形体、人伦、植物、动物、宫室等。总之,分得越细,对得越工。

悲欢聚散一杯酒,(上句悲欢与聚散自对)

南北东西万里程。(下句南北与东西自对)

兴废总关情,看落霞孤鹜,秋水长天,幸此地湖山无恙;

古今才一瞬,问江上才人,阁中帝子,比当年风景如何?

——清刘坤一题南昌滕王阁联

上联"兴"与"废"一字自对,"落霞孤鹜"与"秋水长天"四字自对;下联"古"与"今"一字自对,"江上才人"与"阁中帝子"四字自对。

有的对联的词语不一定都要紧密相接,中间还可以插入别的字,如《滕王阁序》中有句:

"襟三江而带五湖,控蛮荆而引瓯越"。(中间插入了"而"字)

当然,尽管自对可宽可严,但作为联句还是以对仗工整为上。无论哪种对仗,都要注意颜色、数目和方位词的对仗,这是工对的基础。

2. 对联的修辞手法。言而无文,行之不远。修辞可以使语言表述文采飞扬。对联的修辞方法种类繁多,以下举几种常见修辞。

(1)比喻。以此喻彼,生动形象。如:

删繁就简三秋树,

领异标新二月花。

(2)排比。几个相同的句式连续运用,充分铺陈,增强气氛,造成一气呵成的效果。

沧海日,赤城霞,峨眉雪,巫峡云,洞庭水,彭蠡烟,湘江雨,武夷峰,庐山瀑布,合宇宙奇观绘吾斋壁;

少陵诗,摩诘画,左传文,马迁史,薛涛笺,右军帖,南华经,相如赋,屈子离骚,汇古今绝艺置我轩窗。

(3)比拟。或以物拟人,或以人拟物。如:

春风放胆来疏柳,

夜雨瞒人去润花。

(4)双关。利用汉字同音异义的特点,似说甲,实指乙,一语双关,含而不露。如:

两舟并行,橹速不如帆快;

八音齐奏,笛清难比萧和。

又如:

因荷而得藕,有杏不须梅。

上联的"荷"指"何","藕"指"偶";下联的"杏"指"幸","梅"指"媒"。这是明代首辅李贤选婿的一个佳话,上联用谐音,意思是因何得到的佳偶?下联意为有幸的是自己为女儿选婿,就不需要媒人了。运用谐音双关,虚实相生,有趣在理。

(5)用典。借用典故,针对现实,引发联想,寓难尽之意于言外。

秀雅文体,清亮之音;

兰慧之质,柳絮其才。

(6)夸张。把事物故意夸大或缩小,极力渲染。如:

西岭烟霞生袖底,东洲云海落樽前。

(7)复词。表达忌讳重复,但有时有意使用反复手法,却常使意境出新。如借助谐音,利用汉语一词多义、一字多音的特点,出奇制胜。如:

海水朝朝朝朝朝朝朝落;

浮云长长长长长长长消。

(8)顶真。后面词语的首字承接前边词语的尾字。如:

一丝风,风吹皱满江春水;

三尺浪,浪淘尽千古英雄。

(9)设问。上联(或下联)提出问题,下联(或上联)作答。如:

万卷诗书,谁能览尽?

千秋功罪,我可说清。

(10)镶嵌

虞兮奈何,自古红颜多薄命;

姬耶安在?独留青冢向黄昏。

此联将项羽的宠姬"虞姬"的名字分别镶嵌在上、下联的第一字,这叫鹤顶格。

其地之凤毛麟角;

其人如仙露名珠。

此联在中间第四个字分别镶嵌着"凤"和"仙"字,是小凤仙的"凤仙"二字,这叫蜂腰格。

月照纱窗,个个孔明诸葛亮;

风送幽香,郁郁畹华梅兰芳。

这副对联在上、下联中分别镶嵌着"诸葛亮"和"梅兰芳"的名字,并且"孔明"和"畹华"又恰好是他们两人的字,对仗工整而又巧妙,是为凤尾格。

史鉴流芳真可法;

洪恩未报反成仇。

此联将"史可法"和"洪成仇(承畴)"的名字拆开,分别镶嵌在上、下联的开头和结尾处,构成了一副对联,这叫拆嵌格。

(11)回文。回文就是顺读、倒读皆成诗句,而内容不变的修辞法。如:

雾锁山头山锁雾,天连水尾水连天。

客上天然居,居然天上客。

3.对联的横额、书写格式及要领。对联的横额都是横写,过去是从右至左写,现在也有从左至右写的。

对联的上、下联都是竖写,上联在右,下联在左,如果一行写不完,可以另起一行,上、下联都是从右侧或左侧向中间写,写时可以空几个格,要看字的大小、多少和是否美观和谐。字体大多是正楷、隶书、篆体或行书。

对联的书写都不用标点符号,要欣赏对联就要有一定的古汉语知识,也要了解一些对联方面的知识,掌握一些读写对联的规律。要紧密结合上、下联来领会对联的意思,并注意参考一些题跋、落款、背景等,来帮助我们正确理解对联的意义。

二、碑文

[实例 2-4-5]

普陀宗乘之庙的石碑

在河北省承德市避暑山庄的北部有一座普陀宗乘之庙,俗称小布达拉宫,是完全模仿西藏布达拉宫所建。在山门后有一座汉式碑亭,里面一字排开的三块石碑,一块是《土尔扈特全部归顺记》,一块是《优恤土尔扈特部众记》,还有一块是《普陀宗乘之庙碑文》。在《土尔扈特全部归顺记》中,记载着中国历史上中华儿女东归的感天地泣鬼神的壮举。

17世纪,游牧于伏尔加河流域的我国厄鲁特蒙古土尔扈特部,不堪忍受俄罗斯帝国的种族歧视和宗教压迫,毅然举族东归。

乾隆三十五年(1770)初冬,26岁的渥巴锡汗率17万部众,将10万间房屋、毡庐付之一炬,驱赶着全部牛羊骆马,在两部骑兵的护卫下,向着祖国回归。由于沙俄政府的干涉,他们后有哥萨克铁骑和沙俄正规陆军的追击,前有哥萨克、吉尔吉斯、巴吉克等部落武装的堵截,每经一处要隘,都要付出血的代价。仅强渡乌拉尔河一役,即牺牲了9 000余战士。为了避开敌人的围剿,他们被迫选择茫茫戈壁和鹰都不落脚的沼泽行军,饥饿、瘟疫又夺去了大批生命。经8个月的艰难跋涉,土尔扈特人在付出了损失10万人和全部牲畜的代价后,仅7万人衣不蔽体地回到了祖国怀抱。乾隆皇帝闻讯,命沿途官员对渥巴锡一行热情接待,调动了北方数省的牛羊粮茶、棉裘毡布救济这些赤子,并将这前无古人的壮举勒石为碑,永远铭记下来。

这几块石碑虽署名都出自御笔,但文章却实实在在出自翰林院编修纪晓岚之笔。纪晓岚以土尔扈特全部归顺和优恤土尔扈特部众为题,下笔成章,洋洋洒洒,如高山流水,不但将大清王朝优恤和褒奖土尔扈特部众写得天恩浩荡,而且还就避暑山庄、外庙的修建缘起,进一步将民族团结、国家统一的大道理阐述得掷地有声。它已成为土尔扈特部回归祖国的伟大纪念碑。

所谓碑,本是古人置于宫室、宗庙前面,或为了测日影,或为了拴祭祀用的牛羊,或立在墓旁,为了下棺时使用。最初的碑都不刻碑文,后来有人刻上一些相应的文字,就逐渐形成了碑文。这种刻了文字的碑,秦代叫"刻石",汉代以后,才叫作碑。

碑文,指刻写在碑上的文辞。碑文,又叫碑志、碑铭。"志",意为记识、记载;"铭",则是铭刻之意。

(一)碑的种类

常见的碑有功德碑、庙碑、墓碑、纪念碑、记事碑、诗碑、建筑碑、名胜古迹碑、天灾人祸碑、诉讼禁令碑、文人雅集碑、国际交往碑等。

1.功德碑

[实例2-4-6]

元戎轻武,长毂(兵车)四分。雷辐蔽路,万有三千余乘。勒以八阵,莅以威神,玄甲耀日,朱旗绛天。遂凌高阙(山名),下鸡鹿(关塞名);经碛卤,绝大漠。斩温禺以衅鼓,血尸逐以染锷;然后四校横徂,星流彗扫。萧条万里,野无遗寇。于是域灭区殚,反旆而旋。

这是东汉班固写的《封燕然山铭》,是一篇记写战功的文字,记述汉车骑将军窦宪讨伐匈奴的功业。其中,在前边用散体写的序文语句错落有致,很有气势。所选这段是写窦宪率兵北征的一段。作为一篇记写战功的文字,通篇语言精练,气势雄壮,修辞也很讲究。

功德碑,是记述功德的碑文,现存最早的刻石碑文是秦代李斯所写的记秦始皇功业的碑文。

2.庙碑

[实例2-4-7]

三绝碑

四川成都武侯祠,是纪念三国时蜀国丞相诸葛亮的祠堂。诸葛亮生前曾被封为武乡侯,后人尊称为武侯。在武侯祠的大门和二门两侧,立有六通高大的石碑,其中四通为清代刻建,一通为明代刻建,一通为唐代刻建。唐碑最负盛名,碑身和碑帽通高367厘米,宽95厘米,厚25厘米,下有碑座,被后人称为"三绝碑"。唐宪宗元和四年(公元809年),剑南西川节度使武元衡率其僚属27人,来武侯祠祭拜诸葛亮,之后立了此碑。该碑由三朝宰相裴度撰文,裴度很有文才,文中极力称颂诸葛亮治蜀的文治武功,对他鞠躬尽瘁、力图统一的精神给予了很高的评价,把他比作历史上的名臣伊尹、姜尚、管仲、晏婴、萧何、张良。唐代大书法家柳公权的哥哥柳公绰书写碑文,书法十分漂亮,著名雕刻家鲁建刻字。由于文章、书法、刻技都非常精美,使得后人称这座碑为"三绝碑"。

[实例2-4-8]

柳侯为州,不鄙疑其民,动以礼法。三年,民各自矜奋。……于是民业有经,公无负租,流逋四归,乐生兴事;宅有新屋,步有新船,池园洁修;猪牛鸭鸡,肥大蕃息。子严父诏,妇顺夫指,嫁娶葬送,各有条法,出相弟长,入相慈孝。先时民贫,以男女相质,久不得赎,尽没为隶。我侯之至,按国之故,以佣除本,悉夺归之。大修孔子庙,城郭巷道,皆治使端正,树以名木,柳民既皆悦喜。

这是韩愈为亡友柳宗元的祭庙写的碑文《柳州罗池庙碑》。柳宗元死后,人们在柳州的罗池修筑了柳侯庙,怀念他生前的业绩。在篇末,韩愈采用楚辞体写了一篇铭文,充分表达了当地人民对柳宗元的美好感情,由于首句是"荔子丹兮蕉黄",后人也称该碑为"荔子碑"。

庙碑的种类很多,立于寺的叫寺碑,立于庵的叫庵碑,立于神庙的叫庙碑,立于宗庙的叫宗庙碑,立于家庙的叫家庙碑,都是为神仙鬼灵而立的。这类碑文从文章的价值来看,真正可取的较少。著名的有唐代王勃写的《净惠寺碑》、杨炎写的《燕支山神宁济公祠堂碑》、韩愈写的《柳州罗池庙碑》等。

3. 墓碑

[实例2-4-9]

呜呼! 士穷乃见节义。今夫平居里巷相慕悦,酒食游戏相征逐,诩诩强笑语以相取下,握手出肺腑相示,指天日涕泣,誓生死不相背负,真若可信;一旦临小利害,仅如毛发比,反眼若不相识,落陷阱不相引手救,反挤之,又下石焉者,皆是也。此宜禽兽夷狄所不忍为,而其人自视以为得计。闻子厚之风,亦可以少愧矣!

上例节选自韩愈写的《柳子厚墓志铭》。韩愈记述了柳宗元为了朋友刘禹锡,宁愿以柳州来换播州。当年二人都在遭贬,刘禹锡家有老母,播州即今贵州,比柳州要远,柳宗元提出交换被贬之地,自己甘赴远地。韩愈生动地记述了这件事,并情不能已地发表了一通议论,勾勒了当时社会的虚伪世态。

在古代的碑文中,墓碑的数量很大,将埋于地下的叫墓志铭,立于地上的叫墓表文。志用散体,铭用韵语,后世逐渐以志文为主,形成了以志为中心的前序后铭的体例。今统称为碑文。

墓志铭一般都是死者家属请能文之士代笔。一些著名诗人、作家为写墓志铭,常常匠心独运,精心构思,因而作品富于文采。著名的有南北朝时期庾信写的《周大将军怀德公吴明彻墓志铭》、韩愈的《试大理评事王君墓志铭》、《柳子厚墓志铭》、欧阳修的《泷冈阡表》、明代张溥的《五人墓碑记》、邹鲁的《黄花岗七十二烈士之碑》等。

4. 纪念碑

[实例 2 - 4 - 10]

人民英雄纪念碑碑文

三年以来,在人民解放战争和人民革命斗争中牺牲的人民英雄们永垂不朽!

三十年以来,在人民解放战争和人民革命中牺牲的人民英雄们永垂不朽!

由此上溯到一千八百四十年,从那时起,为了反抗内外敌人,争取民族独立和人民自由幸福,在历次斗争中牺牲的人民英雄们永垂不朽!

这是由毛泽东起草,周恩来书写的镌刻在天安门广场人民英雄纪念碑北面的碑文。这是为纪念 1840—1949 年为我国革命牺牲的人民英雄而建立的巨大石碑。碑文没有叙述人民英雄的伟大业绩,而是悼念在三个阶段牺牲的人民英雄,语言高度精练,概括性极强。

竖立纪念碑是为了纪念人或事,纪念事的则详于说事,纪念人的则详于写人。人、事虽然难分,侧重却应鲜明。

5. 诗碑。诗碑不是指用诗词体裁写的碑文,而是指为诗而立的碑。

[实例 2 - 4 - 11]

山 中

山中秋信得来真,树张清阴风爽神;

鸟似有情依客语,鹿知无害向人亲。

随缘遇处皆成趣,触绪拈时总绝尘;

自谓胜他唐宋者,六家咏未入诗醇。

在河北承德避暑山庄榛子峪北侧有一座高 2.5 米的卧碑,碑上共刻八首诗。这首《山中》诗是乾隆皇帝所作的七言律诗,此诗刻在石碑的阴面。诗的前四句大意是:避暑山庄的山中,季夏时节秋天的信风已经来临,大树张开大片的树荫,立在树下觉得特别清爽怡神。树上的鸟儿似乎有情,见人到此要对客人倾诉;驯鹿晓得没人会伤害它,竟走到客人跟前表示亲近。后四句的大意是:顺应自身的感触,处处都会让人觉得有情趣;触发内心的思绪,时时都会觉得自己与尘世隔绝。我以为山庄的佳境胜过唐宋诗词中所描写的景色,只可惜这样的美景竟然没有被唐宋六大名家写入他们的诗中。这首诗写景抒情很有特点,而且写景和抒情的衔接也非常自然,是一首情景交融的好诗。

许多旅游景点都有诗碑,如:在宋朝时,有人把杜甫在夔州三年所作的三百六十一首诗刻石立碑,一共刻了十二块碑石,堪称诗碑大观。河南汤阴县有一块九尺的岳飞诗碑,汤阴县岳庙还有别人给岳飞词立的一通碑,叫《岳飞满江红词碑》。

诗碑比较多见,呼和浩特昭君墓前立有董必武咏昭君的诗碑;日本各界为纪念中国的前总理周恩来,立了一通周恩来诗碑;泰山无字碑旁立有郭沫若咏未见日出的诗碑。

(二)碑文的基本格式及特殊格式

一般说来,碑文没有固定的格式,特别是名人、诗人作碑文,更是自由潇洒,笔走江海,张扬个性。

[实例 2 – 4 – 12]

在沈从文的墓前,是画家黄永玉为他表叔题写的碑文:"一个士兵不是战死沙场,便是回到故乡。"黄永玉题写的碑文,用极精练的语言概述了我国著名文学家沈从文一生的两次重要经历。沈从文十几岁当兵,从湘西的大山里走向了世界,他死了,终于回到了故乡。他的一生经历了中国的战乱和革命,他以一支笔,记录了自己心灵的历程,也记录了中国的历史。

[实例 2 – 4 – 13]

1921 年,安德鲁·卡耐基提名夏布担任美国钢铁公司第一任总裁。夏布善于管理人事,他成功的秘诀是:他天生具有引发人们热情的能力。他认为,促使人将自身能力发展到极限的最好办法,就是赞赏和鼓励。而安德鲁·卡耐基本人也常常公开称赞他人,私底下也是如此。卡耐基甚至在墓碑上也不忘记恭维别人,他为自己所写的碑文是这样的:这里躺着一个人,他懂得如何哄骗比他聪明的人。

[实例 2 – 4 – 14]

启功先生 66 岁时就自撰了《墓志铭》:"中学生,副教授。博不精,专不透。名虽扬,实不够。高不成,低不就。瘫趋左,派曾右。面微圆,皮欠厚。妻已亡,并无后。丧犹新,病照旧。六十六,非不寿。八宝山,渐相凑。计平生,谥曰陋。身与名,一齐臭。"

岁数大了的时候，身体不免闹出毛病。启功先生因心脏病几次住院。他笑曰："嗨，我的心坏了坏了的！"作诗记病，有云："填写诊单报病危，小车直向病房推。鼻腔氧气徐徐送，脉管糖浆滴滴垂。心测功能粘小饼，胃增消化灌稀糜。遥闻低语还阳了，游戏人间又一回。"

启功先生自撰的《墓志铭》，豁达幽默，人生似歌，吟唱娓娓动听。人生历程中的种种蜿蜒曲折都化作了养分，为学因此博大，为人因此宽厚。

应用能力训练

1. 搜集背诵一些名胜古迹的对联，并尝试为一处名胜古迹或旅游景点、旅游场所撰写对联。

2. 搜集一些碑文，分析它们是哪一类碑文，有什么特点及作用。

3

第三章　礼仪类文体写作

中国是礼仪之邦,礼仪文书源远流长,种类繁多。礼仪文书是指在各种交际场合,如典礼、仪式上发表讲话所用的文稿。礼仪类文书包括祝词(新年祝词、事业祝词、祝酒词、祝寿词等)、欢迎词、欢送词、答谢词、主持词、演讲词等。这类文体一般都有比较明确的目的,常常是单位或部门负责人以及有关人员借助某一礼仪活动,在合乎礼仪的前提下借题发挥,从而达到礼仪交往的目的。

第一节 祝 词

课前提示

当今社会衡量一个国家经济发达程度的三大标志是:以电脑为代表的科学技术水平,以旅游业为代表的生活富裕程度,以公共关系为代表的经营管理效能。我们已经进入了一个全面公共关系时代,人际交往日益频繁,祝贺、迎送、答谢等活动越来越多。学会写作礼仪类应用文体,会使我们在工作和生活中如鱼得水,取得成功。

教学要求

◇了解祝词类文体的种类及其特点和用途
◇掌握祝词类文体写作的基本格式及写作技巧
◇学会写作祝词、贺词、欢迎词、欢送词、答谢词等礼仪文书

一、祝词

祝词,也写作祝辞,是对特定对象表示良好祝愿的言词或讲话稿。祝词是众多礼仪文书中的一种,有祝人和祝事两大类。一般来讲,有会议祝词、节庆祝词、典礼祝词、奠基仪式祝词、祝酒词、祝寿词、婚庆祝词等。

(一)祝词的特点

[实例 3 - 1 - 1]
夕阳总是无限红——在重阳节离退休老同志座谈会上的祝词

尊敬的离退休领导、教师:

你们好!

岁岁重阳,今又重阳。在重阳佳节到来之际,各位领导、老师们在这里聚集一堂,欢度重阳佳节。请允许我代表全院教职员工向各位致以节日的祝贺!

有人说,童年是一幅画,少年是一个梦,青年是一首诗,中年是一篇散文,老年是一部哲学。由此,我衷心地祝贺在座的各位步入了哲学家的行列,并表示真诚的敬意!

时光荏苒,岁月如歌。在座的各位领导、教师都曾经为祖国的教育事业兢兢业业,勤勤恳恳,贡献了自己的青春和力量。岁月的年轮勾刻了你们的皱纹,三寸粉

笔染白了你们的双鬓。可以说，没有你们昨天的辛勤汗水，就没有今天教育园地的满园芬芳；没有你们的无私奉献，就没有今天和明天教育事业的灿烂辉煌！

今天，我们的学院事业正兴，前景广阔。学院的发展壮大，离不开各位领导、教师的支持帮助，我们的教育教学工作更需要领导、教师的悉心指导、言传身教。从你们身上，我们学到了"不要自夸颜色好，只留清气满乾坤"的高尚品格；学到了"衣带渐宽终不悔，为伊消得人憔悴"的敬业精神；学到了"精诚所至，金石为开"的待人哲学；学到了"契机而运，拙法成巧"的处事艺术。我们为有在座的各位而感到自豪！莫道桑榆晚，为霞尚满天。请相信，你们的青春将在新一代教师身上延续，你们的工作热情将会发扬光大，你们的敬业精神将鼓舞我们克服困难，勇往直前！

谁道人生无再少，夕阳正红无限好！在重阳佳节到来之际，请接受我们全体教职员工对各位领导、教师的衷心祝福：

祝福你们福如东海，寿比南山！

祝福你们家家和睦，身体康健！

祝福你们平平安安，欢度晚年！

×××

2016 年 10 月 5 日

这是一名教师对毕业生的祝词。首先对学生毕业表示祝贺；再从两个方面嘱咐学生，一是希望他们要珍惜时间，二是希望他们不要过早地入了俗流；最后是再一次祝福学生。

从以上内容可以看出，祝词具有四个显著特点：一是主题先行。向谁祝贺什么，开篇就要写明白。二是表述直白。既然是祝贺就不需要过多的含蓄，应直来直去，有啥说啥。三是现场感十分强。四是语言通俗、精练。

需特别注意的是：祝词写作要主旨鲜明，语言平实，感情真挚，短小精炼，富于感染性、启发性和鼓动性。

（二）祝词的基本格式

[实例 3－1－2]

在开学典礼上的讲话

尊敬的各位领导、老师，同学们：

大家上午好！

在这秋风送爽、硕果累累的金秋时节，我们在这里迎来了 3 000 多位 2016 级新同学。在这里，我代表学院全体领导、老师和同学们对新同学的到来表示热烈的欢迎！

21 世纪的产业信息化浪潮，迫切需要大量懂专业、善管理、具备相当职业技能的高素质人才。我院顺应时代浪潮，开设了一大批切合市场需求的专业，为毕业生走上社会大展才华提供了有力保障。

  同学们,今天你们经过刻苦努力,跨入大学校门,给自己开创了一片崭新的天地,为自己未来的发展搭建了一座良好的平台,为我院注入了新鲜血液。实践会证明,你们的选择是正确的。

  现在,每一位新同学都是我们学院发展、前进的希望,将来走上社会也必将成为我院的骄傲。时代在召唤,充满希望的灿烂前程必将属于每一位勤奋努力的人。同学们,让我们鼓起勇气,用充满自信的目光注视未来,以我们的青春热血谱写出壮丽多彩的人生画卷吧!

  再一次对同学们的到来表示热烈欢迎!

  祝你们学业有成!

王纲

2016 年 9 月 6 日

  从以上实例中可以看出,祝词的格式可以分为四个部分:标题、称呼、正文、落款。

  1. 标题。标题写在第一行正中,如"祝词",也可以写成"××给××的祝词"等。

  2. 称呼。在第二行顶格写被祝贺对象的名称。如果被祝贺对象的地位或身份较高,可以把其姓名、职务写在称呼上,也可以在称呼前加上表示尊敬的修饰语,如"尊敬的×××"。如果是对集体的祝贺,那么,称呼应该包括所有被祝贺者,如写上"尊敬的老领导、老教师"等字样。称呼后边用冒号。

  写作时一定要注意:如果是对集体的称呼,前边已经写"全体"或"各位",后边就不要再写"们"。

  3. 正文。正文一般有以下几个层次:表示祝贺;指出取得的成绩及其意义;表示向祝贺的对象学习或表达对祝贺对象的关心等;进一步表示祝贺或提出希望、表示决心。

  4. 落款。在正文右下角署名,在署名下一行相应的位置写日期。如果是在报刊上发表,则将落款写在标题下面。

(三)祝词撰写中的总体要求

  1. 要善于抓住特征进行概括。因祝词篇幅短小、容量不大,不能铺开来写,写事不能记成流水账,写人不能记成履历表,要善于抓住特征概括,突出主要表达的内容即可。要准确了解祝贺人与祝贺对象的关系,有针对性地拟写祝贺内容。彼此的关系决定了相互间的感情程度,祝词中该说哪些话、回避哪些话,说话的语气、态度、分寸,都必须认真考虑,做到措辞恰如其分。

2. 言词要热情、大方、妥帖。祝词写作既要热情、友好，表现出主人的风度，又要把握分寸，表达得体，温文尔雅。如果是机关单位的集会、典礼、宴会，可称"尊敬的领导、同志们"；如果是一般性的涉外招待会、宴会，可称"女士们、先生们"；如果是重要的涉外招待会、宴会，则应首先突出出席招待会或宴请的重要客人，既表明了对尊贵客人的尊敬，又符合我们热情好客的礼节；如果是针对某个人，开头要加尊称，表达亲切、尊敬之意。

3. 语言要幽默、生动、富于哲理。祝词不是在做报告，不要写得过于严肃、死板，好像在发出号召、布置工作。要写得俏皮活泼、风趣幽默，亦庄亦谐，使人既有美的享受，又感到意味深长，深受启发。为达到祝词的最佳表达效果，语句要感情真挚，态度诚恳，充满希望，富有感染力，使对方感到温暖、愉快。最后以祝愿的话结尾，篇幅不宜过长。

二、迎送答谢词

迎送答谢词指欢迎词、欢送词和答谢词三类。这三种致辞的应酬特点比较突出，内容单一，其基本结构大体相同。

(一)迎送答谢词的结构

迎送答谢词一般由五部分组成：标题、称呼、正文、结尾、落款。

1. 标题。标题写在第一行的正中位置，可用"欢迎词""欢送词"或"答谢词"三字做标题，也可以概括性地写"在欢迎(欢送)×××会上的讲话(致辞)""在×××会上的答谢词(致辞)"。

2. 称呼。称呼在第二行顶格写，一般应写尊称，有的在名称前加上表示亲切程度的修饰语，如"尊敬的""敬爱的""亲爱的"等。

3. 正文。正文的结构主要有三部分：

第一部分，表示欢迎、欢送、答谢的意思，如："我代表……表示热烈的欢迎""我代表……对你们的热情款待表示衷心的感谢"等。

第二部分，简介有关业绩、情况或意义。这种简介语言不能太繁复，一般是概括性介绍。

第三部分，表示美好的祝愿或希望。比如："我衷心地希望我们之间的业务往来在以后的岁月里将继续下去""祝您一路顺风""祝你们在新的环境中生活愉快，万事如意"等。

4. 结尾。迎送答谢词的结尾一般是再一次对来客表示欢迎、祝愿或感谢。如："再一次对你们的光临表示热烈欢迎""祝你们的来访取得圆满成功""祝你们访问期间过得愉快""祝你们一路顺风""再一次感谢你们的热情款待"等。

5. 落款。落款包含署名和日期。

（二）例文

1. 欢迎词

[实例 3 – 1 – 3]

滨湖酒店欢迎词

远道而来的朋友们：

大家好！欢迎各位到我们这座历史悠久的历史文化名城观光旅游！

今天，天清气朗，名城换新颜，披彩装，笑迎尊贵的朋友。各位的到来不仅为我们的城市添彩，也为我们的酒店增辉。我谨代表酒店全体同仁向各位的到来表示热烈的欢迎！

在旅行团下榻滨湖酒店、观光浏览的 7 天时间里，滨湖酒店将尽最大的努力为各位提供优质上乘的服务，给每位宾客带来宾至如归的感觉。服务过程中，如有不妥之处，真诚欢迎大家及时提出宝贵意见，我们将不胜感激并积极改进，使大家在滨湖度过难以忘怀的快乐时光。

最后，再一次对大家的光临表示热烈欢迎并预祝大家旅行愉快！

滨湖酒店总经理　丁林

2017 年 7 月 30 日

我们把在迎接宾客的会议、茶会或酒宴上，主人对宾客表示欢迎之意的致辞称为欢迎词。欢迎词是一种主动性的致辞，通过致欢迎词可以为双方今后的关系和交往营造一个良好的开端或气氛。欢迎词是礼仪类讲话稿的一种，在现代交际活动中应用十分广泛。

2. 欢送词

[实例 3 – 1 – 4]

欢送布莱克先生回国的讲话

女士们、先生们：

今天我很激动，站在这里欢送我们的好朋友布莱克先生。

布莱克先生是我们的一位真诚朋友，他来中国一年多，帮助我们建设这座五星级饭店，对饭店的规模、设置，员工的招聘、培训，提出了许多建设性意见，可以说为我们的饭店立下了汗马功劳。在此，我代表饭店的全体员工对他表示衷心的感谢！同时也诚恳地希望布莱克先生再次光临我们饭店指导我们的工作。

布莱克先生，这里的山有情，这里的水有情，这里的人民更有情。今天，我们在此欢送布莱克先生，表达我们的眷眷难舍之意，依依惜别之情。

在向布莱克先生告别之时,借此机会请转达我们对××国人民的深情厚谊,转达我们对布莱克家人的亲切问候和致意!

祝布莱克先生一路平安!

×××

2017 年 7 月 10 日

在送别的会议或茶会、酒宴上,主人发表表示送别之情的致辞称欢送词。欢送词的写法和欢迎词基本相同,只不过正文内容有所区别,对欢送的人或团队应给予肯定和积极的评价,并在此基础上表达依依惜别之情。如果是友好访问团队,还要表示对其再一次来访的期待,并祝愿他们一路顺风。

3. 答谢词

[实例 3 - 1 - 5]

答 谢 词

女士们、先生们:

我们对巴基斯坦国的访问就要结束了,并将很快返回中国。在临别前夕,首先请允许我代表我的同事并以我个人的名义,感谢你们的盛情邀请及在访问期间所给予我们的热情款待。

今天能够出席你们的招待会,我感到十分荣幸! 能够有机会与在场的巴基斯坦国朋友们畅谈,感到非常高兴。我相信,我们这次访问将有利于进一步加强我们两国在旅游方面的合作,我和我的同事盼望在不久的将来能有幸在中国欢迎巴基斯坦国的好朋友,从而使我们之间的友谊进一步加深,使我们相互间的友好合作更加愉快。

借此机会,请允许我再一次向巴基斯坦国的朋友们表示衷心的感谢! 谨致美好的祝愿!

×××

2017 年 8 月 15 日

这是一篇答谢词。首先对主人的盛情邀请及热情款待表示感谢;接着,表明了这次访问的收获和感受;最后,是感谢语和祝颂语。这篇答谢词表达了答谢者表达谢意的原因,态度谦恭、礼貌,语言简练,结构完整。

(三) 撰写迎送答谢词的要求

1. 语言要礼貌、热情、适度。迎送答谢词语言的礼貌、热情是必需的,但同时也要注意适度,尤其是一些涉外交往,要掌握两个方面的分寸,既不要趾高气扬,盛气凌人,也不要谦恭过分,给人不实的感觉。要不卑不亢,恰到好处。

2.要注意巧用委婉语言。交际中如果遇到不便直言,但又非讲不可的地方,为了避免对方的尴尬,要注意使用委婉的语言,这样既保持了和谐气氛,又坚持了原则。

应用能力训练

1.天骄酒店将举行开业庆典,请你以嘉宾的身份为这次庆典写一篇祝词。

2.风华旅行社的导游员张庆接待了一个来自山东的旅游团,请你代张庆写一篇欢迎词和一篇欢送词。

第二节 主 持 词

课前提示

主持是一门综合艺术,要把口语表达的各项基本功紧密联系起来,形成一体,使其具有一定的艺术性。一名优秀的主持人,他(她)不仅具有良好的口才、风度和气质,还需要在主持前准备好高质量、高水平的主持词。写好主持词是主持人成功的基础。

教学要求

◇掌握主持词的撰写方法和技巧

◇能够写作会议、活动及节目主持词

一、主持人与主持词

(一)主持人

主持人在各种活动中既是组织者、主持者,又是指挥者,是统领、引导、推进活动进程的人。随着社交活动的增多,主持人的范围也逐渐外延,成为当前十分走俏的热门行当。一些单位或部门,在举行各种会议、联欢会或竞赛活动时,大都采用主持人主持活动的形式。

"节目主持人"是主持人中的重要一类,出现于第二次世界大战末期,美国人爱德华·伯尔勒和埃德·沙利文在综艺节目《明星剧场》《城中大受欢迎的人》中,第一次以节目主持人的角色在电视上登台亮相。1952 年,美国哥伦比亚广播公司制片人唐·休伊特提出了以"主持人"取代播音员的设想,并开始由沃尔特·克朗凯特主持 CBS 的《晚间新闻》。这种奇妙的形式、新颖的编排、灵活的表达、亲切的语言和有序的节奏，使沃尔特大获成功，赢得了广大听众的欢迎和好评。由此，节目主持人很快波及全球，并且很快被电视、电台、演出、集会、竞赛等传播媒介和交际场合所采用。节目主持人完全改变了过去那种传统的播音方式、报幕形式，主持中灵活机动、风趣幽默、生动立体，给观众或听众带来无穷乐趣，并给人以启迪和美的享受。我国出现节目主持人这一名称是在 1980 年。当时，广东省广播电台在《大众信箱》节目中第一次改播音员为节目主持人。1981 年中央电视台在举办《全国中学生智力竞赛》时，赵忠祥率先以节目主持人的身份在屏幕上亮相。1986 年广州珠江经济广播电台开始取消播音员，所有栏目均改为节目主持人主持。目前，我国的电视台、电台中，除《新闻联播》等少数节目仍采用播音员的形式外，大部分栏目均改为节目主持人形式。

(二)脱口秀

脱口秀，即英语 Talk Show，是英语音译与意译的巧妙结合。脱口秀是主持人现场主持词完美表达的代名词，指的是主持人必须具有很强的现场言语生成能力，要求主持人心态平和自信，知识积累丰富，现场反应迅速敏捷。如今，脱口秀节目已经成为一种备受人们欢迎的节目形式。

(三)主持词

主持词是主持人用于说明活动主旨，引导、推动活动展开，串联和衔接活动内容，总结和概括活动情况的文稿。撰写主持词要具有综合能力，要把口语表达的各项基本功紧密联系起来，形成一体，使其具有一定的艺术性，能够比较准确地传情达意。那些具有现场感的主持词，幽默风趣、新鲜明快、机智灵活、脍炙人口。

二、主持的类别

主持的形式是多样的，如果按场合分有社会活动、文艺活动和广播电视等几大类。

第一，社会活动类。这包括比赛、演讲、论辩、会议、典礼等。写作主持词要了解活动的宗旨，熟悉活动议程，把握好时间及每个环节的进程，注意控制会场气氛。这类主持词的写作要严肃认真，语言要简洁明快、干净利落，主持人的语言一般使用第三人称。

第二，文艺活动类。它包括文艺性演出、各种舞会、晚会、联欢会、产品促销活动等。这种活动比较轻松活泼，主持词的撰写比较灵活。既要有事先拟定的主持词，又要随机应变，幽默风趣，也可以让观众参与，双方互动，创设一种轻松欢快的和谐气氛。

第三，广播电视类。它包括各种综合性、专题性、专业性的板块节目。撰写此类主持词，事先要尽可能多地了解一些专业知识，抓住重点，反映热点、焦点问题；要把握时机，引导人们思考或参与，吸引听众或观众的注意力。主持人往往采用第一人称，语言亲切，娓娓道来，要对受众晓之以理，动之以情。

第四，婚礼类主持词。婚庆典礼是一种喜庆活动，其规模大小和风格不尽相同。这要由婚庆主人的身份、地位、工作、社会交往情况而定。婚礼主持人的身份叫司仪，负责婚礼的主持、程序的安排、现场的组织协调等工作。一个好的婚礼司仪，对整个婚礼的现场效果能起到画龙点睛、锦上添花的作用。婚礼主持词写作起来比较灵活，一般来讲，要热情有趣、活泼生动、幽默诙谐，自始至终都要热情洋溢，烘托出浓浓的喜庆气氛。

三、撰写主持词的要求

（一）认真准备、周密策划

如何说开场白、如何前后串联、如何形成高潮、如何结束，都是主持词的重要内容，要潜心研究，精心创作。如要撰写会议或活动主持词，必须提前准备，尽早介入。要了解会议或活动的整体情况，掌握全部内容。如，会议或活动的主题、目的、到会领导、参加人员、发言顺序等。

（二）勇于创新，不拘一格

主持词的写作没有固定格式，它的最大特点就是富有个性。不同内容的活动，不同内容的节目，主持词所采用的形式和风格也不相同。庄重、严肃的活动，要选择平稳、厚重的主持词；庆典活动、文艺活动、少儿节目，要选择欢快、亲切、生动、活泼的主持词；大型联欢活动要选择亲切感人、激越明快、富有鼓动性的主持词。除会议的主持需要一定的程式外，其他活动和节目的主持词应力求形式新颖，语言鲜活，反映新的生活内容，表现新的时代主题。写作者要把自己当作观众或听众的朋友，与他们用心去交流，使他们感到亲切，产生共鸣。

四、主持词的写作技巧

（一）开场精彩，制造场景效应

[实例3－2－1]

女：尊敬的电视机前的朋友们：

合：晚上好！

女：当腊梅的芬芳静静地在空气中浮动，

男：当大红的灯笼越来越多地闪耀在城市的夜色中，

合：我们知道，春天已如期而至！

女：听，心仪已久的那一天，正轻舞缤纷地踏歌而来，

男：看，家门口的那棵老树下，春风一次次地撩起了母亲银亮的白发，

合：我们共同放飞希望，放飞亲情，放飞乡情。

女：好，让我们用红红火火的歌，红红火火的舞，

男：和着我们时代的脉搏，唱出我们的幸福欢乐，

合：迎新春歌舞晚会现在开始！

这是迎新春歌舞晚会的节目主持词。这几句开场主持词写得红红火火，充满了节日的喜庆气氛，营造了轻松、和谐的气氛。好的开端是成功的一半，良好的开场白对于确定主题基调、表明宗旨、营造气氛、沟通情感是十分重要的。

开场白的写作方法很多，常见的有：

1. 开门见山，直接入题

[实例 3 - 2 - 2]

什么是男子汉？不同的人有不同的理解。男子汉不见得风流倜傥气宇轩昂，也不见得有伟岸的身躯和雄壮的体魄，但他必须有为国、为民、为家勇于负责的精神和关键时刻挺身而出的高尚人格。下面请欣赏小品《我们家的男子汉》。

这个开场白开门见山，直接入题，一开始就清楚地告诉观众下面节目的主要内容。

2. 情景交融，以情入题

[实例 3 - 2 - 3]

女：仿佛是在梦中，仿佛是在昨天。当年没说再见，我们匆匆走散。二十年，二十年的别离，我们相聚在今天。

男：看一看陌生而又成熟的脸，这是岁月年轮的点染。曾是单纯而幼稚的面庞，变得成熟而又干练。

女：二十年同学相见，心理是不是有些慌乱？过去的岁月，留下多少遗憾？终于握住的手，再不愿松开。

男：同学们：这里的酒已斟满，杯中洒满幸福的欢颜。让我们举起酒杯相互祝愿，祝愿同学们幸福平安！

女：斗转星移，日月如梭，青春的时光就要度过。让蓝天白云为我们起舞，让青山绿水为我们作赋。

男：同学们：昨天已经过去，把握住今天，我们的明天会更加灿烂。

女：同学万岁！愿我们的友谊天长地久！

合：愿我们的友谊地久天长！

这是一次同学毕业 20 年聚会时主持人的开场白。这篇主持词以情入境,把人们蕴涵的很深厚的情感一下子激发出来,产生了强烈的共鸣效应。再加上使用了诗一样的语言,将同学久别重逢的激动心情恰到好处地表达出来。

3. 委婉曲折,含蓄入题

[实例 3 - 2 - 4]

①我国古代禅师青原惟信说人生旅途有三个拐弯:首先是见山是山,见水是水;而后是见山不是山,见水不是水;最后是见山依旧是山,见水依旧是水。下面有请徐贞教授为我们做报告,报告的题目是《写作的真谛》。

②在一次演讲比赛中,主持人说:"传说佛祖临终之际,留给弟子的遗言是:'自以为灯,自以为靠。'如果你内心正经历着浓重的黑暗,那么就点亮自己的心灯,用自己的信念和智慧之光,驱散眼前的黑暗,照亮自己脚下的路。请听演讲《完成一次独立的行走》。"

第一个实例中,主持人先引用禅师关于人生的富含哲理的阐述,然后再引出报告的题目。在第二个实例中,主持人由佛祖对弟子的临终遗言讲起,指出要点亮自己内心的心灯,然后引出关于青年人要不等不靠、自强自立的话题。这种主持词先不点明主旨,而采用委婉的方式,曲径通幽,逐渐引起人们的注意,最后逐渐显露真谛,一语道破,真相大白。

4. 幽默风趣,以笑入题

[实例 3 - 2 - 5]

一次,凌峰主持春节期间的某场晚会《给您拜个年》,在录制节目时,他表演歌曲《春天里》,歌词大意是:在美好春季里,一位男子遇见一位漂亮的姑娘……当唱到这里,凌峰骤然停下,面对前排的妻子,朝向周围观众:"许多人也许不知,我和太太都是青岛人,是一样的水土,但现在为什么会养出两样的品种?(指着妻子)这是属于'红富士',(指着自己)这是属于'莱阳梨'。这大概是与胎教有关,她的怀胎时是处在社会主义的浩瀚时期,而我的怀胎时正是抗日战争最后一年,所以长得非常艰难,充满着苦难!"在场的观众都忍俊不禁,报以热烈的掌声。

凌峰在主持中,常常语言幽默,妙趣横生。在这场晚会中,凌峰对自己的相貌进行了调侃,又让妻子的美貌作映衬对比,语言新奇诙谐,使晚会气氛一开始就形成了一个高潮。

幽默被喻为"语言中的盐"。幽默的语言可以表现出一个人的智慧和内涵,引人深思,令人回味,给人以启迪。幽默风趣的话语常常能够创设出一种轻松活泼的氛围。

（二）灵活推进，前后衔接，融为一体

[实例 3 - 2 - 6]

在一次全国朗诵艺术大赛颁奖晚会上，主持人要介绍下一位朗诵人及其作品。让我们看看他们是如何进行前后衔接的。

男：台湾诗人余光中先生的《乡愁》在大陆广为流传。因为自古以来大陆和台湾就是同祖同宗、同根同源，血脉相同、语言相同、文字相同。

女：今天，我们颁奖晚会的现场，非常高兴地请到了已经76岁高龄的余光中先生。虽然这首《乡愁》我们都非常熟悉了，但是在这个现场听听他的朗诵，相信会带给您全新的感受。

再看下一个例子。

主持人要在现场为观众播放中央人民广播电台老一辈播音员齐越和夏青的录音资料，他们说：

男：观众朋友们，语言不仅在我们的生活当中起着非常重要的交流作用，同时在我们的政治生活当中也起着巨大的作用。

女：是啊，当年中央人民广播电台齐越播讲的《焦裕禄》，夏青播讲的《将进酒》，随着电波传遍千家万户。现在，这些已经是非常珍贵的资料了。

男：非常高兴地找到了当年的一些录音资料。在这个颁奖晚会上，就让我们一起来领略老一代播音艺术家的语言魅力。

再看一例：

在全国朗诵艺术大赛第二场，当前边刚进行完中国语言的"华彩乐章"之后，下面要进行外国文学作品的朗诵，于是主持人作了如下的推动和衔接：

男：亲爱的观众朋友：外国优秀的文学作品传入我国，对我国文学的发展和创作起到了重要的促进作用。

女：是的，这些优秀的文学作品影响了我国一代或几代人。

男：好，下面请让我们进入本届颁奖晚会的第三篇章"蓝色风铃"。请欣赏《海燕》。

…………

女：观众朋友：提起诗人裴多菲，我们会联想起他的诗"生命诚可贵，爱情价更高。若为自由故，二者皆可抛"。其实，他表达的崇高的爱情，也贯穿在他的另一篇作品《我愿意是急流》中。请欣赏《我愿意是急流》。

主持人报幕是为了推出下一个节目，主持词要起到承前启后的作用，为即将推出的节目做好铺垫，使前后融为一体。这几段主持词无疑起到了烘托、渲染气氛和导出下文的作用，使前后衔接顺畅，珠联璧合。

(三)巧于结尾,留下余韵

[实例 3 - 2 - 7]

有人主持一次庆功表彰会,是这样结束的:"庆功结束时我想到了一件事:有人问球王贝利哪个球踢得最好?回答是:下一个!有人问著名导演谢晋哪部影片导得最好?回答是:下一部!有人问一位著名演员哪个角色演得最好?回答是:下一个。看来我们在庆功表彰中也应当牢记:下一个,下一部!散会。"

这位主持人以球王贝利、著名导演谢晋和著名演员的回答巧妙作结,表达出深刻的寓意,富有鼓动性,希望大家继续努力,再创佳绩。

活动或节目进入尾声时,主持词切忌粗疏草率。俗话说:"编筐编篓,最难收口。"主持词的结尾要调动各种技巧和手段,或掀起高潮,给人以鼓舞和欢笑;或波澜不惊,给人留下回味和思考。

(四)灵活机智,巧于应变

[实例 3 - 2 - 8]

一名婚礼主持人主持一场婚礼刚过半,礼堂突然断了电,话筒不响了,会场立刻出现了尴尬的局面。这时,主持人灵机一动,大声说:"请大家休息一下,广告之后马上回来。"台下响起了一阵笑声,气氛缓和了,两位新人的脸上也多云转晴了。不一会儿,电闸修好了。可不知怎么的,电闸又闹起了脾气,礼堂里不久之后又停电了。看着来宾们有些厌烦的情绪,主持人机智地说:"今天真的是个好日子,连电闸也高兴地跳个不停。"一句话,全场都笑了,有的人还鼓起掌来。

上文中的主持人处乱不惊,冷静处理,左右逢源,成功化解了尴尬。笑声和掌声表现了来宾对主持人的赞赏和谢意,同时也为婚礼增添了喜庆气氛。

应用能力训练

1. 某高职院校准备举办"青春诗会",请你为这次比赛写一份主持词的开场白和结束语。

2. 某公司即将举行产品促销活动,请你为这次促销活动写一篇主持词。

第三节 演 讲 词

课前提示

美国哈佛大学有这样一种理念:思考能力是你的第三只眼,创造能力是你的第二本能,表达能力是你的第一亮点。拿破仑说:"机会总是青睐有亮点的人。"

想得好,还要做得好;做得好,更要说得好。良好的口才是成功者的鲜花和光环。今天,一个没有口才和演讲能力的人很难适应工作和生活需要。当人们为那些出口成章、语惊四座的精彩演讲而赞叹不已时,你是否也想成为一个口若悬河、能言善辩的人呢?要想演讲成功,那么请先学会写作演讲稿吧!

教学要求

◇了解演讲和写作演讲稿的重要意义
◇把握演讲稿的基本结构和写作技巧
◇学会写作演讲稿

[实例3－3－1]

失败的额外收益与想象力的重要性

浮士德主席、哈佛公司和监察委员会的各位成员、大学的员工、自豪的父母,以及所有的毕业生们:

首先我想说的是:"谢谢你们!"

这不仅因为哈佛给了我非比寻常的荣誉,而且为了这几个礼拜以来,由于想到这次毕业典礼演说而产生的恐惧与恶心让我减肥成功。这真是一个双赢的局面!现在我需要做的就是一次深呼吸,眯着眼看着红色的横幅,然后欺骗自己,让自己相信正在参加世界上受到最好教育群体的哈利·波特大会……

在今天这个愉快的日子,我们聚在一起庆祝你们学习上的成功时,我决定和你们谈谈失败的收益。另外,当你们如今处于"现实生活"的入口处时,我想向你们颂扬想象力的重要性。

我选择的这两个答案似乎如同堂吉诃德式幻想一样不切实际,或者显得荒谬,但是请容忍我讲下去。

对于我这样一个已经42岁的人来说,回头看自己21岁毕业时的情景,并不是一件舒服的事情。我的前半生,我一直在自己内心的追求与最亲近的人对我的要求之间进行不自在的抗争。

我曾确信我自己唯一想做的事情是写小说,但是我的父母都来自贫穷的家庭,都没有上过大学,他们认为我的异常活跃的想象力只是滑稽的个人怪癖,并不能用来付抵押房产,或者确保得到退休金。

他们曾希望我去拿一个职业文凭,而我想读英国文学。最后,我们达成了一个回想起来双方都不甚满意的妥协:我改学现代语言。可是等到父母一走开,我立刻报名学习古典文学了。

我忘了自己是怎么把学古典文学的事情告诉父母的了,他们也可能是在我毕业那天才第一次发现。在这个星球上的所有科目中，我想他们很难再发现一门比希腊神学更没用的课程了。

我想顺带着说明，我并没有因为他们的观点而抱怨他们，现在已经不是抱怨父母引导自己走错方向的时候了，如今的你们已经足够大来决定自己前进的路程，责任要靠自己承担。而且，我也不能批评我的父母，他们是希望我能摆脱贫穷。他们以前遭受了贫穷，我也曾经贫穷过，对于他们认为贫穷并不高尚的观点我也坚决同意。贫穷会引起恐惧、压力，有时候甚至是沮丧。这意味着小心眼、卑微和很多艰难困苦。通过自己的努力摆脱贫穷确实是件很值得自豪的事情，但只有傻瓜才对贫穷本身夸夸其谈。

我在你们这个年龄的时候，最害怕的不是贫穷，而是失败。

在你们这个年龄，尽管我明显缺少在大学学习的动力，我花了很多时间在咖啡吧写故事，很少去听课，但是我知道通过考试的技巧。当然，这也是好多年来评价我以及我同龄人是否成功的标准。

我想说，并不是我太迟钝，我觉得你们还不曾知道什么是艰难困苦，或者什么是心碎的感觉，因为你们还年轻，而且天资聪明，受过良好教育。但是天赋和智商还未能使任何人免于命运无常的折磨，我从来不认为这里的每个人已经享有平静的恩典和满足。

然而，你们能从哈佛毕业这个现实表明，你们对失败还不是很熟悉，对于失败的恐惧与对于成功的渴望可能对你们有相同的驱动力。确实，你们对于失败的概念可能与普通人的成功差不了太多。你们在学习这方面已经站得相当高了！

当然，最终我们所有人不得不为自己决定什么是失败的组成元素，但是如果你愿意的话，世界很愿意给你一堆的标准。基于任何一种传统标准，我可以说，仅仅在我毕业7年后，我经历了一次巨大的失败，我突然间结束了一段短暂的婚姻，失去了工作。作为一个单身妈妈，而且在这个现代化的英国，除了不是无家可归，你可以说我要多穷就有多穷。我父母对于我的担心，以及我对自己的担心都成了现实，从任何一个通常的标准来看，这是我所知道的最大的失败。

现在，我不会站在这里和你们说失败很好玩。我生命的那段时间非常的灰暗，那时我还不知道我的书会被新闻界认为是神话故事的革命，我也不知道这段灰暗的日子要持续多久。那时候的很长一段时间里，任何出现的光芒只是希望而不是现实。

以上节选的是《哈利·波特》的作者J.K.罗琳于2008年6月5日应邀在哈佛大学毕业典礼上的演讲。罗琳在演讲中，谈到失败和想象力的重要性。是失败让她更好地认识自我，是失败坚定了她做最喜欢、最擅长事情的决心。罗琳从失败中学到的教训让自己在未来的人生中处于更安全的位置;而想象力让罗琳具备一种"思他人所思,想他人所想"的同理心。罗琳通过演讲鼓励哈佛学子在未来的人生中,勇于面对失败,敞开心扉关注他人。

一、演讲的意义

在现代社会,演讲越来越重要了。领导者公开讲话,学者传授学识,谈判中双方的沟通,主持人的陈述与提问,采访者与被采访者的即席问答,以及应聘求职、商品推销、对上报告工作、向下布置任务,都需要演讲技能。缺乏这一技能,会失去很多成功的机会。中央电视台《对话》节目《全球大调查问卷》中有这样一个问题:"您认为在未来十年中最有竞争力、最有希望成功的人应具备哪些素质?"令人惊奇的是,有26位商界巨子无一例外地选择了交际能力、交流能力、公关能力等与口才密切相关的词汇。由此看来,一个人在融入社会时,口才越来越显示出其独特的优势。有人把当今社会称之为"全面公共关系时代",西方人则将"口才、金钱及电脑"称为国际斗争的"三大战略武器"。可见,演讲与口才已经成为衡量创造型人才的重要标准之一。

演讲是为达到某种目的而集中、系统地进行语言表达,是展现一个人口才的最好形式。它的特点是声形合一,情景交融,感召力强。演讲具有强大的鼓动性、强烈的政治性和社会效应;演讲也是一个人思想水平和各种才华技艺的集中体现。

演讲稿是演讲者在演讲时所依据的文稿。通常情况下,演讲者的演讲都是有准备、有文稿可以参照的。中外许多成功的演讲者都十分重视演讲稿的写作。写好演讲稿是演讲成功的关键,也是一个成功的演讲者所应具备的基本功。

二、演讲稿的结构

[实例3-3-2]

在口才艺术选修课开课前的讲话

同学们:

下午好!

欢迎同学们选修口才艺术课。选修口才艺术课是同学们明智的选择。今天,我们已经进入了一个全面公共关系时代,人际交往日益频繁,口才的作用愈来愈被人们所重视。美国哈佛大学有这样一种理念:思考能力是你的第三只眼,创造能力是你的第二本能,表达能力是你的第一亮点。拿破仑说:"机会总是青睐有亮点的人。"我们要树立这样一个观念:良好的口才是成功者的鲜花和光环。有一个谜语说:不是蜜,却可以粘住一切。不用猜,这说的就是语言。

语言是人类绝妙无比的财富。在我国古代漫长的历史进程中,涌现出许多具有高超口才的大家、名家。如,孔子、孟子、苏秦、烛之武等杰出的游说家,东方朔、曹植、刘桢、纪昀等善于机辩的侍臣,师旷、邹忌、无盐、优孟等著名的讽谏之人。烛之武凭借着出色的口才,离间秦晋,使郑国转危为安;诸葛亮凭借三寸不烂之舌,联吴抗曹,为赤壁之战的胜利立下了卓著的功绩。刘勰在《文心雕龙·论说》中说:"一人之辩,重于九鼎之宝;三寸之舌,强于百万之师。"可以说,一个人有没有口才关系重大,大到国家的存亡,小到个人利害,无不与口才运用的成败息息相关。

在我国近代和现代,也涌现出许多著名的演说家。比如,梁启超的《饮冰室合集》里大部分是他的演讲词;中国革命先驱孙中山、早期共产党人李大钊、民主人士闻一多等都具有出色的演讲才能。改革开放以来,涌现出李燕杰、曲啸等口才高手。如今,随着我国市场经济的建立,经济社会各项事业加快发展,人们在相互交流中对口才的要求也越来越高,无论是从事政治演说、商务谈判,还是求职应聘、人际交往,都离不开口才艺术。

在西方社会,古希腊有柏拉图、亚里士多德,中世纪有马丁·路德,法国有启蒙者卢梭、孟德斯鸠,美国有林肯、杰克逊,他们都是杰出的政治演讲家。自然科学家如伽利略、布鲁诺、居里夫人、爱因斯坦等也是杰出的演讲家。据我所知,如今在一些发达国家,非常重视对一个人口才的培养,从小学就开设说话课,中学有论辩课,到了大学就开设演讲课。近几年,我们国家对口才也越来越重视了,中小学教学在这方面有所侧重,经常开展诸如朗读比赛、演讲比赛等活动。我们也经常见到主持人大赛、演讲大赛等活动。今天,西方人把舌头、金钱、电脑视为"三大战略武器"。在美国,光是演讲硕士、博士就数以万计。美国的大商人、企业家、律师、法官、国会议员、政府官员,大都是能言善辩之士。国家甚至还开办以经营为目的的演讲公司。

语言是思想的工具和外壳。人生在世,谁不想把话说好,把自己的思想表达好。想得好,还要做得好,做得好,更要说得好。俗话说,话有三说,巧说为妙。美国口才训练大师卡耐基强调:"一个人的成功,有15%取决于人的技术知识,而85%取决于人类的工程——发表自己意见的能力和激发他人热忱的能力。"这说明口才对成就一个人的生活和事业是何等重要。不管人的内在智力有多么高超,如果不借助口才的表达,很难获得成功。一个精神上的巨人不仅是考虑缜密的思想家,而且应该是口若悬河的雄辩家。

良好的口才好像鸟的羽翼,完美的谈吐有助于你的成功,伶俐的口才可以改善你的人生。著名的语言学家张志公先生说:"演讲是科学,演讲是艺术,演讲是武器。"同学们,推销自己需要口才,求职应聘需要口才,展示才干需要口才,求助他人、关心别人需要口才,宣传、鼓动需要口才,批评、教育需要口才……总之,时代需要能说会道、才思敏捷、有才有德、脚踏实地的具有良好口才的新型人才。

良好的口才有先天的因素,但更离不开后天的培养和训练,口才是在实践中锻炼出来的。俗话说,一分天才,还需九分努力。口吐莲花、出口成章并非易事,"樱桃好吃树难栽,不下苦功花不开",练好口才非下苦功不可。

我们开设口才艺术课程的目的,就是要训练同学们的口语交际能力和技巧,掌握口语交际的策略和原则,提高同学们的口语交际水平,为今后事业走向成功奠定基础。

同学们,你要想在一个人或几个人甚至成百上千人面前落落大方,侃侃而谈,使听者动容与折服,那么,你就必须锻炼自己的口才。良好的口才能够使你成为家庭里受爱戴的成员,社会上受欢迎的人才,事业上受尊敬的强者。

是人才未必有口才,而一个有口才的人必定是人才,而且是优秀的人才和出色的通才。衷心希望同学们都能成为我们这个时代口才出众、有胆有识、有德有才的优秀人才。

谢谢大家!

这是一位教师在口才艺术选修课上所做的演讲。演讲面对的是学生,开头对同学们选修这门课表示欢迎,并简述了学习口才艺术课的重要性;接着,列举了古今中外的大量成功人士运用口才的实例,来说明口才是一个人成功的重要因素;随后,阐述了口才需要培养训练的道理;最后,鼓励学生练好口才,成为一名有德有才的优秀人才。全篇演讲词结构完整,语言精练,内容深刻、警醒,富有鼓动性,令人振奋鼓舞。

从上例可以看出,演讲稿的基本结构一般由称谓、开头、正文和结尾四个部分构成。

第一,称谓。演讲的对象不同、场合不同,称谓也就不同。常见的有"各位领导""各位来宾""女士们、先生们""同志们""朋友们"等,通常在称谓前加上"尊敬的""敬爱的"等词,以示尊重和友好。

第二,开头。这部分是演讲稿的导入部分,写作时要简短、精彩,要很快地与听众沟通,引人入胜,调动听众的情绪,为后面内容的展开打下基础。

第三,正文。这部分是演讲稿的中心部分。要根据演讲对象、内容的特点选择材料,要选取有生命力的例子,做到条理分明,层次清晰。语言的运用要把握好节奏,时时抓住听众的情绪,做到张弛有度。

第四,结尾。演讲稿的结尾要力求做到简洁明快。要善于运用感情色彩浓郁的词语或修辞手法;要富于鼓动性,以给人留下深刻的印象。

三、演讲稿的写作技巧

演讲稿的写作,既要遵循写作的一般规律,又要掌握住自身的写作特点和技巧。

(一)心中装着听众,倾注真情实感

[实例 3 – 3 – 3]

有一位同学在竞聘演讲时抽到的次序是最后一个上场,上台后他发现,很多听众已经有了明显的倦意。于是他开始说:"大家好。我是某某,当我站在这里时,看到的是老师同学们信任的目光,感谢大家对我的信任。我尤其想感谢我们的辅导员崔老师。"说到这里,大家的目光都随着她的目光往后看,想找到崔老师一睹风采,而实际上崔老师三分钟前因为有事出去了。听众以为竞选者由于高度近视而没有看见,于是都回过头来目不转睛地盯着竞选者,而竞选者却从容不迫,娓娓道来:"他曾经问我,如果用一个字来概括学生干部应具备的品格,应该是什么? 那就是'诚','真诚'的'诚',这就是我的回答。入校以来,在老师和同学们的帮助下,我真诚待人,乐于交友,以一颗真诚的心,做了许多实实在在的事。同时,我还有广泛的兴趣爱好,如读书、写作、演讲、辩论、摄影等,并取得过优异的成绩。因此,我相信我和大家有许多共同语言,利于今后开展工作。"这样充满真情实感的话语,使听众的倦意不翼而飞了。

这位同学演讲的成功,关键在于她把握住了听众的精神状态,及时调整自己的演讲稿。演讲是给听众听的,写作演讲稿首先要注意讲话的对象,对听众的心态、精神面貌及人员构成等诸多因素要有深刻的研究和了解。演讲者与听众是朋友,要十分尊重、信任他们,了解他们的所思所想、喜怒哀乐,做到有的放矢。写作演讲稿,最忌讳居高临下,目中无人,以教训人的口吻来指手画脚。

写作演讲稿时要多做换位思考——假如自己是听众,自己最想听的是什么,最不想听的是什么。只有站在听众的角度上,与听众平等相待,了解听众的心理,才有可能写出好的演讲稿。对演讲者来说,听众是上帝,听众的反映是演讲成功与否的试金石。"己所不欲,勿施于人。"不要写假话、空话、套话、大话,谁弄虚作假,听众就不买谁的账,演讲也就成了空对空。

(二)精心安排结构,开头精巧,结尾有力

元代乔梦符说:"作乐府亦有法,曰凤头、猪肚、豹尾是也。"演讲稿的写作也是如此。"凤头"比喻新颖精巧,出语不凡,引出正题;"猪肚"比喻正文内容充

实,材料丰富,血肉丰满;"豹尾"比喻结尾要简短有力,深化主题,引人深思。

1.开头精彩,抓住听众

[实例3-3-4]

"报告! 老师,我迟到了。""还不快进来听课,放学后交份检查给我。"这是儿时贪睡的结果,受到的惩罚是老师的白眼,同学的不齿。从那以后,我再没迟到过,但却由此注意到了更多的迟到:高考迟到,被挡在梦想门外;爱情迟到,错过了一生的真爱;救护车迟到,延误了鲜活的生命;正义迟到,让良知接受拷问! 假如今天迟到的不是我,不是考生、不是爱情、不是救护车,而是我们的政府,那会是怎样的情形?

我认为,建设公共政府,应该坚决地对"迟到"说不!

(《交际与口才》2004年12期)

这篇《对"迟到"说不》的开头由一次上学迟到谈起,用"迟到"这个人人皆知的现象来说理,语言具体形象,有说服力。演讲人先后列举了高考、爱情、救护车、正义迟到会产生的后果,然后通过设问,引出中心论点,开头十分精彩巧妙。

万事开头难,演讲时最重要的就是一开始就有立刻抓住听众兴趣的力量。这段开场白一下子吸引了听众的注意力。事后,人们对他的演讲评价很高,因为这别具匠心的开头紧紧抓住了大家的心弦。

演讲的开场在形式上要力求新颖、别致、有趣味性;在内容上要有新意,要出奇制胜,使人耳目一新;在境界上要意境深远,内涵丰富;在气势上要排山倒海,声高自远。

2.构思精巧,巧妙切入

[实例3-3-5]

当红色的消防车一路呼啸,火急地赶往学校时,当全副武装的消防战士以最快的速度冲下车寻找火源时,却被告知,这又是一个现代版"狼来了"的故事……朋友,此时此刻,您的心是否也同我一样,是那么的沉重呢? 可怕呀,这种紧急呼叫都到了真假难辨的地步,那么真正危险之际,我们的财产、生命还靠什么来保证呢? 而欺骗者竟是那些被称为祖国未来与希望的孩子们! 这让人不禁质疑,明日的五星红旗下,是否还会有人前仆后继地去实践那句为国为民的忠诚表白呢? 是的,诚信教育已刻不容缓。今天,诚信与发展的演讲台摆在我们的菁菁校园,不也看出主办者对诚信教育的殷殷期待吗?

(《演讲与口才》学生读本2004年12期)

演讲者先用一个特写镜头为人们描述了消防队员救火的紧张场面,随后点出这又是一个"狼来了"的骗局,由此引出诚信的主题。

有一名大学生在演讲比赛时,先向听众展示罗中立的油画《父亲》,然后才开始演讲《为了我们的父亲》。演讲者用实物来开头,吸引听众,切入巧妙,最终获得了大奖。

3.内容丰富,跌宕起伏

[实例3-3-6]

首先,责任不能迟到。因为政府的权威并不在于权力的张扬和炫耀,而在于责任的承担和落实。

2003年年底的一天,一群焦急、惶惑的民工们聚集在漕溪北路某小区内讨要工资,寒风中久久不肯离去。场面极其混乱,冲突一触即发。劳动保障局的监察员们在第一时间赶到现场,毅然承担起了为农民工追讨工资的责任。经过多方协调和努力,237名民工终于在年前如数领回了拖欠达半年之久的工资124万余元。朴实的民工拿着工资,激动地连"谢谢"二字都说不周全。

这时,假如责任迟到,那当天的"混乱"必定升级,民工们可能仍旧是两手空空、一无所获;或许愤怒的民工会做出过激的行为,来回应政府的迟到。我不敢想象……如果真是这样,我不知道何谓权为民所用,利为民所谋,情为民所系?

其次,服务不能迟到。因为服务的最高价值是"及时"。迟到的服务是无效的,过期的服务是作废的。

五一长假,举国欢庆。然而枫林街道失业人员张某家却是一片凄惶。突如其来的疾病使并不富裕的家庭很快陷入了绝境。由于张某不在失业保险的申领期限中,所有的医疗费用只能自己承担。走投无路的妻子5月2日一早便致电劳动局值班人员,哭诉遭遇。失业保险科科长及时将此事向市失业保险中心进行通报,使张某如期进入失业保险申领状态。就这样,70%的医药费通过医疗保险得到了解决。泪水再次从张某妻子脸上滑落,但,这一刻的眼泪是滚烫的。

试想,假如服务迟到,张某必将错过失业保险的申领期。也许他会因为家庭的窘困终止对疾病的治疗;也许他的治疗能够勉强维持,但整个家庭将因此陷入无边的债务困扰。如果真是这样,那我们的政府谈何雪中送炭?谈何"想百姓之所想,急百姓之所急"?

再次,诚信不能迟到。宪法规定:中华人民共和国公民有劳动的权利和义务。这是法律赋予公民的基本权利,也是政府对老百姓的承诺。

他,曾因"两劳"人员的特殊经历成了就业的难点,一次次的碰壁使他心灰意冷。就业促进中心的职业指导员没有忘记政府的承诺。在"对你没有不同,给你更多关注"的思想指导下,指导员们积极创造各种条件,终于使他成功地实现了就业,迈出了新生活的第一步。经过两年多的艰苦磨炼,他勇敢地走上了自主创业的道路,开办了自己的快递服务社,成为非正规就业的带头人。

试问,假如诚信迟到,像他这样的特殊群体将如何面对新的生活?也许绝望的他会重蹈覆辙,再次站到社会和人民的对立面。如果真是这样,政府啊,你何以履行承诺?何以取信于民?

最后,法治不能迟到。因为迟到的公正不是公正。

2004年年初,某员工因公司在开具退工单时的一个笔误向徐汇区劳动争议仲裁委员会提出仲裁申请,要求支付经济补偿金等近万元。庭审过程中,该员工百般纠缠,无理取闹,甚至还动用了关系。但这些并没有阻却仲裁员追求公平、正义的脚步,他们根据事实和法律,果断地裁决:对申诉人的申诉请求不予支持。事后,公司坦言:在徐汇投资是一个正确无悔的选择。因为这里有法治的政府,有公正的环境。

敢问,假如法治迟到,那将是何等局面?或许胡搅蛮缠的员工将会得逞,清白无辜的公司反被冤枉,徐汇的投资环境也将因此打上问号。如果真是这样,正气、正义的法治环境谁来创造?公平、公正的法治精神谁来维护?

(摘自《交际与口才》2004年12期,有改动)

这篇演讲词的题目是《对"迟到"说不》,这是演讲词的正文部分。围绕着政府不能迟到的主题,用四个分论点来阐述。"首先""其次""再次""最后"四个过渡词,分别带出"责任""服务""诚信""法治"不能迟到这四个分论点,从四个不同方面说明我们的政府应尽的职能,材料丰富,内容充实,有理有据。

4.结尾精彩,留有余香

[实例3-3-7]

作为政府的职能部门,我们是权利的维护者,无声的耕耘者,公正的裁决者;作为公共政府的建设者,我们要建责任政府、服务政府、诚信政府和法治政府。只要我们能以拳拳的赤子之心对待百姓,把人民的利益置于工作的首位,我们的政府就是人民的政府,就一定不会在人民需要的时候迟到。我坚信:"身无彩凤双飞翼,心有人民万事通!"

(摘自《交际与口才》,2004年12期)

演讲的结尾概括主题内容,并在最后化用李商隐的诗句,音节抑扬,令人难忘。

[实例3-3-8]

①美国独立战争前夕,斐特瑞克·亨利在弗吉尼亚议会上发表演说,最后他激动地说:"在这场斗争中,我不知道别人会如何行事,至于我,不自由,毋宁

死!"听了他的演讲,议员们群情激奋,立刻站起来高喊"拿起武器"! 以后,这充满激情的、富有鼓动性的话,竟成为一句激励人们斗志的战斗口号。

②在第二次世界大战中,戴高乐在英国伦敦向法国人民发表了《反法西斯广播演说》,最后,他说:"无论发生什么情况,抵抗法西斯的火焰绝不应该熄灭,也绝不会熄灭。"

③"很荣幸,我是今天最后一个讲话的人,我想我们大家可以轻松一下了……我很奇怪,为什么每次演讲完毕,都听到两段式掌声? 后来我明白了,原来专心听讲的人的掌声吵醒了打瞌睡的人,我们现在就用掌声来告诉那些打瞌睡的伙计们,演讲结束了。"

美国著名的口才训练大师卡耐基曾写道:"最后的也是最重要的,缄口之前挂在嘴边的词儿,可能使人记得最久。"一篇之妙在于落句。整个演讲犹如画龙,而演讲的最后则犹如点睛。好的结尾能给人留下深刻印象。上例中前两段结尾富有鼓动性,这种结尾能够激发人们的情绪,达到良好的效果。第三段具有幽默性。在结束讲话的时候,不妨用有趣的口吻讲一则故事,或是说两句与主题有关的俏皮话、双关语,或者是幽默的祝愿词,让你的听众们面带微笑地离开会场。

5. 标新立异,见解独到

[实例 3 - 3 - 9]

为什么说《泰坦尼克号》发人深省,因为它是一篇精彩的寓言,娓娓动人地向天下人讲述了一个这样的故事,一个"称大必亡"的故事。不是吗? "泰坦尼克"刚刚下水,刚刚启程,就得意扬扬地以天下第一、天下最大、天下最豪华的大气魄傲视这个世界,荣誉、自豪充溢在船上的各个角落。那春风得意、趾高气扬、轻歌曼舞的快活劲儿,不是也堪称天下第一吗? 但是,这样一艘船,一艘妄自尊大的船,沉了。于是神话成了噩梦,笑语成了悲恸! 这无疑是个沉甸甸的暗示,沉甸甸的教训:谁自以为他驾驶的那条船是永远不沉的天下第一,谁就准会翻船! 触礁! 沉没! "泰坦尼克号"沉了,但那个教训不沉,这教训,就写在巨浪滔天的愤怒的大海上!

且慢称大! 这——就是我看了《泰坦尼克号》后最深刻的感受!

(摘自《演讲与口才》2004 年 8 期)

看了影片《泰坦尼克号》,学生们纷纷发表自己的见解,而许多人都是从爱情这个角度入手的。而这名学生却独辟蹊径,选取了一个全新的角度,挖掘出新意,简洁而精彩地阐述了对人生重大问题的独特感受和看法。演讲是一种创造性活动,演讲者在写作演讲稿时,要独辟蹊径,力求创新,要敢于标新立异,写出别具风采的演讲稿。

(三)理、事、情、景并举,深刻表现主题

[实例3 – 3 – 10]

对弗里斯的控告

各位元老,长期以来,大家有这样的见解:有钱人犯了罪,不管证据怎样确凿,但在公开的审判中总会安然无事。这种见解对你们的社会秩序十分有害,对国家十分不利。现在,驳斥这种见解的力量正掌握在你们手里。在你们面前受审的是个有钱人,他指望以财富来开脱罪名;可是在一切公正无私的人心中,他本身的生活和行为就足以给他定罪了。我说的这个人就是凯厄斯·弗里斯。假如他今天不能受到罪有应得的惩处,那不是因为缺乏罪证,也不是因为没有检察官,而是因为司法官失职。弗里斯青年时期行为放纵,后来任财务官时,除了作恶,几乎没有干过别的。他消耗国库,欺骗并出卖了一位执政官;弃职逃离战场,使军队得不到给养;掠夺某省,践踏罗马民族的公民权和宗教信仰的权利!他在西西里任总督时,恶贯满盈,臭名昭著。他在这期间的种种决策违反了一切法律、一切判决先例和所有的公理。他对劳苦人民的横征暴敛无法统计。他把我们最忠诚的盟邦当作仇敌对待。他把罗马公民像奴隶一样施以酷刑处死。许多杰出的人物不经审讯就被宣布有罪而遭流放,凶残的罪犯却以钱行贿得以赦免。

弗里斯,我现在问你,对这些指控还有什么可辩解的?不正是你这暴君,敢于在意大利海岸目力所及的西西里岛上,将无辜不幸的公民帕毕列阿斯·加弗斯·柯申纳斯钉在十字架上,使他受辱而死吗?他犯了什么罪?他曾表示要向国家法官上诉,控告你的罪行。他正要为此乘船归来时,就被控以密探罪捉拿到你面前,受到严刑拷打。他仍然宣称:"我是罗马公民,曾在罗克斯手下工作,他就在班诺马斯,他将证明我无罪!"你对这些抗辩充耳不闻,你残忍至极、嗜血成性,竟下令施以酷刑!"我是一个罗马公民!"这句神圣的话,即使是在最僻远之地也还是安全的护身凭证。但他的语音未绝,你就将他处死,钉在十字架上!

啊,自由!这曾是每个罗马人的悦耳之音!啊,神圣的罗马公民权,一度是神圣不容侵犯的,而今却横遭践踏!难道事情真已到此地步?难道一个低级的地方总督,他的全部权力来自罗马人民,竟可以在意大利所见的一个罗马省份里,任意捆绑、鞭打、刑讯并处死一位罗马公民吗?难道无辜受害者痛苦叫喊,旁观者同情的热泪,罗马共和国的威严,以及畏惧国家法制的心理都不能制止那残忍的恶棍吗?那人仗着自己的财富,打击自由的根基,公然蔑视人类!难道这恶人可以逃脱惩罚吗?诸位元老,这绝对不可以!如果这样做,你们就会挖去社会安全的基石,扼杀正义,给共和国招来混乱、杀戮和毁灭!

这篇控告演讲是西塞罗公元前70年在元老院讨论是否给弗里斯定罪时所做。西塞罗先摆出元老院中给人定罪时表现出的偏见，指出它将给社会带来的危害，然后直接将此引入对被告弗里斯的处理上，从而使这次控告更加引人注目。接着，他列举了弗里斯的大量罪行。为了增强说服力，他带着满腔愤怒，详细地叙说了公民柯申纳斯被无辜残害的经过。最后一段尤为精彩，它像散文一样写得酣畅淋漓，像诗一样激情洋溢，像檄文一样铿锵有力。连续的质问和感叹，掷地有声，谴责邪恶，伸张正义，慷慨激昂，荡气回肠，将全篇演讲推向了高潮，从而大大增强了这篇演讲词深远的意蕴和感召的力量。可以说，这篇演说词是理、事、情、景有机交融的典范。

(四) 短小精悍，妙语如珠

[实例 3 - 3 - 11]

在葛底斯堡的演说

（1863 年 11 月 19 日）

87 年以前，我们的先辈在这个大陆上创立了一个新国家，它孕育于自由之中，奉行一切人生来平等的原则。

现在我们正从事一场伟大的内战，以考验这个国家，或者说以考验任何一个孕育于自由而奉行上述原则的国家是否能够长久存在下去。

我们在这场战争中的一个伟大战场上集会。烈士们为使这个国家能够生存下去而献出了自己的生命，我们在此集会是为了把这个战场的一部分奉献给他们作为最后安息之所。我们这样做是完全应该而且非常恰当的。

但是，从更广泛的意义上来说，这块土地我们不能够奉献，我们不能够圣化，我们不能够神化。曾在这里战斗过的勇士们，活着的和去世的，已经把这块土地神圣化了，这远不是我们微薄的力量所能增减的。全世界将很少注意到，也不会长期地记起我们今天在这里所说的话，但全世界永远不会忘记勇士们在这里所做的事。毋宁说，倒是我们这些还活着的人，应该在这里把自己奉献于勇士们已经如此崇高地向前推进但未完成的事业。倒是我们应该在这里把自己奉献于仍然留在我们面前的伟大任务，以便使我们从这些光荣的死者身上汲取更多的献身精神，来完成他们已经完全彻底为之献身的事业；以便使我们在这里下定最大的决心，不让这些死者白白牺牲；以便使国家在上帝福佑下得到自由的新生，并且使这个民有、民治、民享的政府永世长存。

美国第16任总统林肯这篇著名的演说，是在国家举行烈士公墓落成典礼上的讲话。演讲的目的在于凭吊牺牲的烈士，激励人们为争取自由和统一而不懈奋斗。这篇演讲词面对 15 000 名听众，仅有 10 个句子，600 多字，用了 2 分 15

秒钟的时间,却赢得了 10 多分钟的掌声。据记载,在林肯讲完第一句话之后,数万群众无比激动;而当听众抹掉激动的泪花,想再仔细听下去的时候,林肯却已讲到了最后一句。云集墓地的新闻记者还没来得及把摄影架支好,讲话已经结束了。林肯的《葛底斯堡演说》获得了巨大成功,这蕴含丰富、思想深邃、措辞精练的话语,令人叹服。这篇演讲词不愧为短小精悍、言简意赅的典范,是演讲史上不可多得的珍品。它被称为英语演讲的最高典范而铸成金文,至今存放在牛津大学。

写作演讲稿,既要求主题集中,思想凝练,又要求构思用语奇妙,言简意赅。演讲稿最忌讳穿靴戴帽,庞杂冗长,繁文缛节,千篇一律。据说,有一回,美国著名作家马克·吐温听一个牧师说教。刚开始听的时候,他打算捐出带来的所有的钱。过了 10 分钟,牧师还在没完没了地讲,于是,马克·吐温准备只捐出很少的零钱。又过了 10 分钟,牧师还在啰唆,马克·吐温决定一个钱也不给了。等到牧师终于讲完,收款的盘子递到他眼前时,他气得不但没有捐款,反而从盘子里拿走了两块钱。可见,冗长、啰唆的演讲,既害人又害己。契诃夫说:"简洁是才能的姊妹。"短小精悍、内容新颖的演讲总是使人印象深刻、受人欢迎。林语堂曾幽默地说过这样的话:演讲稿如同美女的裙子,越短越好。短而精,是才情的标尺,成功的要素。

(五)语言幽默,风趣智慧

[实例 3-3-12]

一位演讲家到某剧院演讲,当发现现场上座率只有四成左右时,他没有为窘境所困,而是积极化解尴尬:"看来,各位所在的这个城市一定很有钱,因为你们每个人都买了两三张票,占了两三个座位。"在他讲到中途时,有几位女士开始在台下随意地说话。演讲家暂停演讲说:"各位听众,其实我最喜欢对女士演讲,因为男士们听我演讲,都是一个耳朵听,另一个耳朵出,简直没有效果。"听到这几句话,女性听众立刻报以热烈的掌声。演讲家接着说:"可是女士就不同了。她们听我演讲,往往是——两个耳朵听,一个嘴巴出! 所以效果加倍得好!"在一阵喝彩声和鼓掌声过后,几个在台下说话的女性听众,乖巧地停止了说话。

这位演讲者前边风趣而又带点苦涩的讲话,能够赢得观众对他的同情和好感。后边的巧妙批评,既制止了说话,又容易让人接受。

幽默是演讲者常用的一种艺术手法。演讲的幽默法,是用诙谐的语言、逗人发笑的"材料"或饶有兴趣的方式来表达演讲内容,抒发演讲者感情的一种艺术手法。莎士比亚曾说过:"幽默和风趣是智慧的闪现。"林语堂说:"幽默是人类心灵舒展的花朵,它是心灵的放纵或者放纵的心灵。"幽默是一种很高的人生境界,金钱买不来,权势弄不到。幽默在演讲中有相当重要的作用,它所产生的谐趣对听众具有巨大的吸引力和感染力。演讲中运用幽默的方法可以愉悦听众,启迪听众,委婉地表达演讲内容。它多用于即兴、开场、应变、讽刺或批评。

演讲中运用幽默法应注意以下事项:

● 幽默的运用必须服从于演讲的主题,突出演讲的中心。否则,就是为幽默而幽默,成了喧宾夺主的单纯笑料。

● 演讲者如果没有丰富的生活体验和广博的知识,硬要运用幽默法演讲,其幽默就可能沦为低级庸俗的滑稽。

● 幽默法的运用,还需视场合和演讲的具体情境而定。在庄重悲哀的场合不宜多用幽默的语言;而在喜庆的宴会上发表演讲,则可通篇妙趣横生、诙谐幽默。

应用能力训练

1. 请以"关于人生的思考"为内容,写一篇演讲词,题目自拟。

2. 请你就自己感兴趣的话题,在班上发表 3～5 分钟的演讲。

4

第四章　求职竞聘类文体写作

　　市场经济,在一定意义上说是人才经济。经济越向前发展,对人才的要求就越高;人才的竞争越是激烈,人才的价值就越被社会所重视;人才脱颖而出的社会机制越是规范,为人才提供的职业选择的天地就越是广阔和多样。求职,就是寻找工作,就是在就业市场上寻找自己理想的工作单位和工作岗位。现代社会给人们的生存提供了更为广阔、更为自由的发展空间。求职过程中,要不断调整自己、充实自己,不断寻找更适合自己发展的职业和工作环境。在这个过程中,要抓住机遇,学会推销自己。为此,写好求职竞聘文书是十分重要的。

第一节　求　职　信

在竞争激烈的社会,机会总是青睐那些善于识别并且能够抓住它的人。酒香也怕巷子深,再优秀的人才也要学会自我推销,而推销自我的第一步就是给用人单位递上求职信和简历等材料。求职应聘时,在应聘资料中增加一封漂亮的求职信,会使招聘单位初步感受到求职者"鲜活"的形象,使自己增加获得面试的机会。一封漂亮的求职信就像一位出色的"使者",可以在求职者和用人单位见面之前,给招聘人留下深刻的印象,搭起一座沟通的桥梁。因此,一名求职者需要学会精心设计求职信。

教学要求

◇了解求职信的内容要点
◇掌握写作求职信的基本格式和技巧
◇学会写作求职信

一、求职信的内容要点

求职信是求职者为了达到寻求工作的目的而向用人单位进行自荐,以谋求某种职位的书信。它是一种随着社会经济的发展而产生的新的应用文体。大学毕业生实行自主择业、自谋职业后,求职信的应用范围也越来越广阔。写好求职信往往是求职的第一步。求职信分为自荐信和应聘书两种。

求职信的内容要点包括:

第一,求职目标。求职的目标或愿望要明确,要突出求职信的针对性,针对某家招聘单位的某个招聘职位。希望得到什么工作,要采用"点对点"的表述方式,这样好让招聘单位有的放矢地关注你适合哪个职位的工作。

第二,求职缘起。求职缘起即求职的理由,说明为什么要到该单位工作。要说明自己获取招聘信息的渠道,比如,"我在 3 月 18 日的《××日报·求职广场》上看到贵公司刊登的招聘广告……",或者写"我在××人才网站上看到贵公司刊登的招聘广告……"等。要恰当地赞美招聘单位,最好能根据一些具体情况来进行赞美。如果对招聘单位了解得太少,可以说:"我认为贵公司十分重视人才。"

第三,求职条件。求职条件也称求职资历,是求职的关键。针对求职目标,具体地说出自己的主要成绩和优势，介绍自己所学的专业特长、兴趣和爱好，以及取得的成绩和奖项。语言要精练，措辞要尽量职业化。要明确肯定自己有能力、有兴趣、有信心胜任这个职位或这项工作，诚恳表明希望获得面试的机会。结尾要表明"希望能为贵公司效力"，体现出自己为该公司服务的强烈愿望。

第四，求职附件。附件是证明或介绍自己实力的有关材料，包括个人简历、所学专业的主要成绩记录、毕业证书、学位证书、本人发表的作品和各种获奖证书的复印件、学校或专家的推荐信等。附件不仅可以帮助用人单位进一步了解求职者，而且能够增加用人单位的信任度。

二、求职信的写作格式

[实例 4－1－1]

求 职 信

尊敬的××旅行社经理：

您好！我叫×××。感谢您在百忙之中能够翻阅我的信。看到《××日报》刊登的贵社将要招聘三名导游人员的信息，作为一名即将毕业的大学生，我渴望在社会中找准自己的人生坐标，渴望拥有一片能够施展自己才华的天地。获悉贵处招纳人才，带着年轻人的自信，写信应聘。我毕业于××旅游学院导游服务专业，自认为对于此项工作能够胜任。

本人对导游工作有极浓厚的兴趣，该工作要求从业人员具备多方面素质：高度的责任心、广博的知识面，较强的组织能力、协调能力、应变能力、语言表达能力与人沟通能力，以及流利的英语，活跃的思维等条件。在大学学习期间，我下苦工夫学习专业知识，如导游基础、导游实务、旅游历史文化、旅游美学、旅游地理等，认真学习基础学科，如大学英语、旅游应用写作、普通话等，并参加计算机操作技能的严格训练，这使我有能力胜任贵单位的工作。此外，我还专门进行过口才艺术和创新学方面的训练，这将有利于我与贵社的客户建立融洽的业务关系，并进行创造性的工作。从事这项工作，对于我来说将是一个极大的挑战，也是难得的机遇。它将磨砺我快速成长，对社会做出应有的贡献。

我曾在××旅行社实习半年，并利用寒暑假进行社会实践，将校园里学到的知识与实践结合起来。在学校里，我是"校园之声"的主持人，采编了大量宣传稿件，利用业余时间义务导游，在学院举行的导游词创作比赛中获得一等奖。其他关于该项工作的任职资格，请见随信附上的个人简历。

我知道自己年轻，缺少工作经验，不过，年轻本身也是财富，我有的是青春、朝气、热情。我爱导游工作，我有信心将导游工作做好。希望能够加入贵社来进一步提高自己。我热切期盼您的回音。

　　此致

敬礼!

求职人:×××

2017 年 5 月 10 日

　　附:简历、资料(略)

　　从以上实例中可以看出,求职信的写作格式一般由七部分组成,即标题、称呼、开头、正文、结尾、署名日期、附件。

　　● 标题。标题一般写《求职信》或《自荐信》《应聘书》,居中,字号要比正文大而醒目。

　　● 称呼。称呼是对读信人的称谓,要顶格书写。由于读信人是公司或单位的负责人,故可直呼为"××公司经理""××厂厂长""××经理"等。求职信不同于一般的私人书信,故称呼时应注意,不要用"亲爱的""我最尊敬的"等字眼。为礼貌起见,一般可用"尊敬的×××领导(经理、厂长)"来称呼。

　　● 开头。开头可以与一般书信的开头一样,用问候语"您好""打扰了"等,还可直截了当说明自己写信的原因和目的。

　　● 正文。这是求职信写作的重点。一般先介绍求职的缘由,再介绍自己的具体情况、技能、特长和优势,强调自己应聘的目的和愿望,希望应聘的职位等。

　　● 结尾。结尾主要是强调自己的愿望和要求。要恰当地赞美招聘单位,希望并请求招聘单位给予面谈的机会,语气应诚恳,有礼貌。

　　● 署名日期。年月日要写清楚。

　　● 附件。附件是证明和支持自己能力、技能等的材料。附件包括推荐人的姓名和地址,本人其他有关资料文件,如毕业证书、学位证书、获奖证书、履历表、有关证明等。

三、求职信的写作技巧

(一)撰写求职信要把握的原则

　　1.采用"点对点"的表述方式。要善于换位思考,从用人单位的角度出发考虑问题,突出求职信的针对性。要针对某家招聘单位的某个招聘职位,有针对性地提供自己的背景材料,表现出自己独到的智慧和才干。

　　2.内容要简短。求职信切忌长篇大论,要尽可能放在一页纸上,最多在两页纸内完成。

　　3.措辞要有分寸。求职信的措辞要做到不卑不亢。过于谦卑,会给人庸碌无为的不良感觉;过于高傲,会给人轻佻浮夸的不好印象。语言要精练,措辞要尽量职业化。

4.字迹要工整。如果是打印的求职信,一定要打印工整;如果手写求职信,字体一定要端正秀丽。洁净秀丽的字体本身就是一封最好的"介绍信",容易给人留下良好的第一印象。

5.写清联系方式。求职信一定要写清联系方式,包括通信地址、邮编、电话、电子信箱等。

(二)撰写求职信的"六字要诀"

在撰写求职信时,既要按要求将要点写完整,又要体现出自己的个性特点及优势,还要展现出个人的才情,力求做到名、优、特、情、诚、美六点。

1.名。名气、名声,是求职者及其所在单位或学校的知名度和美誉度,它包括毕业学校、所学专业、成绩、所获荣誉等。

2.优。求职的优势。要将自己的优势展示出来,包括专业、学习情况、个人素质等。

3.特。自己的特点。如:性格特点、知识领域、技术特长、素质专长等。

4.情。这是指求职信要写得情真意切,以情感人,打动人心。

5.诚。态度要诚恳,礼节要周全,表达要真诚,做到用词恳切,用袒露的诚恳和质朴吸引对方。

6.美。求职材料的撰写要工整清雅,文辞精美,从形式到内容都要给人以美感。

(三)展示自己的长处

有人感叹找不到最适合自己的工作,却从不检讨是否用最佳的方式展示了自己的长处。很多千篇一律的求职信都是讲自己学了什么专业,拿过什么学位或证书,干过什么工作,得过什么奖励,然后再来一番豪言壮语,大多是说吃苦耐劳是自己的本性,要干就干得最好是做人的理念,给我一个舞台,一定会还企业一个惊喜,然后再附上自己的联系方式。这样的求职并不是不好,而是没有用最佳的方式来展示出自己的长处,从而易失去了成功的机会。写作求职信时,要巧妙地展示出自己的长处。为此,要把握好以下几个要点。

1.用故事来诠释自己的优点

[实例4-1-2]

一位求职者向某跨国公司写的应聘信的开头是这样的:"2016年×月×日晚7时,我写完最后一篇工作日志,关紧厂房里的最后一扇窗,窗上有一小片白灰溅上的印迹,我用指尖沾了一点口水将它擦掉。我明天要去一个新的公司上班。"这个流水账式的开头,使他被董事长亲自点名录用。这家公司一向是以严格的现场管理著称,最需要的正是这种工作严谨的生产工人。

这位求职者用故事诠释了他的优点,这种方法比用许多华丽的形容词来修饰更具有说服力和冲击力。如果你想获得用人单位的好感,可以尝试用具体的故事来介绍自己是如何敬业的。

[实例 4 - 1 - 3]

一位学习英文专业的毕业生应聘一个出版社的英文编辑,在求职信中他讲了一个小故事来做自我介绍:上大学二年级时,看到一本英文杂志上有一篇文章的翻译存在一点小问题,出于对杂志的喜爱,我给主编写了一封信,并提供了自己的译法。半个月后,我收到了主编的回信,向我表示感谢,并送给我一本翻译小说。

这位应聘者能够应聘成功,关键是他用故事诠释了自己的优点——认真严谨,这正是编辑所应具备的素质之一。

从以上两个诠释自己优点的例子中可以看出,用人单位更看重求职者的敬业精神与认真态度。

2. 将自己的亮点展现出来

[实例 4 - 1 - 4]

2003 年在美国耶鲁大学的入学典礼上,校长隆重推出一位自称会做苹果饼的女同学。在耶鲁大学,校长每年都要向全体师生特别介绍一位新生。在这么多学生中,为什么单单这位女同学如此幸运呢?原来,每年入学,新生都要填写自己的特长,而在当年的学生中,其他新生填写的都是诸如运动、音乐、绘画等,只有这位女生以擅长做苹果饼为"卖点",结果脱颖而出。这就是"具体详细"地亮点展现给这位女学生带来的成功。毫无疑问,如果这位女学生在特长一栏填写的"擅长厨艺"而不是"会做苹果饼"的话,恐怕幸运不会降临到她的头上。

这位女生之所以能够让校长特别推荐,就是因为她把自己的闪光点亮了出来。其实,我们每个人都有闪光点,只是我们没有抓住时机,机会就与我们失之交臂了。

3. 想办法让考官感动

[实例 4 - 1 - 5]

西蒙·福格从伯明翰大学毕业后,遭遇了多次求职失败。他没有气馁,不断从失败中吸取教训、总结经验。经过精心的准备和策划,他信心十足地来到英国著名的《泰晤士报》总经理办公室求职。他问:"你们需要编辑吗?""不需要。""记者呢?""也不需要。""那么排字工、校对员呢?""不,都不需要。我们现在什么空缺都没有。""那么你们一定需要这个了,"说着,福格从包里掏出一块精致的牌子,上面写着:"额满,暂不雇用。"接待者为福格新颖独特的求职方式所打动,破格给他安排了一个职位。25 年后,福格成了这家报社的总编,名扬世界。

这一范例已经成了职场求职的一个经典,被世人不断效仿,并在此基础上,克隆出一个个新的版本。开动脑筋,多想些点子,设计一些细节让考官感动,往往能收到意想不到的效果。不过这种设计要合情合理、幽默自然、运用得当。不少求职者在求职中都跳不出这样一个误区:求职就是求人。由此,他们对考官唯命是从,没有自己的主见,被考官牵着鼻子走。在今天人满为患的职场上,招聘方占据主动是不争的事实,但求职者通过主观努力,变被动为主动也是完全有可能的。

相关链接

即将毕业的大学生,大都非常希望了解用人单位欢迎什么样的毕业生。那么,用人单位看重大学生哪些方面的才能呢? 其实,企业更看重大学毕业生踏实的气质和品格,看重的是他们诚实、好学,是否稳定,而不是看他偶尔做了什么或长篇大论地说了什么。有一项调查表明,用人单位在招聘录用大学生时最看中的素质中,前5项指标分别是:①专业知识与技艺;②敬业精神;③学习意愿强、可塑性强;④沟通协调能力强;⑤基本的解决问题能力。用人单位认为大学毕业生最欠缺的素质中,前5项指标是:①敬业精神;②基本的解决问题能力;③承受压力、战胜挫折的能力;④相关工作和实习经验;⑤工作稳定性高。调查中发现,"敬业精神"在用人单位最看重的指标中列第二位,在用人单位认为大学生最欠缺的指标中列第一位。可见,大学生的工作态度、职业道德和职业操守是当前高等教育中的一个突出问题,值得我们认真考虑和对待。因此,大学生必须具有敬业精神,必须将职业道德和敬业精神放在头等重要的位置来抓。

四、求职信欣赏

[实例 4 - 1 - 6]

如果您是伯乐,那么请相信,我就是您遍寻南北而未得的千里马;如果您是慧眼识珠的用人单位领导,那么请相信——

我就是乔·吉拉德
——我的自荐信

首先感谢您的慧眼,在众多的自荐信中,能够读到我这封信,我知道这一刻我是幸运的。

当然,除了幸运以外,我想我还是优秀的,请您抽出5分钟时间耐心读完,我会给您一个确定的答案。

美国的推销员、每天卖出 6 辆汽车的乔·吉拉德曾经说过:很多人把我称为"世界上头号零售推销员",其实他们说得不对,他们不懂什么是真正的推销,因为他们忽略了一个真相,我只不过是在推销这个世界上的头号产品——我自己而已。

我叫庄××,是一个普通人。在读到乔·吉拉德的这段话后,我明白了一个伟大的道理,因为它让我自信。现在,我请您相信:我现在正向您推销的也是一件不可多得的"头号产品"!

2001 年毕业于××大学金融专科的我,因为对知识的渴求,续读了金融本科,获得了学士学位。也许学历并不重要,您更看重知识和智慧。

知识来自实践,智慧来自积累。学过会计学、金融市场学、管理学的我具备了一点专业基础和修养,如果您正因财务头绪繁杂、资金管理挠头、投资方向困惑、营销策略平淡而需要人手的话,您不妨考虑一下让我出现在您的团队里面,因为对于一个领导来说,他最主要的能力应该是把一个专业知识过硬、知识结构完整、思维活跃、思路宽广的人招至麾下。

对于一个人来说,他所希望的是自己能够全力以赴献身于一项美好的事业。2001 年毕业的我,2002 年仍然是"学习年",这一年,我自费白天在×××计算机培训中心(图形界面设计专业)进修,晚上又在×××高级涉外商务人员培训班学习。这两种专业知识的积淀,也使我想在计算机和英文翻译与读写行业跃跃欲试,因为在我看来,它们都是一种美好的事业,而且我也想成为复合型人才。

我所具备的长处:

1. 敬业精神和上进心,很多不甘平庸的人都如此。

2. 有韧性。困难很可怕,但是我会知难而进。

3. 有责任感。荣誉降临的时候,我不会躲闪,同时对于职责范围内的事情我也会勇于承担责任。

4. 有悟性。善于学习和继承的人是永远无法被打败的,与时俱进和善于吸收前任、上下级先进的工作方法、经验和好的个人品行,是让人在今后工作中能够游刃有余的秘密武器。

5. 沟通能力强。善于交际的我掌握了沟通的良方。

6. 愿意做工作和生活的主人。能够在工作中体会生活的充实和美满,同时把工作当作生活中的一部分,这也许是我区别于别人的地方。

我自省到的缺点:

1. 少一点创新精神和创造性。对于一个善于模仿和继承的人来说,他的创造性相对来说就少一点,对这一点我有点悲哀,不过理解能力强的我会尽量弥补,因为我不是完人。

2.年轻、阅历少是我最大的天敌。

3.我还需要增强一些耐心。

我的过去：

曾多次获得金融专业的奖学金，获得过计算机初级、中级优秀证书，在校担任学生会干事，曾参加过相声比赛(幽默是必要的)，获在校大学生素质技能竞赛计算机组三等奖，是校年度文明宿舍成员(我是热爱生活的)。

曾经到××市化纤企业进行了社会实践，到××卷烟厂进行过财务评估，毕业后在长春××家教中心做兼职教师，为电影《××》做过后期特效处理，在××有限公司长春时装发布会担任过兼职后台助理等。

我的现在：

随时准备接受任何有挑战性的工作。

我的将来：

等待着英明如您的领导的赏识。

最后，还要告诉您，我是一名女生，相信您在了解了我的能力的基础上，不会对我的性别提出任何异议，因为您不是在挑选"力工"。如果您觉得我可以被考虑的话，请您在第一时间和我联系！谢谢！

联系地址：××市××大路 187 号　电话：×××××××

(摘自《现代交际》2004 年 5 期，略有改动)

相关链接

推销自我的五条最佳途径

今天，推销自我不仅已成为当代青年碰撞机遇而又不失潇洒的流行语，同时也是市场经济态势下择业与实现自我价值的重要途径。而如何推销自我，找到自己的人生舞台？怎样才能不与机会擦肩而过？关键在于自己是否拥有充分的心理准备、随机应变的能力和冷静而适时的选择。对此，每个人有每个人的方式。只要你面对机遇时善于展现你的学识、修养和特长，把握分寸，恰到好处，就总会有一条路属于你。

1.虚实相间——把握你的智慧

如果在择业时，面对招聘人员表达自己的内心想法时，最好不要过分实在，不要有一说一，有二说二，开门见山，不打埋伏。应适当有所保留，关键之处可以避实就虚，给个暗示或仅表示一点意向。这样既可以留有余地，掌握主动，又可以展现气质魅力，引人注目。也就是说，要让人没法把你"一碗清水看到底"。

2. 充满自信——投入你的实践

有人常常对自己的能力和特长把握不准，缺乏自信心，总觉得自己这也不行那也不行。其实，大可不必如此。只要你增强一点勇气，大胆试一试，不行了再重来，权当交个学费，经受一次考试。放弃实践，不敢试验，自信就找不到基石与支点；抓住机会，投入实践，找到的不只是自信，还有你人生的起跑线。

3. 展示个性——珍重你的人格

一个女大学生到一家日本人开办的公司去应聘，老板用生硬的中国话问她："你的来公司，对我的公司什么的兴趣？"她不假思索地回答："挣钱多，有作为。"老板的眼睛逼视着她问："你的不想通过我的公司到大日本的干活？"她用略带严肃的语气说："对不起，先生，我不想到日本去。再说，我认为日本并不大。这么多日本人到中国来做生意就是证明。"这些话够刺激，有些不留情面，谁知老板听了竟哈哈笑了。大约用了8分钟，应聘宣告成功。这名女大学生的回答，既展示了鲜明的个性，又显示出人格的力量。虽然有时这样应答可能会导致落聘，但却显示出了精神的光辉，这会引起对方的重视，有些时候可以成为制胜的关键。一味迎合与顺从，往往给人听话而无创见的印象。招聘者需要的是有思想、有品格、有气质的人才，而不是鹦鹉和绵羊。

4. 曲径通幽——发挥你的才能

世界上几乎没有笔直可通的路，曲径通幽便是你推销自我的蹊径。直而不曲，容易碰壁；绕个弯子，也许会柳暗花明。随机应变地调控自己，先给别人一个好"点子"，比拉着人家买你的货物，参加你的计划更容易征服对方。这正是古人所谓"将欲取之，必先予之"的哲思之妙。

5. 锲而不舍——显示你的韧性

从某种意义上讲，推销自我是一场心理战。谁有耐心，谁有韧劲，谁不放弃最后百分之一的努力，谁就有可能是最后的微笑者。一次成功的自我推销，推销出去的是一种精神，一种品格，一种良好的心理素质。善于把握机会的人，机会随时与他有约，不离不弃；有耐心和韧性的人，机会就不容易从他身边溜掉。

（摘自《演讲与口才》2000年合订本，有改动）

五、求职案例欣赏

在日本，有这样一位个子矮小的年轻人，由于家境贫困，瘦弱的他不得不挑起养家糊口的重任。

一天，他来到一家电器工厂，找到一位负责人，请求给他安排一项工作，哪怕再低下也行。对方注意到他身材矮小，衣着不整，不想录用，但是又不便直说，于是婉言拒绝道："先生，我们厂暂不缺人手，您一个月以后再来看一看吧！"

过了一个月，这位青年果真来了。对方又推脱说："我现在有事，等几天再讲。"

一个星期后，他又进了工厂的大门。如此反复多次，这位负责人再也找不到托词，只好实话实说："先生，您的衣着太寒酸了，无法进我们厂工作。"

年轻人二话没说，回去向别人借钱，狠心买了一套整齐的服装。他精心打扮，回到厂里。对方在无可奈何之下，只好以他在电器方面的知识懂得太少为理由，拒绝录用他。

两个月过去了，年轻人回到厂里，他诚恳地对这位负责人说："先生，我已经学了不少有关电器方面的知识。您看我哪方面还不够，我会一项一项地去补课。"

负责人两眼盯着这位坚持不懈的年轻人，看了老半天，然后十分动情地说："我搞人事主管工作多年，可还是第一次碰上您这样来找工作的，真服您了。"

就这样，年轻人以顽强的毅力打动了这位负责人，终于被允许进厂工作。后来，他又以其超人的努力，逐渐成为一个非凡的人物。

这位年轻人是谁呢？他就是日后当上了日本松下电器产业公司总裁的著名的松下幸之助。

"一个人如果缺乏热情，那是不可能有所建树的。"作家拉尔夫·爱默生说，"热情像糨糊一样，可以让你在艰难困苦的场合里紧紧地粘在那儿，坚持到底。"正因为松下拥有热情的心态，才使得人生最终瑰丽多彩。

松下幸之助可说是世界上最执著的求职者，正因为他的执著精神，才有了他后面的成功。

（摘自《演讲与口才》精品收藏2004年11月第一版，有改动）

应用能力训练

1. 模拟设计一个人才招聘会，分别模拟招聘方和应聘方进行问答。

2. 根据个人所学专业的特点与求职意愿，按求职信的写作要求，为自己拟写一封求职信。

第二节　个人简历

课前提示

　　简历是求职的"敲门砖",是通往面试的"绿卡",它和求职信一样,是求职者求职时不可缺少的应用文书。简历是给招聘单位的第一印象。根据心理学研究,第一印象往往是最重要的。所以,精心写作个人简历,就要花一番心思,让你的简历变得醒目,争取让面试官在简历的"汪洋"中对你"一见钟情",使你在众多的求职者中脱颖而出,赢得用人单位的青睐,获得面试的机会。

教学要求

　　◇了解个人简历的基本要素

　　◇掌握个人简历的写作方法和技巧

　　◇学会写作个人简历

一、个人简历的概念和性质

　　个人简历,也称个人履历,是求职者在求职应聘时向用人单位提供个人情况的不可缺少的常见应用文体。它是对求职者的背景、优点、成绩和有关个人材料进行的简洁概述,是求职者与用人单位人事部门领导甚至高级领导相沟通的一种手段。简历既是一种介绍,又是对自己成长历程的一次整理,为此,要把自己的形象完整、立体地展现出来。

　　求职信与个人简历是有区别的,求职信要求规范、专业,吸引别人去看后边的简历以获得更多的信息。个人简历属于推销个人的广告文稿,就像产品介绍一样,要能激起"客户"的"购买"欲望,说服招聘方给自己面试的机会。

二、个人简历的内容要点及写作要求

　　个人简历可以采用第一人称来写自己,也可以采用第三人称,为他人而写。即将毕业的大学生一般都采用第一人称来写。个人简历的写作格式一般由八个部分组成,即标题、个人基本信息、学习经历、工作实践经历、求职意向和自我评价、所获得的各种奖励和荣誉、联系方式、证明材料。

(一)标题

　　标题可以直接写"简历"二字,也可以在简历之前冠以姓名和称谓。

(二)个人基本信息

这是指对个人的基本情况做简要介绍,包括姓名、年龄(出生年月)、性别、籍贯、民族、学历、学位、学校、专业、毕业时间、政治面貌、职务、职称等。一般来说,一项内容要素用一两个关键词简明扼要地概括说明一下就可以了。

(三)学习经历

学习经历介绍求职人的受教育程度,如毕业的学校、专业和时间。可按时间顺序来写自己的学习过程,主要以大学的学习经历为主。要列出大学阶段的主修、辅修及选修课的科目和成绩,尤其是要体现与所谋求的职位有关的教育科目、专业知识。

(四)实践经历

工作经历是最重要的部分。初出校门的大学生,工作经历可以改为社会实践和实习经历,包括在学校、班级所担任的社会工作、职务、勤工助学、校园及课外活动、义务工作、参加的各种团体组织、兼职工作经验、培训、实习经历和实习单位的评价、专业认证、兴趣特长等。已出校门的大学生,主要写参加工作之后各阶段的情况,要注意突出主要才能、贡献、成果以及学习、工作、生活中有典型意义的事迹等。突出自己在原先岗位上的业绩也是非常重要的,要写明自己得过哪些奖项及具备的技能水平。这部分内容要写得详细些,通过这些材料,用人单位可以考察求职者的技能水平、综合素质、团队精神、组织协调能力等。

(五)求职意向和自我评价

求职意向要写得一目了然。求职者要表明本人对哪些岗位、行业感兴趣及自己的相关要求。

(六)所获得的各种奖励和荣誉

这部分内容主要包括出版物上发表的论文、社团成员资格、计算机技能、语言技能、获得的许可证书和资格证书等。个人的兴趣爱好也可以列上两三项,以让用人单位了解求职者的生活情况。

(七)联系方式

联系方式包括详细通信地址、邮政编码、电话区号及号码、手机号、电子邮箱地址等。

(八)证明材料

简历的最后一部分一般是列举有关的证明人及附加性参考材料。附加性材料包括学历证明、获奖证书、专业技术职务证书、专家教授推荐信、所发表的论文著作等。证明人一般提供 3~5 个,他们是对求职者求职资格、工作能力和个人情况的保证人。证明人一般要选择在校期间、以前工作单位或所参加社团中比较熟悉且又有知名度的人。让别人作证明人,事先应征得对方的同意。在证明人栏目中要详细说明证明人的姓名、职务、工作单位及联系方式。

总之,个人简历的写法比较灵活,无论采用哪种形式,都要突出个性、富有创意,以便更好地向用人单位展示自己,达到成功推介自己的目的。

[实例 4 - 2 - 1]

个人简历

个人信息	姓名	×××	性别	女	年龄	20	（照片）
	毕业院校	××旅游职业学院			专业	中文导游	
	电话	××××××	E - mail		×××@qq.com		
	地址	××旅游职业学院××××××					
求职意向	中文导游						
资格证书	中文导游证(初级);国家英语六级证;全国计算机一级证;普通话一级乙等证书						
个人能力	主修课程	导游基础、模拟导游、旅行社经营与管理、导游实务、旅游政策法规、旅游审美、写作与口才、大学英语、中外民俗等					
	专业技能	具有较扎实的导游专业知识背景,有较丰富的带团经验,组织能力、沟通能力强,能够独立进行中文导游讲解服务					
实践经验	1.2014年10月开始参加学院精品导游团队活动,业余时间到景区景点实地演练,拓展知识,积累导游经验						
	2.2016年多次带领15,16级同学去避暑山庄、外八庙、魁星楼等地实地讲解,加强技能训练,提高表达水平,发挥团队优势,提升职业综合素质						
	3.2016年6月底先后两次作为导游到木兰围场为大一学生作导游讲解服务,独立组织联谊活动,协调各个班级和团队的关系						
	4.2016年暑假在星辉旅行社做地接工作,了解旅行社的业务,操作流程,锻炼组织能力和沟通协调能力						
	5.2016年9月代表学院接待××职业学院访问团,主持联谊活动,担任导游到避暑山庄、普宁寺作讲解服务						
	6.2016年10月接待美国加州大学参观交流团,带团游览金山岭长城,向参观团介绍中国文化和民俗,并与加州大学学生进行友好交流						
	7.2017年在康辉旅行社实习半年,积累了带团经验,并能根据游客的文化层次进行个性化的讲解服务,增强了服务意识,提高了带团水平						

续表

获奖 情况	1. 2016 年参加全国导游服务技能大赛,获二等奖;学院模拟导游大赛获一等奖
	2. 参加学院首届科技文化艺术节获优秀成果奖;在军训中表现突出获得"优秀标兵"称号
	3. 获得励志奖学金 1 次,获得一等奖学金 2 次
自我 评价	自认为是一个阳光、自信、向上的女生。踏实做人,认真做事,主动服务,热情大方。较强的学习能力使我不断进步,多次大赛经历锻炼了我的胆识,沟通协调能力和组织能力使我能够独立带团从事导游工作

三、个人简历的写作技巧

(一)精心打造个性化的个人简历

在今天就业压力越来越大,人才竞争越来越激烈的情况下,怎样使简历在最短的时间内吸引用人单位,已经成为一种艺术。有一位求职者应聘一家广告公司,他精心设计了富于个性化的简历。在一张纸上,他以田字格的形式按求职意向、学校生活、社会实践、个人联系方式等四个板块把自己的情况错落有致地表现出来,有关证件照也经过扫描后制作出来,使简历能以整体化的形式展现;封面经过精心设计,达到了让人"眼前一亮"的效果。这样的简历引起了用人单位的注意,使他顺利进入面试环节,并最终被录取。

(二)针对不同类型的单位,简历要有所侧重

如果你应聘广告公司,就详写在某广告公司的兼职经历;并且由于应聘的是创意部,在简历中最好配上自己画的封面。投给报社、杂志社等媒体的简历最好附上在某报实习的成果,为了方便用人单位阅读,要打印一份目录,将复印的厚厚的成果放在后面。如果是应聘对英语要求很高的某外企,不要忘了附上一页语句流畅的英文简历。一般来说,求职者的知识背景和实践经历与用人单位设置的岗位相关性越大,越容易引起用人单位的注意,这是简历吸引招聘者注意力的关键。

(三)突出自己的优势

每个人都有自己值得骄傲的经历和技能,如有演讲才能并得过大奖,又如富有创造精神,获得过××发明奖。这些应详尽描述,突出自己的优势,这样会有助于应聘某些职位。相关的特长与技能(一般为 3～4 项)是简历的重点。要诚实、精练、有选择地列出这些特长。

在介绍自己的优点和特长时,要尽可能翔实具体。如多用具体的事实和数字加以说明,不要只写"善于沟通"或"富有团队精神",因这些空洞的字眼招

聘人员已熟视无睹,而要举例说明自己如何"善于沟通"和"富有团队精神"。当然,例子要典型、简洁,不要过于冗长,以免令人厌烦。

(四)要突出"简"字,让简历变得醒目

简历达到的最佳效果就是让用人单位在最短的时间内获得求职者的最多信息,这就要求求职者在制作简历时用最快的速度、最简洁的方式直截了当地把个人情况介绍出来。简历要力求在一个"简"字上下功夫,要突出自己最核心的素质和才能,对自己的要求也要明确写出,让用人单位一目了然。简历犹如个人素描一般,少一笔难尽翔实真实,多一笔会显得累赘烦琐,最好能一语中的。

应用能力训练

1. 下面是一则求职简历,它存在着哪些不足?请对它加以修改。

个人基本资料

姓名:××× 性别:女 出生年月:1996-01-27 民族:汉 政治面貌:团员

户籍所在地:××省××县××镇 最高教育程度:大专 专业:计算机类

毕业院校:××审计学院 现有职称:中级

希望工作条件及联系信息

求职类型:全职

应聘岗位:文秘/高级文员

希望工作地点:广东省

薪金要求:面议

其他要求:

路途遥远安排食宿

联系人:×××

联系电话:×××××××

E-mail:×××××××

QQ号:×××××××

联系地址:×××××××

个人主要特长及相关工作经历

外语特长:英语 等级:一般

普通话程度:标准 计算机能力:一般

其他主要特长:

在这半年中从事办公室文员工作,接触客户与客户洽谈业务等

详细工作经历：

相关工作经验：1 年

2017 年 7 月至今在×××精密机械有限公司担任文员工作

2.根据自己所在院校和所学专业的实际情况,按照简历写作的一般要求,为自己设计一份精美的个人简历。

第三节　竞　聘　词

课前提示

市场竞争关键是人才的竞争。在人才的竞争中,主动地推销自己至关重要。竞聘,就是通过竞争的形式达到被聘用的目的,竞聘往往通过演讲的形式来进行。竞聘演讲为竞聘者提供了一个充分展示自我、表现自我的舞台。为了获得竞争的胜利,有必要在竞聘词的写作上多花些工夫,以期达到展示个人才华、表达个人意愿、谋求实现个人理想与抱负、得到听众赞赏和认同的目的。

教学要求

◇了解竞聘词的概念和特点

◇掌握竞聘词的写作格式和技巧

◇学会写作竞聘词

一、竞聘词的概念及性质

[实例 4-3-1]

竞聘演讲稿

尊敬的各位领导、各位评委:

大家上午好!

非常感谢给我这次竞聘机会! 我叫×××,1972 年出生。25 年前,怀揣着梦想踏上了农信之路。此次参与竞聘,真诚地希望带给大家的是一个真诚、理性、执著和勇于接受挑战的自我。

我认为我具备以下几点优势和条件。

第一,经验丰富,知识结构全面合理

我从基层信用社干起,历任××县联社副主任、××县联社主任、××办事处财务管理科科长,现任××审计中心党委委员、机关党总支书记、工会主席、综合科科长。十余次的岗位历练,12 年的管理经验,使我对农信社有着特殊的情感,并且把这份情感融化到灵魂和血液中,化作了一种无形的力量。

我直接从事或分管过财务、信贷、稽核、人事、党工等多个岗位工作,几乎涵盖了农信社各个业务条线,积累了丰富的业务经营和管理经验。我具备多学科的专业知识结构,比较全面地了解和掌握经济、金融、法律知识,熟悉相关业务操作流程,对新知识、新业务的认知和接受理解力较强。这些都为我继续做好下一步工作提供了可靠的保障。

第二,沟通协调,组织管理能力突出

我把"一分部署、九分落实"作为工作的座右铭,凡是我承办的工作无不追求极致。我认为领导的力量就是让别人强大起来,因此在工作中善于抓思想教育,促团结和谐。每临大事,加强沟通,增进团结,达成共识,凝心聚力,使团队形成合力,正所谓众人划桨才能开大船。

我先后承办了 3 届县级行社领导班子换届,3 次新员工招聘,市县两级党委组建换届,工会组建,年度班子履职考核,星级网点创建,牵头组织制订了 15 个对口科室考核办法等具体工作,均圆满地完成了工作任务。还总结推送了省级劳动模范、优秀共产党员×××等人的典型事迹材料,以及"全省五一巾帼标兵"和 1 个"全省工人先锋号集体"等先进典型。

第三,服务全局,工作扎实成效显著

一是服务意识、大局意识强,成效显著。2012 年我作为办事处驻××村帮扶工作组组长,被省委、省政府授予"全省开展加强基层建设年活动先进个人"的称号,办事处获得了省委、省政府"全省开展加强基层建设年活动优秀驻村工作组"的荣誉称号。

二是抓技能培训,促质量提升。通过组织丰富多彩的活动,以活动促发展,以活动强技能。信息宣传工作近三年连续获得全省第一,2016 年取得省联社业务技能和知识竞赛两个团体第一;在 2015 年省联社工会系统综合运动会上获团体第一,并在历次演讲等活动中多次荣获第一。总共获得各项冠军 23 项。

三是心系事业,成绩突出。本人先后荣获省联社授予的先进工作者、优秀党务工作者、优秀共产党员等称号,年度考核连续 8 年为优秀。

对于今后的工作,我将从以下几个方面做好。

一是摆正位置,角色到位。牢固树立"四个意识",当好副手,积极主动,不越位越权,团结合作,实现共赢。

二是突出重点,工作到位。当前重点做好省联社"1342"工程落地执行,扎实推进,质效一体,经营创新,科技引路。

三是优化品牌,服务到位。整合资源,优化服务,做好个性化、亲情化、人性化服务。

四是纪律在前，责任到位。工作变动意味着更大的责任，党风廉政建设强化两个责任，把"一岗双责"放在心上，抓在手上，扛在肩上，为农信社改革发展保驾护航，让廉政建设始终在路上！

我的发言就到这里。谢谢大家！

竞聘词，也叫竞聘书、竞聘演讲稿、竞聘演说稿，它是竞聘者为了竞争某岗位或职位而向领导和听众展示自己优势条件的演讲稿。竞聘词中要将自己所具有的优秀品格、能力水平、知识才干展示出来，与竞争对手一比高低。它是考官观察竞聘者的"第一印象"。竞聘者通过竞聘演讲展示自己的仪表、风度、谈吐、气质，提出本人若当选后将要实行的具体措施等，对当前和今后的工作表现进行分析、安排，并做出自我评价。

二、竞聘词写作的基本格式

竞聘词的写作格式与演讲词大致相同，只是在写法上必须突出它自身的特点——竞聘者的竞聘条件。这里说的竞聘条件，包括个人优势、特长和竞聘者提出的未来的任期目标、施政构想、责任要求、措施方略等。竞聘词的写作要求目标明确，内容有竞争性，主题集中，材料真实，措施得当，语言准确。

竞聘词的写作在结构上可以分为以下三个部分。

(一) 标题

标题有三种写法。一是文种标题法，即只标"竞选演说""竞聘词"；一是公文标题法，由竞聘人和文种构成或竞聘职务和文种构成，如《关于竞聘××公司××部主管的演讲》；一种是文章标题法，可以采用单行标题形式，也可采用正副标题形式，如《根在梅园，情系经院——在学生会主席竞选大会上的演讲》。

(二) 称呼

称呼即对评委或听众的称呼。

(三) 正文

正文是竞聘词的重点和核心，应围绕以下几个方面展开：

1. 开头。简单叙述竞聘的职务和竞聘的缘由。

2. 主体。先简介自己的年龄、政治面貌、学历、现任职务、工作经历等一些自然情况；再摆出自己竞聘的优势，如政治素养、业务能力、工作水平等；最后提出自己任职后的施政目标、施政构想、施政措施等。

3. 结尾。结尾要表明竞聘的决心、信心和请求。

竞聘词中介绍个人简历时要讲求真实性、简要性，突出特殊性；展示工作能力时要突出工作成绩、优化工作思路；提出的施政措施要目标明确、实在，语言上要做到情真意切。

三、竞聘词的写作技巧

（一）开头要新颖

竞聘词的开头部分要将个人的素质、性格、修养、学识展现出来。开头的写法常见的有以下几种：

1. 豪爽潇洒型。如："拿破仑曾说，不想当将军的士兵不是好士兵。本人虽算不上好士兵，但是也愿谨遵巨人教诲，也当个将军，故此登台亮相，毛遂自荐。"

2. 新巧睿智型。如："俗话说：胆小不得将军做。对此我却不敢苟同，有例为证：汉代韩信为度过险境，忍受街上无赖的胯下之辱，可谓胆小，但是最终却成为将军。本人素以胆小著称，却偏有鸿鹄之志，故斗胆走上台来，倾诉心中夙愿，并自信会成为一个正直磊落、心地善良、胆小而不怕事的好官。"

3. 坦率质朴型。如："首先说明一下，此次登台，并没有非当上官不可的奢望，只想响应一下人事制度改革的召唤，并借此结识一下新朋友，使大家认识我，了解我，喜欢我！"

（二）自我介绍要有针对性

要正确地了解自己，认识自己是否胜任这个岗位。要将自己的学历、经历、政治素质、业务能力、个性特征、曾获得的荣誉称号、奖励等，简单介绍给听众，引导听众自然而然地认识到这个岗位非你莫属。要言之有物，让人们公认你有这个能力。

（三）应聘后的目标要有感召力

工作目标和措施要明确，对工作的热点、难点要提出明确的工作目标和切实可行的措施，力求达到客观性、可行性和先进性的统一。做到言出则行，语出有果，目标高低适度，措施科学适宜。

（四）表述要富于幽默感

如有人在竞聘演讲的开头说："本人的缺点是海拔不够高，是典型的袖珍男子汉。虽无伟岸的身躯，却颇有些雕虫小技，因此，做副手时总有些有劲使不上、拳脚蹬不开的感觉。我知道我有缺点不足，但有在座的各位支持配合，我有信心做好工作。"

（五）缺点要点到为止

对于自己的缺点和不足，可适当提及，但不要过分详细。要知道，竞聘词不是自我批评的检讨书，此时少提及自己的缺点并不意味着不谦虚。

相关链接

竞聘词写作中常见的四种方法

1. 借用法

记得在高中时一位老师曾告诉我，说我最大的优点就是乐于奉献而不计回报。这句话对我而言是一种夸奖，更是一种鞭策。于是全心全意为同学服务成为我心目中学生干部的基本准则，也是我工作的出发点。

2. 实证法

大家知道，我们学生会的工作就是做老师的帮手并为同学们服务，而我在这方面已具备了一些优势。记得这学期刚开学时，咱们系组织了一次接新生报到活动。大家还记得吧，那天上午下着绵绵细雨，我和另一位同学，一手举着咱们系的牌子，一手打着伞，站在学校大门口。就那样高高地举着，手举麻木了不说，那牌子上的墨汁和红纸的颜色还都随着雨水冲到了身上。虽然身上湿透了，冰凉凉的，可是我的心里可是热乎乎的呀！但是让人寒心的是：有位新生家长竟问我："你们来服务，学校给你们多少钱?"我的天哪，好像我们志愿为大家服务就是为了"钱"！"不！我们是自愿的。如果仅仅是为了钱，我就不来这儿了！"我很果断地回答道。今天我来应聘，依然要重申这句话："不！如果为了'钱'，就不来这儿了！"

3. 反正法

我从没有担任过班干部，缺少经验。这是劣势，但我觉得这也是优势。正因为我从未在"官场"上混过，一身干净，没有"官相官态""官腔官气"；少的是畏首畏尾的私虑，多的是敢作敢为的闯劲。正因为我一向生活在"最底层"，真正了解同学所需，了解同学所急，深知同学们对"高高在上"地"摆官架子"极度反感，从而特别具有民主作风。因此，我的口号是"铸造一个彻底的平民班长"。

4. 反弹琵琶法

感谢大家给我这次机会，使我能够以一名竞选者的身份在此发表演讲。首先需要声明的是，我这个人，既无统率全局的能力，也无学富五车的资本，更无能歌善舞的才艺。不过，还算有一个特点，这就是"好管闲事"。说得好听些，就是喜欢关心人。咱在家里就有这个毛病：看见老妈炒菜，就争着去放盐；看见老爸要喝茶，我就连忙去倒开水；看见弟弟在玩泥巴，我便吆喝他去洗手。我妈见我忒勤快，逢人便"埋怨"："我家那丫头，现在管得可宽了，放学回家后，总是找点啥事干干。星期天叫她歇歇，偏要到处插手。看来我这把老骨头要提前'下岗'了。"在学校里，虽然学习任务重，但课前课后总有闲事可管。王娜圆珠笔坏了，我只用 3 分钟就给摆弄好了；张维皮鞋掉了底，我用透明胶给粘上；邱雨饭票丢了，还不是我给破的案？咱天生干不了大事，可是在'鸡毛蒜皮'上咱可不含糊。

(摘自《演讲与口才》2004 年 12 期，有改动)

相关链接

职场生涯中使自己更具竞争力的五种能力

1. 能力

能力是与自己所学的知识、工作的经验、人生的阅历和长者的传授相结合的。能力的培养是和真正不断地吸收新知识、新经验密不可分的，只有充实自己，才能赢在各个起跑点上。

2. 沟通

在工作中掌握交流与交谈的技巧是至关重要的。我们不仅要确定对方是否了解我们的意图，更重要的是让彼此在同一个观点、同一个事情上，可以取得共识。这其中的沟通仰赖的就是个人沟通的技巧。因此，如何有效沟通、表达自己的理想和见解是一门很大的学问，也是决定我们在社会上是否能够成功的重点。

3. 合作

在竞争的时代，如我们懂得用大家的能力和知识的汇合来面对任何一项工作，我们将无往而不胜。一个能掌握和熟悉合作的人，就有机会领导团队，成为领导人物。

4. 信心

信心代表着一个人在事业中的精神状态和把握工作的热忱以及对自己能力的正确认知。有了这样的一份信心，工作起来就有热情、有冲动，可以勇往直前。在任何困难和挑战面前首先要有信心。

5. 创造

创造，除了知识和积累，还需要与人和事物的接触和观察。我们要提高对待事物的深度与广度，不要将自己限制在一个领域中，多去尝试接触不同的人和事，这对自己的创新和发展会有极大的帮助。

(《纵横职场》，高等教育出版社，2004 年 8 月第 1 版)

[实例 4-3-2]

竞聘收费站副站长的演讲词

尊敬的各位领导,各位同事:

大家好!

我叫×××,在这充满生机与活力的新世纪,在日新月异的知识经济时代,在竞争激烈、挑战与机遇并存的今天,扪心自问,我能做什么?我深思过,迷惘过,也无奈过。古人讲:天生我材必有用。适逢这次难得的竞争上岗机会,我本着锻炼、提高自己的目的走上讲台,展示自我,接受评判,希望靠能力而不是靠运气,为自己的青春年华留下点什么……

我今年25岁,于2001年毕业于××财经学院财会专业。2001年8月至2003年10月我在交通局工作;2003年11月通过考试,我有幸来到咱们交通局收费处工作,来到这个人才济济、团结又温暖的大家庭从事稽查工作。与大家共事一年来,我既有不小的压力,更有无穷的动力。原以为能够从事稽查工作也就心满意足了,没料到能非常荣幸地适逢这次竞争上岗机会,在此,我衷心感谢领导和同仁的厚爱。

今天,我参加收费站副站长职位的竞争,主要基于以下两个方面的考虑。

一方面我认为自己具备担任副站长的素质。

一是有吃苦耐劳、默默奉献的敬业精神。我虽然不是在农村长大,但是我深深懂得"自古雄才多磨难,纨绔子弟少伟男"的道理。记得刚参加工作时,无论是什么脏活累活,只要领导一声令下,我总能想尽办法把事情做好。去年,刚建站时,由于人手不够,领导安排我买物品、安装床铺、挂横幅、搞卫生,当时天气很冷,我二话没说默默地把一件件事情做好。

今年秋天,我母亲住进医院要做大手术,我心里非常担心,很想在母亲身边多服侍几天。可是,又考虑到单位工作紧、人员紧张,担心影响正常的工作。于是,在母亲做手术后的第三天,我就回到了工作岗位。母亲也非常理解我,怕我耽误工作,催促我早些上班。直到今天,手术后的母亲也不能下床,有时我也为不能在母亲身边照顾她而感到自责。但我认为,自己家里的事情再大,也是小事;工作上的事,即使再琐屑细小,也是大事。

记得刚建站时,周围的老百姓不理解,常常扰乱治安。为了保障收费站的安全,夜晚,我冒着严寒、担着风险,不辞辛苦,努力把自己分内分外的每一件事情做好。我们平时正常的工作时间是工作6天,休息3天,可是,有时因为工作紧张,我常常是工作20多天才回家一次,住上一两宿就回单位上班。我们的工作有时是又艰苦又琐屑的,比如说半夜查岗、宿舍卫生、夜晚即时叫床等。经历了一年的艰苦生活磨炼,特别是严格的稽查工作,培养了我流汗流血不流泪和特别能吃苦、能忍耐、能战斗、能奉献的良好品质。我爱岗敬业,工作踏踏实实、兢兢业业、一丝不苟,不管干什么从不讲价钱,更不怨天尤人,干一行,爱一行,精一行,努力把工作做得更好。

二是有虚心好学、开拓进取的创新意识。爱因斯坦说过:热爱是最好的老师。我热爱我们的收费工作,平时爱读书看报,也浏览了一些有关政治、经济方面的书籍。到工作岗位后,我谦虚好学,系统学习了《××省通行费收费人员工作守则》《××省通行费收费人员违规违纪处罚暂行规定》等有关业务知识和各级各类文件精神,初步具备了一个收费站稽查人员所必需的业务知识和政策水平。还自学了计算机知识,能够熟练地使用计算机进行网上操作、文字处理和日常维护等。我思想比较活跃,爱好广泛,接受新事物比较快,勇于实践,具有开拓精神;同时我身体健康,朝气蓬勃,精力旺盛,工作热情高、干劲足,具有高昂的斗志。

三是有严于律己、诚信为本的优良品质。我信奉诚实待人、严于律己的处世之道。从事稽查工作,对收费员进行定期和不定期检查,发现问题及时严格处理,不徇私情,不怕得罪人。既办事严格,又注意工作方法。注意培养和锻炼自己与人交流、与人沟通的能力,树立良好的收费人员形象。本着“老老实实做人、勤勤恳恳做事”的信条,严格要求自己,尊敬领导、团结同志,应该说得到了领导和同事的肯定。努力培养和锻炼自己雷厉风行、求真务实的工作作风。我是一个青年,所以工作中逐渐养成遇事不含糊、办事不拖拉的工作习惯,造就了我实事求是的工作态度。

另一方面我认为自己具备担任副站长的才能。

一是有一定的政治素养。我平时比较关心社会生活中的大事,对国家的大政方针有一定的了解,有较高的思想政治觉悟。尤其是到工作岗位后,我更加注重政治理论知识的学习和思想意识的改造,能够始终保持坚定的政治立场和较高的政治敏锐性。

二是有一定的业务基础。我学的是会计专业,参加过多次业务培训,对收费业务有较多了解。最重要的是,这些学习和培训使我积累了一定的管理经验。

假如我有幸竞聘成功,我将笨鸟先飞,不负众望,不辱使命,做到“以为争位,以位促为”。

为此,我要努力做到:

第一,摆正位置,当好配角。我深深地知道,担任副站长是一种责任,而不是一种权利。在工作中我将尊重站长的核心地位,维护站长的威信,多请示汇报,多交心通气,甘当绿叶。辩证地看待自己的长处和短处,扬长避短,团结协作,做到:到位不越位,补台不拆台。

第二,加强学习,提高素质。我要一方面加强政治理论知识的学习,不断提高自己的政治理论修养和明辨大是大非的能力;另一方面加强业务知识和高科技知识的学习,紧跟时代步伐,不断充实完善,使自己更加胜任本职工作。

第三,扎实工作,锐意进取。既发扬以往好的作风、好的传统,埋头苦干,扎实工作,又注重在工作实践中摸索经验、探索路子,抓好行风建设,开展丰富多彩的活动,熟练掌握收费政策和有关法律法规,努力提高全员整体素质,和大家一道努力把收费站的工作做好。

我知道,在各位领导和同事面前,我还是一个才疏学浅、相对陌生的学生或者新兵。平心而论,我到单位工作的时间短,参加竞争,我一无成绩、二无资历、三无根基,优势更无从谈起。今天,使出初生牛犊不怕虎的胆量,响应组织号召,积极参与竞争,通过这次竞聘上岗,我只想让大家认识我、了解我、帮助我、喜欢我、支持我。也正因为如此,我更加清醒地看到了自身存在的差距,促使我在以后的工作当中,努力学习、勤奋工作,以绵薄之力来回报组织和同志们。我没有辉煌的过去,只求把握好现在和将来。我坚信:世间自有公道,付出才有回报。说到不如做到,要做就做最好!

谢谢大家!

这篇竞聘词优点很多,如竞聘目标十分明确;个人简历介绍巧妙,化劣势为优势;施政纲领新颖独特,施政措施醒目且切合实际;语言流畅自然而又风趣诙谐,富有文采;结构上丝丝合缝、环环相扣,十分严谨。因此,现场效果比较好。

应用能力训练

1.畅远旅行社将要在员工中通过竞聘活动选拔任命一名副经理,请组织一次模拟竞聘活动。

2.学校学生会竞选,结合自身特点,拟写一篇竞聘词。

5

第五章　策划类文体写作

　　策划就是策略规划,它包括从构想、分析、归纳、判断到拟定策略、方案的实施、事后的追踪与评估的全过程。策划是根据现有的资源信息,判断事物变化的趋势,确定可能实现的目标和预算结果,再由此来设计、选择能产生最佳效果的资源配置和行动方案,进而形成决策计划的复杂思维过程。

　　在策划过程中,既要运用周密严谨的理性思维进行分析、判断和预测,又要运用灵活多变、富有创意的感性思维进行想象、创造和重新组合。对各种思维方式的综合运用,是策划成功的关键所在。

　　一个完整的策划,包括战略策划和战术策划两大内容。战略策划是统筹天、地、人等综合资源因素,以确定长远的目标和方针,保持良性循环,使自己在总体上立于不败之地。战术策划则是为了实现战略所必须采取的一系列行之有效的行动方案。战术策划具有很强的操作性,它往往要设计出"做什么、如何做、何时何地做"等每一个环节的运作步骤,以保证在每一个环节上达到最佳组合,在每一个阶段都取得最大效益。

第一节　广告文案策划

课前提示

　　俗话说:"酒香不怕巷子深。"其实,酒香也怕巷子深,再优秀的产品也需要做广告。广告与现代社会的全部经济活动密不可分,难怪国外有人夸张地形容:"我们呼吸的空气是由氧气、氮气和广告组成的。"广告被人们称为人类文明中的第八艺术,优秀的广告创意绝不会忽视文案策划。广告文案是一种特殊的艺术形式,具有深刻的文化内涵和审美属性。在市场经济社会,无论从事什么职业都应该了解一些广告知识,学习写作广告文案。

教学要求

　　◇了解广告宣传的意义和作用
　　◇掌握广告策划、广告文案写作的基本知识和技巧
　　◇掌握一般广告策划和广告文案写作的方法

［实例 5-1-1］

传统生活文化的歌林

　　　　　歌林祝福您与您的亲人中秋团圆,
　　　　更期盼中国的月亮不再有缺憾,早日团圆。
　　中国真的很特别……
　　都说中国人是爱好和平的——
　　为什么走进历史,只见数不清的合了又分?
　　都说,中国最重视"家"了——
　　为什么四十年来,
　　中国人被分隔在遥遥相望的两岸?
　　都说,中国人口最多了——
　　有多少只眼睛,
　　看清了事实的真相?
　　都说,中国人聪明极了——
　　为什么中国人
　　会怀疑自己的同胞?
　　难道,中国人之间一定要彼此关怀

而又互相冷漠吗？

是知道得太少？还是压抑得太多了？

中国人讲究圆

中秋月圆，家人团圆……

可是，

中国的月亮真的不很圆……

这则广告是台湾生产家电产品的歌林企业在中秋佳节推出的一则企业报刊广告，其主题是"传统生活文化的歌林，祝福所有的中国人佳节快乐"。画面是暗色的天空中，一大一小的两个月亮慢慢靠近。中心画面是一个周边呈莲花叶瓣状的金黄月饼，月饼右下方割出一小块类似台湾的形状。广告标题用红字竖排，"中国的月亮不很圆"，赫然醒目。标题的左侧，正是这首散文诗，表达了期盼祖国统一的浓浓深情。这则广告 1992 年参加在深圳举办的"平面设计在中国展"，一举荣获金奖。设计者用艺术的眼光，将中国人期待月儿团圆的传统情感和对商品的共同要求，巧妙地结合在一起。

（摘自郝慧珠主编《广告文案写作》，团结出版社 2003 年版，有改动）

一、广告的概念及作用

广告，汉字字面意思就是"广而告之""广泛劝告"，即向公众告知某件事，它是一种传播信息的重要手段。

广义广告包括经济广告和非经济广告。经济广告也叫商业广告，是以营利为目的，由广告主支付一定的费用，通过各种面向大众的传播媒介传递有关商品、劳务、观念方面的信息，从而影响公众行为的一种信息传播活动。非经济广告是为了达到某种宣传目的的非营利性广告，如声明、启示以及防止空气污染、美化环境、维护交通秩序、促进公共福利等内容的社会公益广告。狭义的广告，则专指商业广告。

随着广告事业的蓬勃发展，广告的职能不断扩大，对社会经济、文化事业的发展起着不可忽视的巨大作用。广告是联系产、供、销及消费者和潜在消费者之间的桥梁和纽带，具有指导消费者行动的导购作用。在市场竞争中，广告是商品销售竞争的有力武器；同时，好的广告还起着重要的宣传作用、美化作用和催化作用。

相关链接

广告的由来

"广告"一词来源于拉丁文,意思是"大喊大叫"。传说,古罗马人做生意时,常常雇人在街头闹市大喊大叫,请大家到商品陈列处去购买商品,人们称之为"广告"。随着商品经济的发展,广告的式样也越来越多。美国纽约百老汇的广告牌曾是世界上最早的广告牌,世界上最早登载广告的报纸是英国的《伦敦报》。

我国广告的历史可以追溯到3 000年前。殷商时期,有个叫格伯的人,他把马卖给了一个叫棚先的人。这笔交易用铭文的形式,记录在专门为刻铭而铸的青铜器上。《周礼》记载,凡做交易都要"告于市"。到了宋代,我国已经出现了图记广告,这就是商标。据宋代画家张择端的《清明上河图》记录,汴梁城东门附近十字街就有各类横额、竖牌等广告牌30多块。上海博物馆收藏着一枚宋制针作坊银牌,上面有"请认白兔儿为记"的字样。后来,随着印刷术的发明,又相继出现了报刊和印刷广告。

二、广告策划及文案写作

(一)广告策划

广告策划是广告承担者运用知识和能力对广告整体战略、策略进行思考、运筹和谋划的活动。广告策划具有指导性、系统性、超前性和创造性的特征。

广告策划涉及的内容主要有:①广告环境,包括市场、企业、产品、销售、消费、地域等;②广告目标,包括知名度目标、品牌形象目标、市场占有目标、消费目标等;③广告主题,包括广告口号、广告象征物、广告观念;④广告媒体,包括报刊、广播、电视、网络等;⑤广告预算,包括策划费、制作费、刊播费等。

(二)广告文案写作

广告文案是指广告作品中用以表达广告主题和创意的全部语言文字。今天,广告的表现手段和发布形式已经或正发生着重大的变化,由过去简单、单一的手段和形式发展为声、光、电、色彩、图片、装饰、雕刻等多种丰富的手段和表现形式。但无论如何,广告文案的语言和文字的组织、撰写都是重中之重。没有良好的创意就不会产生出优秀的广告。

广告文案一般包括标题、正文、标语、随文四部分。

1.标题。广告标题是广告文稿的精髓,被称作广告的灵魂。广告标题是标明广告主旨和区分不同内容的标志,反映着广告的精神和主题。出色的标题不仅能帮助消费者了解广告客体的主旨、内容及独特的个性,还能在瞬间激发消费者的兴趣。

广告标题分为直接标题、间接标题和复合标题三种。

(1)直接标题。直接标题即以简明的文字表明广告的内容,使人们一看就知道广告的信息内涵。如:"紫霞山庄欢迎您""农夫山泉有点儿甜"。

(2)间接标题。这种标题往往不直接说明产品和产品的有关情况,而是先用富有趣味性和戏剧性的语言吸引人们注意力,使人们非弄明白不可。等到大家读了广告正文之后,才恍然大悟。如:"画龙点睛与画蛇添足,龙年好在画龙点睛"(美国"博士伦"隐形眼镜标题),"隐形的手套"(护手霜广告标题)。

(3)复合标题。这是指把直接标题和间接标题结合起来形成的标题,即一则广告有两个或三个标题。例如:

标题:改变对世界的看法,就在这一线之间

副标题:逐行扫描,让线条表现力进入新境界! 长虹"精显"系列上市

标题:赠给有远见的投资者

副标题:天时＋地利＋人和＝发财

　　　　眼光＋机遇＋决心＝成功

报纸、杂志、广播、电视的广告中,语言文字是必不可少的,标题更显得重要。有人认为,标题是广告创作中最困难的一部分,要突出主题,简短明确,独具特色,便于记忆。中国是诗的国度,好的标题充满诗情画意,唐诗、宋词、元曲都可派上用场。如:"在水一方欢迎您入住"。有的广告标题运用修辞手法或汉语的谐音,效果也不错。

相关链接

广告标题精粹

夏威夷是微笑的群岛——夏威夷旅游广告

露天博物馆——意大利旅游广告

有目共赏——眼镜广告

打开您心灵之窗——珍珠明目液广告

今天你喝了没有？——乐百氏奶广告

一夫当关——鱼牌锁广告

凡是纸上的东西,它都能再现——复印机广告

雕牌洗衣皂,只选对的,不买贵的——雕牌洗衣皂

一毛不拔——牙刷

紧紧依偎在你的掌心——铅笔

它能将愤怒吞没——镇定药

把一颗热心、耐心、诚心、爱心,奉献您——西单购物中心

2. 正文。正文是广告文案中除标题、口号及商标品牌、企业名称、联系方法等之外的说明文字，是广告文案的重要组成部分，主要凭借正文来体现广告的目的和内容。广告的正文包括三方面内容：首先，对标题提出的商品或其他方面的情况加以说明或解释。其次，具体说明所提供的商品或其他方面的细节，让人消除疑虑。这是正文的中心段。最后是结尾，用热情诚恳的语言诱导消费者购买。

[实例5－1－2]

台湾电影《妈妈，再爱我一次》的广告词：

银幕上的一颗重磅催泪弹

台湾哭片，轰动大陆各地；悲情故事，震撼男女老幼；一曲赞美崇高母亲的颂歌，一首提示纯洁童心的诗篇。这部影片将使那些看惯了精彩与无奈的世界，对一切都无所谓的人们如醉如痴，而有所谓起来。该片将使每一位女性涕泪俱下，也将使任何铁石心肠的男子汉热泪横流。自信的男士女士不妨到影院一试自己的坚强。注意勿忘带手绢。

广告正文写作要注意简明扼要，重点突出，实事求是，通俗易懂，生动形象，富有鼓动性，令人信服。

3. 标语。为了加强公众印象，在广告中长期、反复使用的一种简明扼要的口号性语句就是广告标语，有人称其为广告的"商标"。它可以出现在正文的任何部位，一般情况下独立于正文之外，作为广告相对独立的一部分。它突出重点，高度概括，语言凝练，构思巧妙，具有很强的号召力、感染力。广告标语的特点是简洁、整齐、有韵、上口、易记。

相关链接

广告口号妙语精粹

自然之美，美的自然。（旅游广告）

静静地洗，洗得净净。（全自动洗衣机）

穿上双星鞋，潇洒走世界。（青岛双星鞋）

拿得起，放不下。（鱼肠广告）

让世界了解中国，让中国了解世界！（中国日报）

这里不创造产品，但创造产品的灵魂！（马丁·艾曼广告公司）

一处令人神往的净土，一尊世界最大的木佛。（承德·普宁寺）

我不认识你，但我谢谢你。（台湾捐血协会）

4. 随文。随文是正文的附属，又称附文、落款，对广告正文起补充说明作用。它包括广告单位名称、地址、邮编、电话号码、电报挂号、银行账号、负责人或业务联系人姓名等。

三、广告文案创意及技巧

[实例 5 – 1 – 3]

公益广告《乌鸦喝水》,通过人们喜闻乐见的动画制作手段,把生动可爱的小乌鸦刻画得惟妙惟肖,引人入胜。环境优美的第一阶段,以浓郁的生命绿色为主基调,小乌鸦口渴了,去河边喝水,与鱼儿嬉戏,快乐怡然,幸福生活;随着噪声(砍伐声)的加入,人类毁掉了森林,画面由绿色逐渐地加入了大面积的灰黄色,小乌鸦口渴了,只能去树洞找水喝,需要用智慧才能喝到树洞里的水;没有了森林,刮起了沙尘暴,风沙过去一片苍凉,这个世界已没有了生机,死寂的画面里只有小乌鸦凄凉的叫声。三次配音"一只乌鸦口渴了",情绪准确,层层递进,突出了在不同境况下小乌鸦的不同心情。

《乌鸦喝水》本是一则寓言故事,用以启蒙儿童的智力与思维,经过深层的艺术加工,赋予了它崭新的内涵,把环境与生命、人类与自然的依存关系紧密地联系到了一起。它警醒人类保护环境,爱护我们赖以生存的环境。

广告创意是从表现主题的需要,经过精心策划和思考,运用恰到好处的表现方式和特有的艺术表现手段,创造出新颖独特、感人至深的意境的全过程。广告创意是表现广告主题的构思。

说话、写文章要有主题,广告创意同样要有主题。主题是广告创意的灵魂和统帅。广告创意的主题要求鲜明突出,重点明晰,层次清楚,能以简洁的语言传递出一种明确的思想和意念。某著名品牌的广告语写道:"像时尚一样,容易落后的不是你的衣服,而是你的思想观念和能力。"成功的广告创意,能够引起消费者的注意,激起消费者的兴趣,诱发消费者的欲望,加强消费者的记忆,促成消费者的行动。今天,广告已经是铺天盖地,无处不在,这就更要求广告创意要新颖独特。比如,在广告语言上要更加鲜活、生动,富于感染力。"质量上乘,物美价廉""誉满全球""实行三包""超级服务"等一些陈旧的广告词语已经难以引人注意。要激发人们的兴趣,就要与时俱进,不断创新。

广告创意要具备以下几个特征。

(一) 新颖独特

[实例 5 – 1 – 4]

"自_年_月_日,大西洋将缩小 20%。"

航空公司使用新式客机,航行时间可缩短 20%。在不违背客观事实的情况下,此广告创意新颖,利用谐音这种有趣的方式将大西洋航空公司与地理上的大西洋有意混淆,本来是航行时间缩短 20% ,却有意让人误认为大西洋的面积缩小 20% ,最后使人恍然大悟,达到了宣传其航空公司、更多地吸引乘客的目的。

(二)情趣生动

[实例 5 – 1 – 5]

法国巴黎奥美广告公司做了一则黏结剂电视广告:

镜头一:将强力胶涂抹在一名播音员的鞋底上。

画外音:请看! 我们将为你展示难以相信的东西。

镜头二:两人将播音员倒起来,将其双脚贴于天花板。

画外音:超级三号强力胶的威力。

镜头三:全景中两人继续将播音员倒托起将其双脚贴于天花板。

配音:马表的滴答声……

镜头四:两人正走出房间,播音员已倒挂于天花板。

画外音:这一段影片没有经过剪辑。

镜头五:播音员倒挂于天花板。

画外音:请详见说明书,超级三号强力胶可以用来粘橡胶、塑料、瓷器……只要几秒钟。

这则广告创意运用超现实想象,构思出一幅有趣的画面,令人捧腹,达到了宣传产品效果的目的。

一则宣传立邦漆的电视广告中,画面上几个活泼可爱的幼儿一字排开,光光的身子,背对着观众,每个小屁股蛋儿上分别涂着不同颜色,十分鲜亮可人。

谁看了这个画面都会忍俊不禁,普通得尽人皆知,通俗得无人不晓。但这则广告通俗而不浅薄,既宣传了产品,又给人带来了乐趣。

(三)形象逼真

[实例 5 – 1 – 6]

美国贝尔电话公司推销电话的电视广告:

镜头一:一个傍晚,一对老夫妇坐在桌前共进晚餐。

镜头二:(画外音)电话铃响起,老太太起身去接电话。

镜头三:老太太站在电话机旁,手拿着电话,说着什么。

镜头四:老太太回到餐桌上。

镜头五:推向老先生。(画外音,男声)谁的电话?

镜头六:推向老太太。(画外音,女声)是女儿打来的。

镜头七:推向老先生。(画外音,男声)有什么事吗?

镜头八:推向老太太。(画外音,女声)没事。

镜头九:推向老先生。(画外音,男声)没事? 几千里地打来电话?

镜头十:推向老太太。(画外音,女声哽咽)她说她爱我们。

镜头十一:(特写)两位老人相对无言,激动不已。

旁白:用电话传递您的爱吧!

这是一则以传达亲情为主题的形象广告。家庭温暖和亲情是人类永恒的话题。电视广告通过画面、文字、色调、气氛来渲染日常生活及亲人或朋友之间的亲情,常常可以达到缩小广告诉求对象和消费者心理距离的作用。广告创意离不开形象设计,无论是人是物,都要形象逼真、鲜活感人,要通过画面、语言和声音的运用,调动一切手段、运用一切方法,塑造出活生生的艺术形象,给人留下过目不忘的深刻印象。

(四)通俗易懂

[实例5-1-7]

中国民航的广告:安全 安静 安适

乘坐飞机时人们最关心的是飞机的安全问题,这则广告把安全放在第一,其次是飞机的声音不大,让人感觉舒适。广告的创意通俗易懂,符合人们的心理要求。广告的对象是大众,如果广告内容晦涩难懂,就会脱离群众,普通人看不明白,就会事倍功半。相反,如果广告内容庸俗低下,曲意迎合,就会遭大众唾弃,得不偿失。

(五)升华艺术

[实例5-1-8]

不可不知的美景

不能不感慨的文明

不可不游的风光

不能不了解的世界

一卷在手,遍游神州

体例科学,选材广泛,图片精美,实用性强

被誉为现代的《徐霞客游记》

这是《中国名胜大观》一书的宣传广告。这则图书宣传广告,在创意上以自然的风光美景、社会的文明遗迹、世界的名胜来吸引读者,又以人文之美为铺垫,用优美的语言来使自然与人、历史与文化水乳交融。简短的几句话,充满魅力,不由得使人产生一种先睹为快的冲动,这就是这则广告创意所达到的艺术效果。

广告创意要设置优美的意境,将人们带进一个情趣高雅、生动活泼的艺术境界中去。优秀的广告创意不仅能快速、准确地传递商品信息,同时还应该有丰富的精神内涵,创造较高的审美价值,实现审美性和功利性的完美结合。要体现广告信息的完整性,使受众从广告文案中得到审美享受,获得某种精神上的愉悦。

(六)别出心裁

[实例5-1-9]

从1984年起,香港金利来在内地各大城市铺天盖地一连做了两年电视广告,然而市场上却见不到一件金利来产品。待到"金利来—男人的世界"这一广告语深入人心,人们正望眼欲穿时,1986年金利来产品才以千军万马之势,一下子占领了大陆市场,营业额连年直线上升。

显然,前两年的广告是一个绝妙的"伏笔",未见其人,先闻其声。两年的"空白"给千万消费者制造了一个悬念,引而不发,为其征服人心、进入千家万户鸣锣开道。金利来广告的成功策划为我们提供了很好的范例,其妙处在于利用了人们的好奇和渴望心理。

具备创新性是广告成功的关键。如果广告作品复制别人的创意,人云亦云、毫无创新,则必定会使人感到厌倦。

应用能力训练

1.分析下面这则广告在创意上有什么特点,谈谈在广告的创意方面你受到了什么启发。

日本有家旅店,生意一直萧条。旅店后面山上有一片空地,老板想在这里栽些树,绿化一下以吸引顾客,但资金不足,力不从心。有人给老板出了一个主意,于是,旅店老板推出一则别出心裁的广告:"亲爱的旅客,你好!本店后山有空地,宽阔而幽静,专门为旅客植纪念树之用。如你有兴趣,不妨种下小树一棵,本店派专人为你拍照纪念。树上可留下木牌,刻下你的尊姓大名和植树日期……"广告发出后,响应的人络绎不绝。没过多久,旅店后山上已是林木葱郁。那些在此种过树的人,经常来这里看望。从此,这家旅店变得顾客盈门,生意兴隆。

2.尝试为一个旅游景点创作一则广告宣传文案。

3.请为一款手机创作一则广告文案。

4.有这样一则广告:有一家人在厨房忙碌一天之后,在夕阳下驱车前往乡野,醉心于逃离家庭琐事的轻松之中。简述这则广告的创意特点,并给这则广告加上文字。

第二节　活动策划方案

课前提示

　　活动若办,策划先行。策划是创办活动的脉络,一份创意突出又具有良好的可操作性的策划方案是活动取得成功的前提。活动策划是知识的升华、经验的积累,需要策划者不断积累知识和经验,充分发挥想象力和创造力,孜孜不倦,勇于探索和实践;要求策划者不因循守旧,不墨守成规,敢于标新立异,能够从表面"平静"中及时发现新问题、新情况,勇于开拓创新。策划者只有具备高超的智慧和能力,才能将各种知识集合在排列有序、新奇独特的构思之中,使所策划的活动具有鲜活的生命力和较强的感召力。

教学要求

　　◇了解活动策划的作用及原则
　　◇认知活动策划的流程及写作内容
　　◇学会写作活动策划

[实例5-2-1]

飞越城市　情定西藏——大型西藏甜蜜之旅活动策划书

　　西藏的诱惑:在喜马拉雅山北侧的中国境内,有一片广阔、宁静和生机盎然的土地,这就是西藏。这里有白雪皑皑的山峰、湛蓝深透的高原湖泊、美丽的雪莲花、神秘的喇嘛庙,也有茂密的原始森林和高原地带稀有的珍禽异兽……

　　这里是世界上最高的高原,平均高度为海拔4 000米。拉萨是藏传佛教的圣城,布达拉宫是它的圣殿,每年来此朝拜的善男信女数以十万计……

　　广告语:一生中最绚丽的蜜月旅行! 至高无上的爱!

　　把曾经没有蜜月旅行的遗憾补回来! 世界上最"高"级别的婚礼!

　　全国广播协作体《飞越城市》将走出神秘的电波,以48个城市电台的强大平台,携手打造"飞越城市 情定西藏"大型集体婚礼活动,在西藏这块雪山圣湖之域,在神山珠穆朗玛峰脚下,在圣湖纳木错之滨,成就最美丽最浪漫的爱情故事!

　　主办:"飞越城市"全国广播协作体　拉萨市旅游公司

　　承办:南宁人民广播电台　高乐策划管理有限公司　拉萨市旅游公司

协办:全国48个城市广播电台 市民杂志社 同程旅行网P5户外探险队

浪漫时间:20××年9月2日—9月11日

浪漫对象:热恋情侣、新婚夫妇、想重温蜜月旅行的朋友

精彩行程:

9月2日:成都集合,下榻成都三星级酒店,当晚在酒店举行迎宾仪式。

9月3日:中午到拉萨,在贡嘎机场举行欢迎仪式并向新人敬献哈达;下榻拉萨,下午休息适应高原气候,由组委会介绍西藏情况及活动安排。

9月4日:在拉萨市内游览,布达拉宫前拍摄结婚纪念照,大昭寺及八角街自由游览;同时适应高原气候,为前往珠峰做准备。

A行程:

9月5日:前往日喀则:沿途经过三大圣湖之一的羊卓雍错;卡茹拉冰川/江孜红河谷等地,稍晚到达后藏日喀则市。

9月6日:从日喀则往珠峰,途经拉孜,翻越迦错拉山,经定日往珠峰大本营,入住绒布寺宾馆。

9月7日:珠峰大本营简短热烈的"情定珠峰结婚仪式"(珠峰脚下举行定情宣誓,在结婚证和活动证书上加盖珠峰邮戳,交换信物),结束后返回日喀则。

9月8日:由日喀则往羊八井,沐浴高原温泉;前往纳木错扎西半岛活动营地,盛大篝火锅庄晚会及烤全羊藏式大餐、藏族民族歌舞,当晚宿营帐篷。

B行程:

9月5日:沿318国道,经墨竹工卡翻越海拔5 020米的米拉山口,沿途欣赏尼洋河河谷风光,感受真正的山清水秀、中流砥柱、太昭古城、阿沛庄园、千年古堡。参观已有2 500年树龄需13人合抱的千年古巨柏树,该树被誉为佛祖释迦牟尼的生命树。抵达西藏的"小江南"林芝八一镇,住八一镇。

9月6日:乘坐大巴返拉萨,途中游览参观国家4A级景区——巴松错国家森林公园(被誉为西藏小瑞士)。巴松错湖形如镶嵌在高峡深谷中的一轮新月,平均海拔4 000米,长约12公里,湖面面积28平方公里,最深处达120米。湖区四周环山,气候温和,雪峰、森林倒映湖中,景色宜人。该湖还是红教(宁玛派)的著名神湖,湖内有座小岛,岛上有一座古庙"错松庙"。古迹将巴松措湖紧紧环绕,使这里宛如人间仙境。此处可自费乘豪华游艇游览湖光山色,当晚入住拉萨。

9月7日:从拉萨启程翻越海拔4 900米的冈巴拉雪山,远眺冈巴拉雷达站,前往世界上最高的淡水湖、有"天上圣湖"之美誉的羊卓雍湖。观赏世纪冰川卡惹拉冰川,环绕羊卓雍湖前往电影《红河谷》外景地、抗英英雄镇——江孜,参观唯一集西藏三大教派于一体、以精美绝伦的壁画和雕刻而著称的十万佛塔白居寺,远眺宗山抗英炮台,入住拉萨。

9月8日：早由拉萨出发前往圣湖纳木错，约下午1点左右到达（午餐为路餐）。它是中国第二大咸水湖，也是世界上海拔最高的大湖。湖面海拔4 718米，面积1 920平方公里。当你千辛万苦终于坐到湖边时，看到的是水天一色，那么宁静、辽远、圣洁。藏族人称它为"天湖"，它和阿里的玛旁雍错、浪卡子县的羊卓雍错并称为西藏三大圣湖。在扎西半岛活动营地举行盛大篝火锅庄晚会及烤全羊藏式大餐、藏族民族歌舞，当晚宿营帐篷。

9月9日：上午证婚仪式，下午往拉萨，沿途观赏藏北草原风光，途中选择青藏铁路某处路基种下象征爱情永驻的常青树，并在树旁竖立刻有新人名字的石碑。

婚礼基本内容：

1. 藏式盛装婚礼，活佛祈福加持仪式，喇嘛诵经祈福；

2. 采圣湖之水、神山之土、雪山之花（雪莲花）、高原之石分置于宝盒内，意喻男女阴阳、百年好合，象征爱情永恒、地老天荒，以此为新人永久的纪念和收藏；

3. 新人们放飞鸽子，象征放飞希望，祈祷世界和平；

4. 赠送金佛、手绘唐卡，保佑新人一生平安，新人联名倡议签写《保护西藏绿色环保宣言》；

9月10日：拉萨返回成都，下午自由活动，宾馆举行送别酒会；

9月11日：各地的贵宾返程。

费用预算：人民币19 999元/对（B行程16 800元/对）

报价已含：行程中三星酒店住宿费，景点门票费，安排中餐、藏餐、自助餐及野外烤全羊等；接送飞机豪华空调大巴，往圣山珠穆朗玛峰及圣湖纳木错行程中安排四驱越野车自驾（B行程为豪华大巴），珠峰环境保护费，路桥费，停车费，技术领队、当地向导，成都—拉萨往返飞机票、机场建设费，随车技师、医生、警务人员、车队导航，主题活动策划、篝火晚会、旅游人身意外保险费等费用。

组委会赠送新人：藏装、藏式宝盒、金佛、唐卡、婚礼影集画册、全程DVD光盘。

不含：南宁至成都往返交通、航空意外保险、个人消费等。

旅客旅途安全保障方案（具体略）

在活动过程中的活动障碍预备方案（具体略）

预期效果：

1. 在西藏雪山圣湖之域，珠穆朗玛峰脚下，圣湖纳木错之滨，成就最美丽、最浪漫的爱情故事，对于参与活动的旅客有着兼西部旅游与不同凡响的婚庆于一体的非凡感受。

2. 独特创新并具有特色文化内涵的活动主题，向国人展示西部资源的丰富与西部文化的内涵，为西藏旅游项目活动在旅游市场开创一条品牌之路。

这是 20××年由国际注册高级商务策划师赵勇军以总策划师的身份主持策划并实施的"飞越城市 情定西藏"大型西藏旅游活动。这次活动以其独特的创意、强大的宣传模式和强大的政府公关资源,取得了推介城市文化、增进城市交流、引导旅游消费的巨大成功。

一、认知活动策划

策划,指策谋、计划,也指谋略之术,主要用于战争。如今,策划具有了更加丰富的内涵,越来越受到人们的重视。活动策划是提高市场占有率的有效行为,一份创意突出且具有良好的可执行性和可操作性的活动策划方案,无论对于企业或单位组织的知名度,还是对于品牌的美誉度,都将起到积极的提高作用。

活动策划是把活动作为产品的元素去开发,通过某种活动受到人们的认可和欢迎,最终要达到提升品牌或组织知名度的目的。一个能够结合自身文化特色、抓住卖点、富有创意的活动策划,能够以非凡的意义使得受众在活动中获得不一般的感受,让受众铭记于心,最终达到提升单位组织形象或项目品牌的作用。

二、活动策划的原则

(一)可行性

"实践是检验真理的唯一标准。"任何一个策划在本质上都是一种想法,无论看起来多么完善,都可能在实施过程中遇到各种阻碍,甚至半途而废。所以,必须讲述策划的可行性,使其能够在实践中得以实施。

(二)信息性

作为旅游策划,它本身就是一种信息,即将旅游产品传达给旅游者的信息。而该信息是否能够收到预期的效果,则在很大程度上取决于信息本身的完整性、及时性和确切性。这取决于策划者是否充分掌握了旅游资源和受众双方信息的对称性。

(三)创新性

创新是事物发展的动力。旅游产业就是在政策创新、制度创新、产品创新、活动创新的基础上飞速发展起来的。创意为旅游的发展插上了腾飞翅膀,留下了一篇篇绝美的创意营销诗篇。

[实例 5 - 2 - 2]

三亚借选美赛事营销城市

从 2003 年到 2005 年,世界小姐桂冠的"美丽角逐"连续在三亚上演了 3 年,

2007 年世界小姐选美比赛又在三亚成功举办。于是,三亚这个城市由此和"美"紧密地联系在了一起。

人们对于美的事物总是会争相追逐。2003 年 11 月,第 53 届世界小姐大赛给刚试营业不久的喜来登度假酒店带来了不错的业绩。通过覆盖全球的电视转播,喜来登当年的营业收入超过了 1 亿元,房价、入住率飙升,居亚龙湾度假酒店之首。而靠 3 年"世姐之家"的持续效应,三亚喜来登成为喜达屋度假村集团知名度最高的酒店。

在世界小姐大赛之后,一批重量级国际活动及会议也纷至三亚,使整个城市焕发出勃勃生机。可以说,世界小姐大赛给三亚带来了空前的知名度和美誉度。

而对于三亚来说,借助世界小姐大赛来营销城市旅游是件"何乐而不为"的事情。3 年的世界小姐大赛,三亚打出的"美丽""时尚"的名片,有效地激活了旅游产业。在 2000 年以前,三亚 90% 的国际游客来自港澳台地区,国外游客仅占 10%。而随着世界小姐选美赛事在三亚的连续举办,三亚的客源结构已经发生转变,形成多元化的市场格局,化解了单一客源带来的市场风险。2005 年,三亚骄傲地打出了"中国的度假天堂"口号。

[实例 5 – 2 – 3]

《印象·丽江》营销丽江

2006 年 7 月 23 日,大型实景演出《印象·丽江》"雪山篇"终于在位于海拔 3 100 米、世界上最高的实景演出剧场——云南丽江玉龙雪山的甘海子蓝月谷剧场正式公演。

整个演出以雪山为背景,以民俗文化为载体,由 500 名来自 10 个少数民族的演员倾力出演。来自纳西族、彝族、藏族、苗族等 10 个少数民族的 500 名普通农民是《印象·丽江》"雪山篇"的主角,他们的家乡就是云南的丽江、大理等地的 16 个村庄。这些非专业演员用他们原生态的动作、质朴的歌声和滚烫的汗水带给了观众心灵的震撼。

于是,《印象·丽江》大获成功,很多旅行社纷纷将观看《印象·丽江》演出添加到旅游产品的行程当中,以吸引游客。而正是由于以《印象·丽江》为代表的这些旅游演出成功的典型事例,正改变着我国文化艺术的生产方式和生存方式,极大地促进着文化产业的发展和创新。

[实例 5 – 2 – 4]

张家界天门山飞机穿越

1999 年 12 月 8 日至 11 日,以"穿越天门,飞向 21 世纪"为主题的张家界世界特技飞行大奖赛在张家界天门山下隆重举行。来自美国、匈牙利、俄罗斯、捷克、斯洛伐克、立陶宛、德国、法国、哈萨克斯坦 9 个国家的 15 名运动员上演了"空中芭蕾"。

作为张家界天门洞的首次穿越，此次比赛被定位为飞行比赛，15 名参赛选手驾机在空中完成 9 项造型动作。同时，穿越天门洞的 Extra300s 特技飞机是一种轻型运动机，它的飞行速度为每小时 250 公里，翼展 7.5 米。

时隔 7 年，2006 年 3 月 17 日至 19 日，俄罗斯空军"俄罗斯勇士"飞行表演队、格罗莫夫试飞院在湖南省张家界市进行了 3 天的飞行表演。作为"2006 俄罗斯国家年"的开场大戏，"俄罗斯勇士"飞行表演队在 3 天的表演中可谓拼尽全力，吸引了诸多游客的眼球。在最后一天的表演中，苏 - 30 演出结束后两次从天门洞上空"忽悠"飞过，宣告此次特技飞行表演结束。

以上三个经典的旅游活动都离不开先期创意。常见的创意技巧有以下两种。

1. 超序联想相干法。简单地说，就是把那些看似风马牛不相及或水火不相容的事物通过联想、假想、超想……让它们相干结合，使他们联系起来，从而得出无穷的创意来。

2. 拉线相干法。在确立一个问题点后，以此为中心分解拉出许多不同方向的各种变量坐标，而每一个变量坐标又可以不断分解下去，然后用线线相干或面面相干、体体相干的办法以求寻找到新的创意。

(四)本土特色

任何活动如果抛开它赖以生存的根基——本土文化，就会产生千人一面、根基漂浮的后果。即使形式、内容创新了，投入了很多的人力物力，也不会收到预期的效果，更不会产生深远的影响。三亚海滩、热带风情适合休闲度假，选美大赛的时尚、美丽刚好与三亚的特点相吻合；丽江以本土文化吸引人，创意的《印象·丽江》将丽江文化推向世界；张家界靠奇山异景吸引人，飞机特技表演赛——飞跃天门山恰好将其景观特色展示给观众。

(五)主题鲜明

任何一个活动策划都有强烈的主题性。这个主题要紧紧围绕产品定位，直指目标的达成。如果一个活动只为活动本身，脱离了目标性、方向性，就会使投入众多的人力、物力、财力打水漂。而主题鲜明性原则就是为了目标达成的效果而设的。

三、活动策划的流程

活动策划要避免随意性和盲目性，不同类型的活动策划有着不同的侧重点和要求，但策划流程一般要遵循以下几个步骤。

(一)确定活动的目的、目标或意义

活动目的和目标是整个策划的依据。没有目的和目标,策划就不能做到有的放矢,整个活动将会失去方向。活动目的的确定也是活动分类的一种过程,"飞越城市 情定西藏"活动的目的是推广西藏旅游项目活动,是兼营销与传播于一体的专题旅游活动策划。

(二)市场调研和分析

"没有调查就没有发言权",所有的策划都是基于市场调研工作基础之上的。市场调研一般分直接调研和间接调研两种。直接调研就是通过实地观察统计、调查问卷、直接访问等技巧收集第一手资料;间接调研一般通过查阅文献、调查报告等技巧收集第二手资料。综合调研结果进行市场分析,最终形成书面的调查报告,为以后的活动策划提供依据。

[实例 5 - 2 - 5]

"飞越城市　情定西藏"活动策划前期市场调研与分析

一、中国旅游业及西藏旅游业的发展状况

(一)旅游业将真正成为我国的重要支柱产业。

(二)近年来随着国家实施对西部的大开发策略,特别是加大对西部旅游经济发展的开发,使西藏已经拥有众多的世界极品的旅游资源,且已有一定的基础条件;西藏旅游业发展取得了较大成绩;西藏自治区党委和政府也十分重视旅游业。

进一步加快西藏旅游业的发展,不仅是西藏政治稳定、经济发展、民族团结、社会进步的最佳选择,也是 21 世纪中国旅游业发展的后劲所在,是实现 2020 年中国旅游强国目标的重要保证。

因此,国家旅游局应对西藏加快发展旅游产业予以支持。

二、国内旅游市场的竞争情况

(一)产品创新不够,产品质量不稳定,缺乏长久竞争力。中国旅游产品早已存在的缺乏创新、品种单一的状况未有根本改观,旅游产品依旧是观光型产品与度假型产品占主流。

(二)缺少知名的旅游品牌。与国外旅游大国相比,中国旅游业的品牌化进程刚刚起步,所拥有的只是品位较高的旅游资源,而没有品牌知名度高、对游客有持久吸引力的旅游产品。通过以上的分析,要开展西藏的旅游项目活动,在众多的竞争中夺取优势从而占领市场,必须走一条创新的创建品牌之路。那么这一条路到底怎么走,是我们要解决的问题所在。

三、SWOT 分析

优势(S):本次活动的主办是实力相当强大的全国广播协作体和拉萨市旅

游公司以及高乐策划管理有限公司；活动主题新颖而富有创意。此次活动不是一般的旅行，而是一次旅游性的庆典，且阵容强大，既是全国广播协作体第一次跨区域、全国性的大型联动活动，也是向全国展示协作体强大的组织力与影响力的一次公众活动，同时开创了城市电台交流、听众互动的新模式。

劣势（W）：目前旅游市场的竞争非常激烈。全国各地六月至九月是旅游的高峰期，各大旅游公司和媒体都纷纷出高招，打造出各式各样的旅游产品。在我们本次的策划活动中，目的地是经济较不发达的西藏，交通不够方便，在活动的路程中我们将使用成本较高的交通工具。

机会（O）：在当前政策中，西部大开发是国家重点推进实施的。在这次策划活动中，我们将其定位在与西部地区的文化交流上，由此，我们可以获得巨大的政府公关资源；2001 年成立的全国 52 个城市电台广播协作体，经过三年的发展，日益发展壮大，对本次策划活动的宣传可起到强大的促进作用。

威胁（T）：西藏地处高原地带，平均海拔为 4 000 米，在高海拔地区旅行非常容易发生高原反应，也就是说，旅客在旅途中会有一定的不适；加上西藏地区人烟稀少，碰到问题会在救援方面缺乏支持和援助。

（三）进行创意策划

好的创意是活动成功的一半，创意对策划的重要性不言而喻。在活动开展的环境、活动参与者的心理和行为研究的基础上，可以策划出具有针对性的、能够吸引活动参与者兴趣的且便于操作的创意。

（四）活动策划方案写作

活动策划方案又称活动策划书，是实施活动的指导性文件，也是本次学习任务的核心内容。活动策划书因为不同的目的、不同的类型，写法各有不同。

四、写作活动策划方案

（一）策划方案标题

尽可能具体地写出策划名称，如××活动策划书，也可以写出正标题后将此作为副标题写在下面。正标题突出活动主题，如"飞越城市 情定西藏——大型西藏甜蜜之旅活动策划书""爱我名城 创造未来——建设局庆国庆系列活动策划方案""'穿越七夕夜，遇见更美的你'暨西餐厅七夕营销活动策划"等。

（二）活动策划的目的和意义

此部分在于交代举办活动的目的、依据、条件，应用简洁明了的语言将目的要点表述清楚；在陈述目的要点时，该活动产生的意义（经济效益、社会利益、媒体效应等)应明确写出。如在一份以沙漠为主题的特色文化旅游活动策划书中,活动目的是"充分展示我区防风固沙中取得的成果,推出以沙漠为主题的特色旅游线路,丰富凉州旅游内涵,为'会节'增添浓郁的喜庆气氛"。

(三)活动策划的主题

主题是整个策划的灵魂。主题是对活动内容的高度概括,是策划所要达到具体目的的主要理念,是统领整个活动、连接各个项目、各个步骤的纽带。主题看似简单,但设计难度很大,它既要虚拟、拔高,又不能空洞、口号化,必须抓住受众心理。在"飞越城市 情定西藏"活动策划中,就是把西藏地理位置的高度和至高无上的爱、世界最"高"级别的婚礼联系起来。这种独特的创意把西藏蜜月旅行的特殊意义淋漓尽致地展现出来,使活动参与者产生了一种非同一般的感受和消费动机。

(四)活动宣传口号或广告词

活动宣传口号或广告词就是用一句精炼、朗朗上口的语言把活动主题鲜明地表现出来,让人一目了然。如"飞越城市 情定西藏"广告语:一生中最绚丽的蜜月旅行! 至高无上的爱! 把曾经没有蜜月旅行的遗憾补回来! 世界上最"高"级别的婚礼!

(五)活动的时间、地点和内容

作为活动策划的正文部分,表现方式要简洁明了,使人容易理解;但表述方面要力求详尽,写出每一点能设想到的东西,没有遗漏。在此部分中,不仅局限于用文字表述,也可适当加入统计图表等;对策划的各工作项目,应按照时间的先后顺序排列,绘制实施时间表有助于方案核查。

(六)活动经费预算

活动的各项费用在根据实际情况进行具体、周密的计算后,用清晰明了的形式列出。

(七)活动中应注意的问题及细节

内外环境的变化,不可避免地会给方案的执行带来一些不确定因素,因此,当环境变化时是否有应变措施等细节应加以说明。

(八)活动负责人及主要参与者

注明组织者、参与者、嘉宾的姓名及单位名称。如果是小组策划应注明小组名称、负责人。

活动策划书的编制一般由以上几项内容构成。因活动目的、活动类型不同,所侧重的各项内容在编制上也可有详略取舍。

应用能力训练

1.请以小组为单位,按照活动策划流程做一个小型旅游活动策划,并写出活动策划方案。各小组交流展示活动策划方案,投票选出最佳活动策划小组并相互点评。

2.以小组为单位,为旅行社策划一个旅游专题项目并设计路线,写出旅游活动策划方案。

3.以"关爱健康,正确使用手机"为活动主题,撰写一篇活动策划方案。

第三节　营销活动策划方案

课前提示

产品是人制造出来的,服务是人设计出来的,产品和服务都不过是企业经营思想的结晶。如今,市场竞争日趋激烈,企业如何求得生存和发展,如何面对瞬息万变的经营环境和强手如林的竞争对手,使自己处于不败之地呢? 这就要靠超前的经营理念,高超的管理水平,先进的技术设备和良好的公共关系。有先进的理念才会有可能产生有价值的营销思想,也才能由此设计出崭新的营销模式,并实现预期的目标。所以,有人认为营销是卖思想,营销制胜是观念制胜。营销策划书是向消费者表达思想的载体,成功的营销策划书能够表达出独特的营销主张,能够把产品销售变为方案销售,能够为消费者创造价值,能够表达出吸引消费者购买的概念和理由。

教学要求

◇认知营销策划,了解营销策划方案的内容要素

◇了解营销策划的策略和方法

◇能够写作营销策划方案并参与、组织策划一次营销活动

一、认知营销策划

[实例 5 – 3 – 1]

2008 年北京奥运会之前,农夫山泉的"买一瓶农夫山泉,就为申奥捐出一分钱"活动,除了能筹集资金外,更重要的在于"以企业行为带动社会行为,以个体行为拉动整体力量,以商业性推动公益性"。这来自千万双手的点滴凝聚的巨额申奥捐款,既为公民搭建了一条表达心愿和参与申奥的桥梁,也提升了企业的品牌形

象。当大多数企业在 2002 年世界杯上"打"得不可开交时,农夫山泉又另辟蹊径,和国家体育总局主办"农夫山泉阳光工程"。该工程面向贫困地区的基础体育事业,计划从 2002 年到 2008 年北京奥运会开幕的 7 年间,每年捐赠价值 500 万元的体育器材。这充分显示了农夫山泉的高明之处:每年区区 500 万元,比起其他品牌 21 天动辄几千万元的投入来说,既"便宜"且"持续效应长久"。农夫山泉的举措获得了全国新闻媒体一系列的宣传和赞扬。依靠体育营销,农夫山泉被赋予了健康积极、富有亲和力的内涵,其意义远远高于在世界杯上的"烧钱运动"。

在营销策划中,农夫山泉通过将企业的文化和社会形象融入品牌联想中,将企业产品与体育相结合,产生了一种与消费者因为体育而共鸣的情感,这是一种很好的营销手段。

营销策划方案是企业在进行产品或服务的市场销售之前,为使销售达到预期目标而进行的各种销售促进活动的整体性策划。把策划过程用文字写出来,这种营销策划方案就是营销策划书。通过营销策划,使企业在市场营销过程中达到获得利润的目的。企业能否成功地进行营销策划并付诸实施,是企业经营成功或失败的关键所在。

二、营销策划方案的内容要素

[实例 5 - 3 - 2]

考试涂卡专用自动铅笔投资营销策划

前言

考试涂卡自动铅笔是目前我国生产的比较先进的一种铅笔,其产品用量大,易生产。为了进一步促进产品的生产和销售,现制订此营销策划书。

一、市场状况分析

目前,我国每年的高考和各类等级考试、公务员考试的人数相当多,而这些考试几乎都采用涂卡的方式作答。用传统 2B 铅笔涂卡普遍存在速度慢、易涂坏的问题,很影响答卷速度。考试涂卡自动铅笔很好地解决了这一问题,使涂卡更实用、方便、快捷,市场前景看好。

二、产品特点

1. 涂卡快速。考试涂卡专用自动铅笔铅芯的截面是正方形,宽度与试卷中的方格等宽,使用时只用一下,即可完成涂卡任务,考场上答卷速度比普通 2B 铅笔至少快 5~8 分钟。

2. 准确、高效。涂卡铅笔的涂卡效果标准划一、安全可靠,易于电脑识别,免去了鉴定过程。

3. 使用方便,利于携带。考试涂卡专用自动铅笔不用刀削,铅少时只要按下铅芯即可,免去了考前、考试中随时削笔的麻烦,有助于考试中集中注意力。

4. 涂改快速,无痕迹。笔杆一端有截面为六棱形的橡皮,涂卡出现错误,依次使用橡皮的摩擦面,使摩擦过的卷面没有涂改痕迹,保证了卷面的干净,利于准确识别。

三、市场前景

由于考试涂卡专用自动铅笔简单、易使,所以,在考场上能够节省时间,最有效地发挥其作用,成本低、见效快。以前,我国还没有出现这种考试涂卡专用自动铅笔,它的出现将是一次铅笔界的革命。各个考试中心都可以批量购买,以此方便考试人员。

四、投资规模

前期投入 3 万元就可以生产,笔管使用塑料为原料,橡皮和铅芯与其他厂家合作生产,30~50 平方米的厂房、员工 1~2 人即可生产,节水,省电,无污染。

五、效益分析

每支涂卡自动铅笔的成本为 0.5 元,出厂价为 1.5 元,市场售价为 2.5~3 元,产销万支可收回前期投入。

六、投资建议

1. 笔芯和橡皮可采用外购的方式,自己只负责加工笔管,以节约资金投入。

2. 产品可在当地文具批发市场销售,可与文具批发商合作经营。

3. 产品可直接向学校考试中心销售。

4. 适合个人小型投资。

这是一个小型投资项目的营销方案,为投资者出主意,想办法,简单易行,投资建议清楚、具体,具有实用性。

营销策划方案要根据商品的情况决定其内容,不同的商品,其营销策划的内容是不同的。一般情况下,营销策划方案的内容包括以下几个方面。

(一)前言

这是营销策划方案的开头部分,包括:策划的缘起、背景材料、问题点与机会点、创意的关键等,要将以上内容作概括性的说明。

(二)市场状况分析

市场状况分析包括以下内容:

1. 整个产品的市场状况。

2. 与其他主要竞争品牌的销售量及市场占有率的比较分析。

3. 消费者的情况分析,包括年龄、性别、籍贯、职业、学历、收入、家庭结构的分析等。

4.竞争品牌市场区隔与产品定位的比较分析。

5.竞争品牌广告费用与广告表现的比较分析。

6.双方公关活动的比较分析。

7.公司产品的利润结构分析。

8.公司过去几年的损益分析。

(三)产品策略

产品策略包括：

1.新产品开发策略。

2.产品生命周期策略。

3.产品组合策略。

4.产品包装策略。

(四)价格策略

价格策略一般包括以下五个方面：

1.定价标准。

2.制约定价的基本因素。

3.定价的程序。

4.定价的基本方法。

5.定价策略。

(五)营销渠道策略

营销渠道策略包括营销渠道的选择策略和批发商的营销策略。

(六)促销策略

促销活动实质是一种沟通活动和激励活动,它具有沟通信息、创造需求、突出特点、稳定销售等四大功能。其中包括促销手段的选择和营业推广。

三、营销策划方案的基本结构

[实例 5 - 3 - 3]

××彩电的营销策划

××公司是我国 500 家最大工业企业之一,其产品以内销为主,外销为辅。根据外向型企业的特点,为进一步促进产品的销售,特制订这份营销策划书。

(一)背景分析

1.市场分析

(1)竞争状况

分析表明,××产品的主要竞争对手是××、××。

（2）市场预测（略）

2.产品分析

（1）产品特点（略）

（2）优劣分析

××产品曾获省优、国优，获得英、美、加、德、澳、新等国的有关质量标准认证，但该产品在研制和初期投产时，有时会出现质量控制上的失误。

3.销售分析

（1）地域状况

彩电是当前的家庭必需品，而中国人口众多，因此国内销售市场广阔。××彩电的生产基地，海、空交通发达，连通世界各地。发达的旅游业使其与港澳台地区的商业往来相当频繁。同时，由于地处珠三角黄金地带，因此可以说，××彩电具备"广迎五洲之朋"的良好经济环境。

（2）竞争对手销售状况

××等进口彩电，深受城市消费者的欢迎，但在农村市场所占的比重不大。

××彩电生产厂家地处深圳，产品流行于两广，并向两湖、华中、西南渗透。该产品的直接竞争对手是××牌彩电。

（3）优劣比较（略）

4.阻碍分析

国际市场上，老牌优质产品占据着主要市场，该产品的推广营销只能见缝插针。在国内，进口产品主导着国内市场，多个品牌的国产彩电又分割了大部分的国内市场份额。国内消费者普遍偏好外国产品，国内老牌彩电拥有一批较稳定的推销伙伴。

此外，××彩电还存在如下问题：彩电在生产、检验中偶有失误，导致一小批不合格产品进入市场，一定程度上影响了产品的声誉；维修网点的技术力量不足；××彩电在各地的销售伙伴还不很稳定，产品的包装尚需改进完善。

（二）营销战略

1.市场战略

（1）战略技术要点

①继续产品的开发，迅速生产出适应国际潮流的具有新款式、新功能的产品。

②保持原有销售渠道，开创新的销售渠道。

③推出种类繁多的产品，以满足不同层次消费者的需要。

④把企业各类型产品进行分档排列，组合成系列，以适应消费者最广泛的需要。

⑤突出该产品的"优点"。

⑥针对偶尔出现的质量问题,运用承诺性策略。内容试拟如下。

本公司自×××年12月起实行如下规定:

无论商业部门还是用户,凡购买我公司生产的彩电,若遇客观存在的质量问题,一律包退包换(在保修期限内),由此造成的经济损失均由本公司承担。

商业部门如进货过多、库存量过大而一时难以销售,可暂时退货。已签订的合同,商业部门可单方提出暂缓执行。

凡属商业部门自身责任造成的彩电质量问题,可与本公司联系,协商折价,由公司回收残次品。

这几项措施可消除顾客、客商的后顾之忧,失小利而得大利。

(2)产品定位

产品在人们心目中是有个性的。因此,把该彩电定位为:机型新颖、低成本、高质量的国际流行型彩电。

(3)销售对象

销售对象分析与确定(略)

(4)市场目标

×××年销售量比×××年增长40%。

在同类产品中建立巩固、突出的领导地位。

(5)包装战略

在整个包装形式中,要统一包装色彩。包装材料采用坚固平滑的化纤板。

(6)定价战略

针对大多数消费者,采取高质低价的策略。

(7)零售点战略

建立系统的POP系统,让零售点的宣传形成统一的风格。与各零售点签订专卖合同,并给予其一定的承诺保证:一是货源保证;二是质量保证;三是回收滞销的保证。

2.公关战略

(1)顾客关系

要坚持以顾客为导向的战略。

(2)经销商关系

培植经销商的信心。

随时调整销售策略。

接受他们的投诉,并负责解决问题。

举办销售培训,开展销售竞赛。

（3）供应商关系

追求相互的了解与信任，以求长期合作。建立供求双方的共同利益。建议供应商如何改进生产方法以增加纯收入。

3. 广告战略

（1）竞争对手广告宣传特点（略）

（2）广告的目的和目标（略）

（3）预计广告指标

与企业目标相配合，到×××年，把产品知名度提高到90%，市场占有率提高到55%。

（4）广告目标对象

参照销售对象，把广告目标对象定为以下几类：来华游玩、探亲、访友、置业、长期经商的港澳台同胞和外国友人；都市新兴的独身者群体及上班族和中青年夫妇。

…………

以上的彩电营销策划案例，通过调查分析市场现状，准确给出产品定位，确立营销目标，提出理论依据，从而对企业经营战略起到战略指导作用。这项营销策划科学、有据，并且切合当时、当地的实际，比较有代表性。

营销策划方案的基本结构包括以下一些要点。

第一，前言。

第二，产品背景及状况分析。其中包括如下三项主要内容：①产品的发展历程；②市场分析、产品分析、销售分析及阻碍因素分析；③产品的发展前景预测分析。

第三，营销策略。营销策略主要包括三部分内容：一是市场策略；二是公关策略；三是广告策略。

市场策略主要包括：①技术要点；②产品定位；③销售对象；④市场目标；⑤包装策略；⑥价格策略；⑦销售点策略；等等。

公关策略主要包括：①顾客关系；②经销商关系；③供应商关系。

广告策略主要包括：②竞争对手广告宣传特点；②广告的目的和目标；③预计广告指标；④广告目标对象；⑤广告创作策略。

第四，促销策略。促销策略主要包括促销手段的选择和营业推广策略两项内容。

四、营销策划方案写作指要

市场形势变幻莫测，企业每时每刻都在面临着激烈的市场竞争。写作营销策划方案，没有固定不变的模式，要紧密结合实际，学会灵活运用。

（一）要抓住机遇，突出卖点

说服是策划方案的本质特征。每个策划方案一定要有其独特的卖点，让读者一看就明白，一看就心动。

（二）要抓住定位，突出创新

不要把策划方案当作计划书来写，因为计划无须创意，只处理细节；而策划方案必须要有创意。

（三）要抓住重点，突出亮点

策划方案切不可面面俱到，无论是项目介绍、策划分析还是营销执行方案，都要抓住重点，突出亮点。

相关链接

营销 ≠ 求人

如果说，客户购买企业产品是照顾企业的话，那么企业也同样照顾了客户，因为企业为客户提供了生活、生产所必需的商品或服务。也就是说，企业与客户的关系是一种互惠互利的关系。美国著名成功学家卡耐基的一则营销案例很值得思考。

在纽约某饭店，卡耐基曾租用一个舞厅来举办讲座，每季度只用20个晚上。第一季度开始的时候，卡耐基突然接到通知，对方要求他必须付出比以前高出三倍的租金。当卡耐基接到通知的时候，讲座的入场券已经发出去了，而且所有的通告也已经公布出去。面对这样一种局面，卡耐基当然不肯多付房租，那么，他又是如何解决这个问题的呢？

卡耐基先找到饭店经理说："收到你的信，我有点儿吃惊，但我根本不怪你；如果我是你，我也可能发出一封类似的信。你身为饭店经理，有责任尽可能增加饭店收入，可是你也不能不考虑增加租金后的利与弊。"接着，卡耐基很快拿出一张信纸，在中间画了一条线，上边写上"利"，下边写上"弊"。他在"利"这边写下这些字：舞厅空下来。接着他说："你把舞厅租给别人开舞会或开大会的好处是可以增加不少收入。现在我们再来考虑坏处方面。第一，你不但不能从我这儿增加收入，反而会减少你的收入，因为我无法支付你所要求的租金。还有一个坏处，这些课吸引了不少受过教育、水平较高的人到你的饭店来，这对你是一个很好的宣传，不是吗？事实上，如果你花500美元在报上登广告的话，也无法像我的这些课程能吸引这么多人来看你的饭店。这对一家饭店来说，不是价值很大吗？"卡耐基一边说，一边把两项坏处写在"弊"的下面，然后把信纸递给饭店经理说："我希望你好好考虑你可能得到的利弊,然后告诉我你最后的决定。"第二天,卡耐基就收到了饭店经理的信,说租金只涨50%,而不是300%。

卡耐基没有说一句恳请照顾之类的话,却如愿以偿地得到了减租。假设卡耐基做出可怜巴巴的样子找到经理,诉说自己如何如何艰难,请求经理照顾,这就可能出现两种结局:一种结局是经理动了恻隐之心,同意照顾卡耐基一个季度或两个季度,但到第三个季度,恐怕卡耐基自己也不好意思再提"照顾"了。第二种可能出现的结局是,经理根本不同意照顾。这也合情合理,因为饭店毕竟不是慈善机构,千方百计增加饭店收入也是经理应尽的职责。事实上,无论哪一种结局,都不如卡耐基实际取得的结局圆满。

其实,在对外营销中,通常不能一心只想着自己所需要的,而是要多想对方所需要的,通过帮助对方实现其所需,从而实现自己之所需。正如被誉为"汽车大王"的亨利·福特所说的那样:"如果成功有何秘诀的话,就是了解对方的观点,并且从他的角度来看事情的那种才能。"

应用能力训练

1. 当前,市场上销售一种饮水机,经过这种饮水机过滤,水质会得到很大程度的改善。下面是两个销售饮水机的促销案例,试分析两种做法有什么差别,二者的营销理念有什么不同。如果让你来销售,请拟写一个营销方案。

一家企业采取的促销方式,是让消费者在显微镜下观看水分子的形态。自来水的水分子像一团迷雾,而经过饮水机过滤后的水分子却像是晶莹的雪花,这使消费者赞叹不已,促使大家踊跃购买。

据报道,某地区也有人促销过这种饮水机,采用的办法却是现场声称:谁敢撒一泡尿,放到饮水机中过滤后喝掉,就当场给谁5 000元。这种促销完全成了恶作剧,结果受到了社会舆论的普遍谴责。

2. 阅读下面的案例,之后回答问题。

2015年5月1日,某地一个商场举行开业庆典,推出了一个策划项目:凡是手持100元人民币号码尾数为"88"的消费者,可将100元当200元消费。结果,顾客手持"中奖"人民币蜂拥而至,柜台被挤坏,还有人员受伤,主办商家只好提前宣布活动中止。这次活动招致了顾客的不满,还受到中国人民银行的警告,工商部门也上门来干预。

(1)以上策划失败的原因何在?

(2)假如让你来策划这家商场的开业庆典,说说你的策划思路。

(3)请为这家商场写作一篇营销活动策划方案。

第四节　新闻活动策划方案

课前提示

　　信息化社会,电视、报纸、网络媒体无处不在,无论是企业还是个人,一旦成为公共事件,其未来的发展走向都将受到公众的审视。如果能巧妙通过媒体传达足够多的、对自己有利的信息,就可能逐步淡化直至化解危机;而如果无法尽快通过媒体"洗刷"自己,甚至还产生了更多的负面报道以至于危机进一步爆发,对企业轻则利益受损,重则倒闭;对个人可能使其名誉受损,身败名裂。如何通过媒体报道达到宣传企业或者组织的目的,就是新闻活动策划的范畴。

教学要求

　　◇认知新闻策划,了解新闻策划方案的内容要素
　　◇理解新闻活动策划的策略和方法
　　◇能够写作新闻活动策划方案并参与、组织策划一次新闻活动

一、认知新闻活动策划

[实例 5 - 4 -1]

南京冠生园,被一块月饼击倒

　　2001 年 9 月 3 日中午,就在中秋月饼旺销季节即将来临之时,中央电视台《新闻 30 分》节目对南京"冠生园"将一年前的陈馅翻炒后再制成月饼出售一事进行了曝光,结果迅速演变为全社会关注的"南京冠生园陈馅事件"。

　　月饼作为一种传统食品,在中国人心中有着很高的地位。中秋节前发生这样的事件,很自然地使其成了社会关注的焦点。

　　但令人意想不到的是,当事企业南京冠生园对此竟然无动于衷,除了冷冰冰地表示"月饼回收利用是一种普遍现象"之外,没有采取任何危机公关措施,还拒绝媒体的采访。在这种情况下,全国媒体群情激愤,合力对这一事件进行了跟踪报道,其曝光力度之大、报道数量之多,在中国新闻史上也是不多见的,仅新浪网推出的"冠生园月饼事件"专题,就收集了 150 多篇报道。

　　从此,南京冠生园犹如过街老鼠,许多食品店为招揽顾客,纷纷打出广告——"本店没有冠生园的月饼""本店不售冠生园的月饼""本店原先进的冠生

园月饼已经全部退货",等等。

2001年的中秋,不仅南京冠生园的月饼卖不出去,其他与南京冠生园无关的各地"冠生园"也深受牵连,甚至全国的月饼市场也因此整体"萧条"。

2001年10月15日,倒了整个月饼市场胃口的南京冠生园停工,外方董事决定解散公司。2002年3月,这家去年月饼销售额还高达2 500万元、有着80多年历史的老企业正式宣告破产。

一个好端端的企业,怎么说垮就垮了呢?虽然这与企业自身的技术、服务、质量上的问题有关,但更重要的还是与南京"冠生园"整体淡薄的危机公关意识以及低下的危机处理能力有关。

因为自被媒体曝光到10月中旬企业完全停工、决定解散的这一个多月中,南京"冠生园"既没有正面回应媒体,也没有及时积极地提出整改方案,甚至还不断拒绝记者的采访。正是这样一种听由事态自然发展的态度,导致了这个老字号品牌被"一块小小的月饼"击溃了。

在确定了新闻线索或报道思想之后,就要对即将实施的新闻活动做深度、广度、厚度的综合分析,同时进行周密的安排部署,以使宣传报道达到最佳效果,产生最大效益。新闻报道策划要求策划者既要有一定的预测、分析能力,也要在突发事件面前有快速的应变能力。比如很快请到相关部门的官员、专家学者,很快调出相关的数据、资料、背景,很快拿出报道方案和后续计划并组织实施等。新闻报道策划属于一种在创造性思维指导下的新闻活动,有利于调动和发挥新闻工作者的主观能动性和创新能力。

新闻活动策划就是政府、企业、组织、团体策划借助新闻传播媒体向其外部公众传播具有一定社会影响和有新闻价值的信息,或者某一组织或个人为了澄清某一事件的真相而向社会做某些有关情况介绍的活动。在活动之前写出的计划、方案就是新闻活动策划方案。

二、新闻活动策划的流程

(一)市场分析

要做一个新闻策划,必须先对策划对象所在行业及相关情况有较深入的了解,比如行业的历史、行业的现状、行业发展的新特点及相关的法律配套等。了解得越详细,掌握的信息越多,就越有可能从中挖掘出有价值的新闻点。

(二)确定宣传目标

对新闻策划来说,确定宣传的范围和宣传的目标人群是很重要的一点,因为宣传目标影响着后面新闻点的策划、媒体的选择和预算的编制等步骤。

比如宣传范围只是地域性的,那么就不一定非策划出轰动全国的新闻事件了，媒体也只需选择地方性媒体就可以了，预算也会比做全国性宣传低得多。

再比如宣传是针对年轻白领的，那么策划的新闻事件必须能吸引他们的关注，媒体也应针对性地选择白领媒体。

（三）策划"新闻点"

策划新闻点是新闻活动策划的核心内容。一般来说，在企业的新奇产品、特殊人物、成功经验、行业动态和社会活动中都能够找到新闻点。但要想真正灵活掌握和运用新闻策划，还必须学会"借势"和"造势"这两种方法。

1.借势。就是借助具有相当影响力的事件、人物、产品、故事、传说、影视作品、社会潮流等，策划出对自己有利的新闻事件的策划方式。

[实例5-4-2]

一位出版商手头积压了一批书卖不出去，眼看就要大亏本了。情急之下，他想了一个点子：给总统送去一本，并频频联系征求意见。忙得不可开交的总统随便回了一句："这书不错。"这一来出版商如获至宝，开始大作宣传："现有总统喜爱的书出售。"还把"这书不错"四个字印在封面上，于是手头的书很快被抢购一空。不久，这个出版商又有了一批书，便照方抓药，又给总统送去一本，总统有了上次的教训，想借机奚落一番，就在送来的书上写道："这书糟透了。"结果总统还是上了套儿，出版商又借机大肆宣传："现有总统讨厌的书出售。"人们出于好奇争相抢购，书很快便全部卖掉。第三次，出版商再次把书送给总统，总统有了前两次被利用的教训，干脆紧闭金口不理不睬。然而出版商还有话说，这次他的宣传词是"现有令总统难以下结论的书，欲购从速"。结果，书还是被抢购一空。

在这个故事里，"势"就是总统，借着有巨大影响力的总统的"评价"，出版商成功地把书卖了出去。

2.造势。就是制造能产生相当影响力的事件（包括新的理论、模式、纪录等），并通过媒体进行传播，产生对自己有利的宣传效果。

[实例5-4-3]

20世纪六七十年代，随着日本经济的起飞，日本精工计时公司制订了雄心勃勃的推广其精工表的市场计划，并确立了"让全世界的人都了解精工计时是全世界一流的技术与产品"的公关目标。

为了实现这一目标，精工公司策划了多次新闻事件，其中最轰动的一次发生在澳大利亚。1972年的一天，在澳大利亚某地广场上空，一架飞机凌空飞起，尾部洒下一片银白、晶亮的东西。"啊，是手表！"观望的人群惊呼起来。原来，这竟然是精工公司从天空中往下抛洒手表！因为之前已做出宣传，飞机丢下的手表谁拾到就归谁,所以观者充塞了整个广场,手表落地,人群争相去拾。当人们拿起表时惊喜地发现,手表竟然丝毫无损,照常走动!顿时,人们对精工表的质量称赞不已。

对这样的奇事,媒体自然不会放过。不仅当地的报纸、电视、电台进行了报道,世界各地的许多媒体也都对此进行了绘声绘色的报道。从此,精工表在澳大利亚打开了销路,在全世界也是名声大振。

从这个典型的案例中不难看出,"造势"的效果非常好。

三、新闻活动策划方案写作要点

新闻活动策划方案的写作没有固定模式,因具体案例的不同,策划方案的写作会有各自的侧重。下面是北京的一位记者为山东青岛××集团做的一个比较有代表性的新闻策划方案目录。

[实例 5 - 4 - 4]
针对"××集团"的宣传策划书

一、"××集团"目前经营形势的分析及前景预测

二、同行的竞争手段及宣传点

三、《××集团》宣传的优势和劣势

四、"××行动"的意义和目的

"××行动"是此次新闻策划的代号

五、新闻点的挖掘

共分四个层次、有步骤实施的 18 个新闻点,并提到了"切入点、反攻、自我炒作、复合保护、风险防范"等好几套组合方案。

六、意外风险防范的后备宣传准备(指万一宣传失败后的补救措施)

七、媒体的选择、分类、分配

对中国的主要媒体进行了深入分析,甚至分析了某些媒体内部的一些事情。同时,安排好了哪个媒体刊登哪类稿子。

八、文章的分配、交叉、刊登时间的统一协调

整体实施,共分四个步骤进行。

九、办事机构及人员

十、费用预算

历时 3 个月,总费用为 140 万元人民币。

（新闻活动策划部分案例选自郭羽《第四项修炼》）

四、新闻活动策划方案写作

[实例 5 – 4 – 5]

雅士居私房菜馆新闻活动策划方案

根据目前××市餐饮业不景气的现状,雅士居私房菜馆以系列性主题活动贯穿整个促销活动,最大限度地和目标消费者互动起来,达到了理想的促销效果。

雅士居私房菜馆在消费者心目中是一家经营宫廷菜的私房菜馆,不管从装修风格和菜品口味来讲,在同行业中都是属于独树一帜的。雅士居私房菜的博大精深和雅士居私房菜馆名字的亲和力更彰显出本次营销活动的主题性——强烈的饮食文化氛围带动浓厚的餐饮促销氛围。

现研究制定雅士居私房菜馆新闻活动实施细则。

第一冲击波:媒体整合

任何一项活动策划的成功,广告投放策略都很重要。按照××广告投放有效到达率来看,排序是:报纸、传单、户外、广播、电视、网络。因此本次活动广告投放密度比例为:报纸10%、传单20%、户外20%、广播15%、电视10%、网络25%。轮番进行广告宣传。

(一)建议媒体

《××都市报》,户外、公交站牌,交通广播文艺频道,××电视台,广播热线,以整个菜馆的经营宗旨为宣传主线,贯穿菜馆对客人的服务承诺,员工服务素质的培养、菜品质量的要求以及客户对菜馆的意见反馈等,作为辅助宣传,在媒体上出现,并为宣告本次促销活动拉开序幕。

(二)策略重点

1. 尽量以非广告的形式出现在媒体上,以本报讯或者通讯稿的形式为佳。

2. 尽量用第三者口气叙述本次宣传内容,做到让读者有可信度。对于消费者反馈的宣传内容最好能以真实顾客的经历为主,不妨列出顾客的姓名和工作单位等。

第二冲击波:开展一系列营销活动

营销活动总体原则

关心社会,热心公益事业;产品质量可靠,服务规范,企业形象丰富;增强顾客信任度,以使消费者更加了解雅士居私房菜馆。

主题一:实施"消费者满意工程"

通过电视台、报纸、电台、网络及自媒体等媒体,特别是以新闻的形式进行全方位的报道,以提升"雅士居私房菜馆"品牌的知名度和公众信誉。

1. 与供应商家签订质量保证书。

2. 给餐饮投保。

3. 开展主题为"把你的烦恼告诉我"的系列活动,让消费者写下餐饮过程遇到的种种烦恼,并想办法解决。这样既起到了促进消费的作用,又提升了品牌形象,而且积累了宝贵的消费者资料。

4. 实施会员卡积分制度。

在亲和待客方面做到以下几点。

第一,赠品方面:菜馆应有特色的小工艺赠品,让顾客觉得到雅士居私房菜馆吃饭,除了能享受高层次的氛围,还能得到新奇的小礼品。它不仅能起到宣传作用,还能提高餐馆档次。在发放上可以根据消费的高低,赠品与之相配,但需要专人负责。

第二,建立和收集《客源人事档案》,如××市名人,×年×月×日客人生日,××公司×年×月×日年庆,×××名人结婚纪念日,等等。到时提前发放贺信以此来加强与顾客的联系,以拥有一批稳定的客源。可以这样计算,若建立有5 000个客源的档案,一年有一次就餐机会,每天就有5 000÷360 = 13.8次,上座率就是20%,那么每天至少有2~3桌客源。

第三,餐后服务:就餐后,客人除得到赠品、优惠券外,安排一两个人为客人免费洗车(凭餐券或其他手续)。事虽小,却能给客人减少许多麻烦,以此来增加客人对餐馆的良好印象,从而更好地为餐馆创造效益。

主题二:实施"餐饮学堂"项目

1. 设立餐饮学堂的优势

(1)最大限度地减少了顾客对商家及产品(餐饮)的误解,有效地压缩了有损产品营销效应及企业形象的传言。

(2)让顾客有更多的机会成为参与者,使他们觉得受到了××私房菜馆的重视和尊重,从而能够很好地拴住顾客的心。

(3)让我们的顾客比其他餐饮商家的顾客更有面子,很好地满足了顾客非常需要了解餐饮产品的愿望。

(4)为消费群制造了更多对餐饮产品认识的话题,以及社会热点问题或对企业话题的探讨,对于商家美誉度的传播有积极作用。因为这种方式所表现出来的内容都是很好的口碑,形成了一种对商家有利的外围环境。

2. 内容

(1)开展"雅士居私房菜馆"杯餐饮论坛及征文活动。

(2)消费者成为"雅士居私房菜馆"餐饮俱乐部的会员,享受一些优惠活动。

(3)开通"雅士居私房菜馆餐饮热线",解决消费者的疑难问题。

邀请媒体、消费者及供应商，就餐饮存在的一些问题做深入的探讨，并提出有效的解决办法，以提高雅士居私房菜馆在业界的口碑和影响力，以增加消费者对"雅士居私房菜馆"品牌的认知度和忠诚度。

主题三：组织开展多项主题互动活动

活动方案一：雅士居私房菜馆广告语征文。

2～3月，拟请作家协会或广告协会与××晚报社市场消费部联合主办，在××晚报发布"雅士居私房菜馆广告语"这一核心概念广告语征文，利于快速传播"雅士居私房菜馆广告语"，而且通过消费者、潜在消费者的广泛参与，使消费者更加关注雅士居私房菜馆。此征文活动还可提高雅士居私房菜馆的文化品位，对雅士居私房菜馆占领市场有积极的促进作用。

活动方案二：评选"我最喜欢的餐厅"活动。

活动目的：暗喻××的特色性，并提升餐厅的知名度。

互动形式：和××餐饮协会合作，列出××城市比较出名的10家有特色的饭店餐厅，让消费者通过手机微信、网站进行投票，并从中抽取幸运者赠送奖品。

活动方案三：征集雅士居特色菜肴的名称活动。

活动目的：创造新闻效应，突出餐厅菜肴的特色。

互动形式：在媒体上列出雅士居主要特色菜的主要配料、主料及做法。根据色、香、口味让消费者给出菜肴的适合名字，并且餐厅一旦采用以后这个菜肴就一直沿用被采用的名字。设立奖项奖励参与者或者对本次中奖的消费者以后来雅士居消费本菜肴一律免费。

活动方案四：征集雅士居食客最喜欢的菜肴。

活动目的：创造新闻效应，突出雅士居对消费者的重视。

互动方式：通过各种媒体对外公开征集雅士居食客自己的特色菜肴或者是最喜欢的菜肴，要求有原创性，讲究一定的营养平衡因素和烹饪制作的可行性。入围者可获取奖品并由雅士居做成实际菜肴推出。入围者对本菜肴有冠名权或者以后免费品尝权。

主题四："3·15"消费者直通车(3月)。

1. 内容

设计消费者调查表并刊发在报纸上，凡消费者剪下此表格填写正确，就可当作优惠券来雅士居私房菜馆消费，并凭表格和身份证寄回报纸参加抽奖。抽出百名幸运消费者，召开消费者联谊会。力图在"3·15"前后营造积极的社会影响，带动消费。

2. 邀请媒体到雅士居私房菜馆采访

(1)"3·15"当日报纸报道雅士居私房菜馆活动。

(2)其他媒体继续进行软性文章宣传。

(3)通过对雅士居私房菜馆的新闻报道,越来越多的人听到了雅士居私房菜馆的名字和产品,但对雅士居私房菜馆的深入了解还不够。这时可通过主要媒体(《××都市报》)推出关于雅士居私房菜馆创业、成长、发展的深入报道,把一个真实、生动、具体的雅士居私房菜馆形象展现给消费者。

(4)"3·15"诚信消费日(3月)。

通过软文的形式发布征寻"诚信见证大使"的新闻,聘请315位消费者为"诚信见证大使",颁发"诚信见证大使"证书,实施诚信工程。

主题五:重奖高考状元慰劳英雄母亲(7,8,9月)

每年高考都是热点话题,高考状元更是热点中的热点。应借此机会宣传品牌,深入百姓生活,体现雅士居私房菜馆"服务社会"的企业精神。从重奖高考状元到慰劳英雄母亲,一直到挖掘刻苦求学的典型,一个层次比一个层次高。如能做好细致的策划方案,定能起到意想不到的效果。

(1)前期宣传,召开新闻发布会,吸引媒体注意。

(2)与教育部门或基金会联合主办,或取得其支持。

(3)在重点市选取文、理科状元各一名,每名奖励1 000元,在雅士居私房菜馆召开颁奖典礼暨新闻发布会,并达成若干人才培养或录用意向。

(4)公司带礼品慰劳英雄母亲,伴以追踪采访。

(5)挖掘感人题材,以雅士居独家冠名方式在《××都市报》作专版专题报道。

(6)宣传雅士居私房菜馆尊重知识、重用人才的企业文化,并进行深入报道。

主题六:消费者心目中的理想品牌——美食节消费者评选活动

评选结果出来之后,有可能在行业内部引起震荡。可适时把握机会,制造有利于自己的新闻事件。

主题七:时事营销——诚聘健康大嫂

在《××都市报》刊登招聘广告《诚聘健康大嫂》,文案中以退休姐妹知心人的角度,历述她们年轻时的拼搏与希望。欢迎退休姐妹前来成为事业伙伴,共同传播健康餐饮文化。招聘健康大嫂当代言人,同时请大嫂来当促销人员。只要人们谈起健康大嫂女工,该菜馆往往就会被提起。凭借"健康大嫂"这一载体,抢占广告传播的制高点,从而使广告的传播力度得到大大提升。

相信不久的将来,雅士居私房菜馆将引领××市或周边城市的美食风潮。

(一)新闻活动策划方案写作框架

为写出专业化、规范化的策划方案,有效开展各项活动,通过以上案例,总结出新闻活动策划方案写作框架。

1.策划方案名称。尽可能具体地写出策划名称,如"×年×月×日××系

××活动策划书",置于页面中央。

2.活动背景。这部分内容应根据策划书的特点在以下项目中选取内容进行重点阐述,具体项目有:基本情况简介、主要执行对象、近期状况、组织部门、活动开展原因、社会影响以及相关目的动机。其次应说明问题的环境特征,主要考虑环境的内在优势、弱点、机会及威胁等因素,对其做好全面的分析(SWOT 分析),将内容重点放在环境分析的各项因素上,对过去及现在的情况进行详细的描述,并通过对情况的预测制订计划。如环境不明,则应该通过调查研究等方式进行分析并加以补充。

3.活动目的及意义:活动的目的、意义应用简洁明了的语言表述清楚。在陈述目的要点时,该活动的核心构成或策划的独到之处及由此产生的意义都应该明确写出。

4.活动名称:根据活动的具体内容、影响及意义拟定能够全面概括活动的名称。

5.活动目标:此部分需明示要实现的目标及重点(目标选择需要满足重要性、可行性、时效性)。

6.活动开展:作为策划的正文部分,表现方式要简洁明了,使人容易理解。在此部分中,不仅局限于用文字表述,也可适当加入统计图表等。对策划的各工作项目,应按照时间的先后顺序排列,绘制实施时间表有助于方案核查。另外,人员的组织配置、活动对象、相应权责及时间地点也应在这部分加以说明,执行的应变程序也应该在这部分加以考虑。

7.经费预算:活动的各项费用在根据实际情况进行具体、周密的计算后,用清晰明了的形式列出。

8.活动中应注意的问题及细节:内外环境的变化,不可避免地会给方案的执行带来一些不确定性因素。因此,当环境变化时是否有应变措施、损失的概率是多少、造成的损失多大等也应在策划中加以说明。

9.活动负责人及主要参与者:注明组织者、参与者姓名、单位(如果是小组策划应注明小组名称、负责人)。

10.策划书需制作一张封面,装订时从纸张左边装订。大型新闻活动策划方案按格式要求交电子版和打印版各一份。

(二)新闻活动策划方案写作要求

新闻活动策划书的写作在遵循专题活动策划写作的一般要求的同时,还要注意以下几点。

1.新闻活动策划书要以传播真实准确的信息、进行正确的舆论引导为目的,它服务于社会公众,决不允许任何造假和欺骗。

2. 写作新闻活动策划书,要在充分考虑媒体的社会文化背景、生存环境、战略目标等因素的基础上,进行合乎实际的、积极有效的规划和设计。

(三)新闻活动策划的成败因素及如何提高新闻活动策划水平

1. 信息占有量与分析的准确度,决定着新闻活动策划的合理性和可行性。在瞬息万变的市场经济时代,信息是最宝贵的资产,是一切决策的依据。新闻媒体作为一种信息载体,它一方面为社会各个组织和成员提供最新信息,另一方面同样要靠信息来帮助自己决策。

2. 超越竞争的创造性思维决定策划的水平。市场竞争是孕育策划的土壤,但策划水平的高低却在于能在多大程度上超越竞争,即超越别人。超越竞争的思维,实际就是一种超前性的、创造性的思维。

3. 运作过程中的应变能力决定策划的可持续性。新闻活动策划是一个与策划的运行同步并行的"系统工程",也就是说,策划不是孤立冒出的一个点子,不是灵机一动的思想火花,而是成龙配套的创意与设计,是一系列方案的组合。策划也不是一次性操作、一蹴而就的工作,而是在最初的策划方案交付运作以后,仍然要持续进行的精神劳动。

相关链接

新闻策划的行为规范

新闻策划可以理解为"新闻媒体运作策划",是对新闻传媒生存发展的战略规划,包括对传媒的受众定位、经营方针、产品(通讯社新闻、报纸、杂志、广播电视节目等)设计、制作与营销、广告经营、员工构成、内部管理、资产资金、技术设备,以及传媒的其他各类经营活动和社会活动等进行运筹和规划。新闻策划的本质,是在新闻媒体实际运作之前及运作过程中,根据对相关信息的占有与分析,通过创造性的思维活动,周密地设计与修正行动方案。

新闻策划应严守以下行为规范。

第一,策划必须以客观存在为基础,决不能以假象或者被扭曲、肢解的事物为策划依据。19 世纪末,美国报业巨头赫斯特办的《纽约日报》,就曾以歪曲事实的报道煽动了美国对西班牙的侵略战争。1896 年,赫斯特派了一位速写画家到西班牙作战争速写,画家致电说:"这里很平静,不会有战争,想回去。"赫斯特复电:"请留下,你供给速写图画,我将供给战争。"后来,一艘美国战舰"缅因号"在哈瓦那被炸沉,《纽约日报》便断言是西班牙人所为,并悬赏 5 万元征求查明罪犯的证据,以此制造战争气氛。这样的新闻报道及活动策划是以扭曲事实为基础的,完全违背了事物发展的本来面貌,也违背了新闻规律,只能对社会公众产生不良的影响,造成消极后果。

新闻报道策划不同于一般企业的公关策划也表现于此:企业的策划行为以宣传、推销自己的产品或服务为目的,有时不惜制造假象,自编自演,以达到此目的(这其实也不符合公关原则);而新闻报道策划以传播真实准确的信息、进行正确的舆论引导为目的,它服务于社会公众,决不允许任何造假和欺骗。

第二,新闻报道策划具有主观能动性。新闻报道策划具有的主观能动性体现在策划者对报道内容的选择、表现、评价等方面,所有这些行为必须顺应事物发展变化的规律,以新闻传媒应有的社会责任感促使事态向有利于社会公众、有利于大局、有利于历史进步的方向转变,争取积极的社会效果。因此,新闻策划中要严格区分"新闻报道策划"与为企业搞的"广告宣传策划"的界限,严禁以"新闻策划"为名为企业做变相广告。而新闻媒体策划的其他范畴,如媒体产品策划、营销策划、广告经营策划等,同样也要遵循事物发展的规律。

应用能力训练

请为学校或单位组织的大型活动写一份新闻活动策划方案。

第五节　专题活动策划方案

课前提示

无时不策划,无事不策划。专题活动策划是提高市场占有率的有效形式,一份可执行、可操作、创意突出的专题活动策划方案,可以有效提升单位组织的知名度及美誉度。

教学要求

◇认知专题活动及专题活动策划方案的特点,了解专题活动策划方案的内容要素

◇理解专题活动策划方案的写作要求

◇能够写作专题活动策划方案并参与、组织策划一次专题活动

一、认知专题活动及专题活动策划方案

[实例 5 - 5 - 1]

"黑龙江使者"活动赞助建议书

一、前言

"黑龙江使者"活动作为国家重点项目活动,于 2005 年开展了第一期的活动,获得了很大的成功。黑龙江全长 4 444 公里,直接注入太平洋。黑龙江流域有 130 多种淡水鱼,拥有极其丰富多样的陆地湿地和森林生态系统,是大批候鸟的迁徙中转地。但如今黑龙江面临着沿岸人口增长、污染加剧、资源减少及其他危险。

世界自然基金会倡导了"携手保护黑龙江绿色带"的活动,今年我们把焦点转向水资源保护和合理利用方面。大学生作为该活动的主体,具有极大的热情、极强的创造力和宣传力,他们是先进环境文化的播种机、社会信息的收割机、社会进步和环境改善的助推器。

投资和赞助环境事业,将大大改善贵公司的形象。此次活动是东北地区最为大型的学生活动之一,其影响力和宣传效果是非一般活动所能比拟的。相信贵公司不会轻易放弃此次良机。

二、活动介绍

(一)目的

1. 通过大学生在黑龙江全流域(包括松花江、嫩江、额尔古纳河及其支流流域)的实地考察活动,了解黑龙江流域水资源的分布和利用现状,了解流域内水环境被破坏的状况(包括水污染和缺水现象、河流或者湖泊的生态状况、水土流失、水生生物现状、水坝危害),探究影响水环境的各种因素,思考如何减弱或者消除这些不利因素。

2. 通过大学生在校园、城镇、社区和走进考察地的全方位环境保护宣传,引起社会各界对黑龙江水流域问题的关注,唤起东北地区人们保护水环境、珍惜水资源的意识。

3. 充分利用 2005 年"携手保护黑龙江绿色带"的活动成果,解决去年项目队已经发现的当地存在的各种各样的生态问题。

(二)组织机构

主办单位:世界自然基金会、绿色龙江、黑龙江使者协调委员会

承办单位:黑龙江、吉林、内蒙古、北京、辽宁的高校环境保护组织

协办单位:绿色吉林、哈工大绿协、东林大绿使、哈商大绿色文明协会等

赞助单位:(略)

(三)活动时间

20××年 5 月 15 日至 20××年 11 月 15 日

（四）活动地点

黑龙江流域各个珍贵的保护地、各所高校、商业名街或广场、俄罗斯。

（五）活动项目

启动仪式、前期培训、"6·5世界环境日"宣传活动、新闻发布会、考察活动、东北大学生绿色营、中俄交流活动、活动闭幕式、颁奖仪式等。

三、工作计划（略）

四、传播途径

（一）网站宣传

利用世界自然基金会网站、绿色龙江网站、各高校网站进行宣传。

（二）书籍报纸宣传

将制作《黑龙江使者》一书，发往各个NGO组织，各政府部门及学生组织。

（三）海报宣传

将制作统一的海报，用于活动的各部分宣传。

（四）媒体宣传

将邀请至少两家国家级媒体、两家省级媒体、五家地方级媒体参与活动的宣传工作。

（五）展板宣传

将于10月份至12月份，在至少十家高校进行循环展出。

（六）现场宣传

6月5日十几个高校进行联合宣传活动。

（七）新闻发布会

启动仪式，"6·5世界环境日"宣传活动，东北大学生绿色营，中俄交流活动，闭幕式等现场宣传形式，邀请相关媒体报道，吸引更多媒体的关注。

（八）光碟和DV的制作

将制作一定数目的DV，发往参与各队伍的人员和NGO组织、高校社团。

（九）用品宣传

活动将统一服装、帽子、文件夹、背包、队旗、条幅，队徽等物品，以加强宣传力度。

五、赞助商回报方案

（一）网站宣传

将通过世界自然基金会网站、绿色龙江网站及其他至少五个高校网站对赞助商表示感谢，并将在绿色龙江、哈工大绿协等网站做广告宣传。

（二）海报宣传

在各学校发布的海报信息上，印上赞助商的名字和商标。

（三）书籍宣传

在书籍上制作赞助商的宣传页面，书籍将发往各地高校，在各协会报纸上发表对赞助商的致谢广告。

（四）媒体宣传

在活动邀请的媒体上对赞助商进行多种形式的宣传。

（五）现场宣传

在启动仪式、前期培训、"6·5世界环境日"宣传活动、新闻发布会、考察活动、东北大学生绿色营、中俄交流活动、活动闭幕式、颁奖仪式等各种活动中，为赞助商进行现场宣传。在6月5日世界环境日之际，十几所高校开展联合宣传活动，活动将在各大城市广场进行，为赞助商进行现场宣传。

（六）嘉宾致辞

在各种活动过程中邀请赞助商领导为活动致辞。

（七）荣誉称谓

赞助商将被授予"黑龙江使者活动特殊贡献奖"。

（八）称谓使用权

贵公司有权在签约后的一年内，在其产品（或服务）、包装（或标志）和促销宣传中使用"黑龙江使者活动"名称和会徽标志。

（其余略）

以上各条款双方可以就具体项目进行协商。

六、经费预算（略）

七、各部分活动宣传价值评估（略）

八、附件材料

以上是社会赞助活动的策划方案。赞助活动是专题活动之一，是社会组织为赢得政府、社区及相关公众的支持，创造组织生存和发展的良好环境，出资支持社会福利、社会公益和慈善事业等活动，并以此来证实组织的实力，表明组织承担的社会责任，以赢得社会的普遍好感。目前，赞助活动已经成为商务公共关系专题活动中的一个重要组成部分，已经越来越多地被企业所认识并加以重视，是一种超越一般广告宣传的系统化公共关系活动。

（一）专题活动

专题活动指为了达到一定的目的，在某一个特定的时期、特定的场合举办的活动，如对外接待、参观、开业、庆典、节日庆典、新闻发布会、记者招待会、竞赛、捐助等大型活动。

专题活动根据主题的展开，以实效性和立体性准确展现大众的要求，提高大众的参与性及互动性，获得广大消费者的美誉度和认可度。这种活动促使参与的每一个人能亲身体会到直接、有针对性的宣传刺激，这种直接性是报纸杂志、广播电视、网络等媒介所不可比拟的。

(二)专题活动策划方案

专题活动策划方案就是针对上述这些活动所制定的行动计划，是专题活动策划的具体形式。为了组织好这种专题活动，事先要经过精心的谋划，在全面策略上指导实施者去圆满地实施对策，从而达到目的。

专题活动具有鲜明的目的性，是围绕整个组织机构的组织形象策略和近期目标而确立的，往往需要耗费很多资源，包括人力、物力和财力。专题活动具有广泛的传播性，大型专题活动本身就是一个传播媒介。在没有组织之前其不具备传播作用，活动开展起来，各方面的因素都调动起来，就会产生一定的传播作用。专题活动具有组织的严密性，每一次活动都是现场直播，一旦出现失误将无法弥补。这就需要事前精心组织和谋划，组织当中严密审慎。专题活动具有高投资性，每次活动往往要投入大量资金，这是大型专题活动的基本保障，资金使用应认真审核，不能出现纰漏。

二、专题活动策划方案写作要点

专题活动策划的基本要求是主题明确，内容具体；背景清楚，条件具备；时机恰当，地点适宜；形式新颖，组织周密；合乎人心，赢得支持；效果明显，影响广泛。

(一)综述

简单扼要地介绍活动方案，突出其宣传点或获益点。

(二)活动简介

对主办单位进行简介，对活动的背景资料，包括构思和主要参与者也进行一定的介绍。

(三)活动方案

详细介绍活动方案，包括时间、期限、地点、活动项目、参与人数和目标受众，表明活动的目标，提供过去类似活动的资料，如新闻剪报等。

(四)投资方案

这部分应详细列出活动所需的现金、产品、奖金、奖品、广告费、促销费、服务费、专业咨询费等。必须清楚所有成本和利润；同时，资金投入应与可能取得的回报相关联，不要过低估计成本，也不要高估活动的商业价值。

(五)获益点或回报方案

明确列出投资方的宣传机会和获益点，包括无形的利益如提升组织形象、增加公众认知度等。如果可能，将所有回报进行量化。

（六）决策的期限

明确表明公司最后答复的日期和联系方式。每隔10天打电话跟踪，也可以要求会见，面对面讨论细节。

（七）附录

附录部分包括其他相关材料，如赞助计划书和大概的预算、以前活动的方案，以及一切可能增强说服力的材料。

三、重要节日庆祝与庆典活动策划方案

[实例5－5－2]

北方大学周年庆典活动策划方案

10年的历程，10年的拼搏，10年的辉煌，北方大学走过了10年的风雨，迎来了10年的华诞。为了丰富校园文化生活，展示校园文化建设成果，对外加大宣传，对内加强团结，重新描绘北方大学的宏伟蓝图，续写灿烂的新篇章，拟定于2017年3月18日举办建校10周年庆典活动。为了确保校庆各项筹备工作的顺利开展，特制订如下方案。

一、活动策划目的

（一）通过本次校庆活动，总结我校发展的历史经验，展示我校育人成果，进一步明确学校发展方向，也加强广大校友之间的联系，增进和寻求社会各界对学校的了解和支持，提升学校在社会的认知度和美誉度。

（二）通过本次活动的规模效应，营造校园文化氛围，激励和鼓舞全校师生员工的热情，加强学生对学校的了解与认识，形成荣誉感和自豪感。同时也促进学校在新时期各项工作的健康、快速发展。

（三）借助本次活动，本着"展示成就、扩大影响、凝聚力量、促进发展"的原则，以史为鉴，展望未来。

（四）通过十周年的校庆活动提高组织能力、沟通能力。

二、庆典活动时间计划

（一）启动阶段（2016年3月—2016年12月）

1.成立校庆筹备领导机构和工作机构。

2.研究确定校庆日和校庆规范名称。

校庆时间：2017年3月18日

校庆规范名称：今天是你的生日——我的母校

3.召开各工作组组长会议，各小组选定工作人员。

4.各组根据工作职责提出工作方案报校庆领导小组审定。

5. 在校内外营造迎校庆氛围,发布致校友的一封信。

6. 启动校庆活动经费筹集工作。

7. 研究确定规划项目和校园景观项目。

8. 充实完善校园文化建设,设计好校徽、校歌、校训、校风、教风、学风方案。

9. 完成校庆筹备领导小组确定的其他任务。

(二)筹备阶段(2016年10月—2017年2月)

1. 建立各地校友联络站,设立校友网站,编辑《校友通讯录》。

2. 编印《北方大学校史》、10年校庆纪念册,编辑《校庆专刊》,制作光盘(专题片),设计确定校庆纪念品。

3. 举办10年校庆师生书画摄影作品展,宣传报道、拍摄校庆专题片,布置校史陈列馆。

4. 组织校园基础设施建设:改造学校大门与德育墙,修建校庆标志物,修整美化校园环境。整修校舍。

5. 组织文艺活动排练和师生活动布展。

6. 开展"师生同唱一首歌(校歌)"活动。

7. 组织实施规划项目和校园景观项目。

8. 继续筹集校庆活动相关经费,设立专项基金。

9. 联系落实领导题词,确定重要领导、来宾和重要校友名单。

10. 制订校庆活动具体实施方案。

11. 完成学校校庆领导小组确定的其他任务。

(三)庆典阶段(2017年3月5日—2012年3月18日)

1. 邀请领导、来宾、校友。

2. 编印校友录。

3. 起草校庆文稿,印制文字资料。

4. 召开新闻发布会,在各种媒体上加大校庆宣传力度。

5. 登记接收礼品和钱物并进行展示。

6. 隆重举行建校10周年庆典。

7. 组织各类校庆相关活动。

三、经费预算(略)

以上是单位庆典活动案例,一个单位或组织开展上述活动都要制订出活动方案。良好的活动策划方案加上方案的顺利实施,才能使活动圆满成功。

(一)重要节日庆祝与庆典活动的类型

1. 庆典活动,如国庆、校庆、厂庆、店庆、婚庆、开业典礼、奠基典礼等。

2. 纪念活动,如纪念抗日战争胜利活动、纪念孙中山先生诞辰活动等。

3. 剪彩仪式,如开业剪彩、通车剪彩等。

4. 开放参观仪式,如展览(馆)开展仪式、揭幕仪式等。

5. 联谊活动,如单位联谊、同学聚会、同乡聚会、军民联谊等。

(二)写作重要节日庆祝与庆典活动策划方案的基本步骤

1. 选定主题。主题是对活动内容的高度概括,是整个策划的灵魂。策划的活动要为广大公众接受,就必须选好主题。

2. 选定日期。除了固定的纪念日,日期的选择一般较为灵活,但策划时首先要将日期和时间确定下来,以便做具体的时间安排,并将其列入组织计划之中。

3. 选择地点。选择地点时必须考虑公众分布情况、活动性质、活动经费以及活动的可行性等诸多因素。

4. 通知参加者。要将具体日程安排通知参加者,包括设计日程计划表、明确起止日期、明确每一天的活动项目。除节目内容和日期的安排外,许多时候同时也进行公众宣传方面的日程安排。

5. 费用预算。要计算好活动成本和各项费用支出,让有限的资金发挥最大的作用。

总之,写作重大节日与庆典活动策划书时,要明确庆典活动的目的和意义,确定主题。要精心设计活动的形式和内容,要有独特的创意,避免落入俗套。

相关链接

节日营销活动策划策略

策略一:出位创意烘托节日氛围

针对不同节日,捕捉人们的节日消费心理,塑造不同鲜明的活动主题,寓动于乐,寓乐于销,制造热点,营造现场气氛,实现节日销售目的。

策略二:文化营销传达品牌内涵

充分挖掘和利用节日的文化内涵,并与自身经营理念和企业文化结合起来,不仅可以吸引众多的消费者,在给消费者艺术享受的同时,也能带来良好的市场效益,树立良好的企业形象。

策略三:互动营销增强品牌亲和力

生活水平的提高使消费者的需求开始从大众消费逐渐向个性消费转变,定制营销和个性服务成为新的需求热点,可以做活节日市场。

策略四:艺术促销激发售卖潜力

节日营销主角常常是"价格战",广告战、促销战均围绕价格战展开。能否搞好价格战是一门很深的学问,要讲究创意和艺术。

应用能力训练

1. 某校计划举行"青春勇担当 梦想终远航"大型创业大赛。比赛经过预赛、初赛和决赛三个阶段,活动由著名企业赞助,预赛、初赛由学院校园网刊登相关信息,决赛则由市电视台、报刊、大型网站进行宣传。请以小组为单位,讨论研究,分工合作,分别撰写赞助活动策划方案、新闻活动策划方案,最后总写"青春勇担当 梦想终远航"专题活动策划方案。

2. 以"一个值得纪念的日子"为题,如同学聚会、重大事件、单位庆典、节日或纪念活动,写出专题活动策划方案,并模拟举办一次庆典活动。

3. 请以小组为单位,策划一场新年晚会活动,并撰写活动策划书,说明本小组的创意点,各组完成后,进行活动展示。

第六节　海报和启事

课前提示

随着时代的进步和经济的发展,海报已无处不在,它已渗透到社会生活的各个方面。在街头、超市、影院,在机关、部队、校园,只要留意,便会发现那些精彩的海报,内容丰富多彩,形式灵活多样,为人们传递着多种信息。同时,在日常生活、工作、学习中,在经济交往的过程中,启事也可以及时传递信息。启事虽然只有几行字,意义却很大,是一种简便易行的交际工具。学习写作海报和启事,会帮助我们解决许多工作生活中的实际问题。

教学要求

◇了解海报的特点、种类和形式
◇理解海报和启事的写作要点
◇学会写作海报和启事

一、海报的写作

(一)海报的概念、特点和分类

海报是主办单位在一定范围内向公众报道或介绍举行文化、娱乐、体育、展销等活动的一种招贴式事务文书。

"海报"的名称最早出现于上海。那时,人们习惯把职业性的戏剧表演界叫做"海",而把那些从事职业戏剧表演的人称为"下海",那些作为演出剧目信息的招贴就被叫作"海报"。到今天,海报已经成了一种经过设计的、张贴在引人注目的公开场所、最常见的实用文体。

海报具有张贴性、宣传性和灵活性的特点。

海报在某些方面与广告有相似之处,但也有许多不同之处。海报的特点重在告知和宣传,而广告除了宣传外,目的重在营销。广告的刊发必须遵守有关的法律、法规和政策,而海报在张贴的时候一般不需要办理特别的许可证件。虽然两者都很注重创意和设计,但海报较广告更为灵活。海报以宣传为重要目的,以张贴为主要手段,具有很强的灵活性,可以是设计精美的艺术宣传招贴,还可以写在大小不等的纸上张贴,既可以用质量不错的展板设计制作,也可以用黑板写清楚告知的内容。重要的海报需要通过报刊、电台、电视台等媒体进行宣传。有一点要特别注意,那就是海报的制作必须醒目。

根据内容的不同,海报大致可以分为文艺类海报、体育类海报、报告类海报和展销类海报。随着科学技术的进步和发展,很多现代化的手段被应用到海报创作中来。越来越多的海报制作突出了美术创意,形式上也由过去单一的文字招贴走向艺术招贴。

(二)海报的写作

海报的告知性和宣传性特性,以及海报文体的特殊形式,决定了海报的整体创意必须在一瞬间留给人留下强烈的印象,让人对海报的内容一目了然。

海报写作的内容和结构基本包括:标题、正文、结尾三部分,以及整体创意和美术设计。海报的美术设计要求形式灵活多样,讲究新颖独特。

1. 标题。海报的标题相当关键,这是海报的主题和内容的焦点。它主要有两种形式:一种形式是直接采用"海报"作标题;另一种形式是根据活动内容拟定标题,适当使用修辞手法,突出海报的宣传效果。比如"××艺术展""微笑服务——上帝与你握手"。

2. 正文。正文部分因海报的种类不同而不同。它主要包括以下两项内容。

(1)必备内容。这主要包括:①明确活动名称和种类(电影、报告、比赛等);②简要交代活动的具体情况,比如,比赛的是什么球队,演出的是什么剧种,报告会的内容和报告人,展览的主题和内容,等等。

(2)辅助内容。辅助内容主要交代举行活动的时间、地点、票价等。时间、地点要写得明白具体,准确清楚,切忌只写出大概范围。

3. 结尾。海报可以有结语,在正文之后另起一行,书写"欢迎参加""机不可失"等,也可没有。结语之后另起一行靠右下角写落款部分:举办单位的名称、海报的张贴日期等。

(三)海报的整体创意与设计

整体创意和美术设计在海报这种招贴式的应用文中越来越受到重视。海报的标题必须醒目、简洁、新颖。设计时要在字体的大小、颜色和形式上下功夫。正文部分的文字可根据版面的大小设计字体和文字位置，以清晰、美观、大方为标准。比如，电影海报，常以影片最精彩的镜头，配以最美的广告语言加以推介。电影是流动的艺术，而电影海报是凝固的艺术。一幅海报往往浓缩了一部电影的精华，两者互相补充，才能带给观众完整的艺术体验。

[实例5-6-1]　赛事海报

象 棋 比 赛

运筹帷幄　决胜千里

导游系　王奕——设计系　曹博

两军对垒　扣人心弦

时间:2005年3月20日15时

地点:学院体育馆

××学院学生会体育部

2005年3月16日

[实例5-6-2]　电影海报

《十面埋伏》隆重上映

演员阵容庞大　名导巨资制作

时间:5月10日至16日

地点:市区各大影院

票价:人民币15元

××市电影发行放映公司

2004年4月18日

[实例5-6-3]　展览海报

海　报

牛眼一睁　扫描三百名家苦乐人生

牛眼一眯　笑语四方才子成败沧桑

《牛眼看家》——著名笑星牛群摄影展在北京、天津、深圳等地巡回演出后，将于5月18日至23日在我市隆重展出，届时牛群将为观众现场签名留念。欢迎摄影爱好者和各界人士前往参观。

展出地址:××市文化展览馆

售票时间:即日起每天 8:00～18:00

售票地点:××市文化展览馆一楼大厅

联系人:×××

联系电话:××××××

××市摄影家协会

××××年×月×日

[实例 5－6－4]　活动海报

> **"青春诗会"海报**
>
> 这是诗歌的擂台
>
> 这是青春的精彩
>
> 这是激情的盛会
>
> 这是热情的澎湃
>
> 文采　口才　素质
>
> 浪漫　激情　比拼
>
> 时间:2004 年 12 月 9 日下午 2 点
>
> 地点:多功能厅
>
> 欢迎参加
>
> 基础部
>
> 2004 年 11 月 29 日

二、启事的写作

(一)启事的概念

启事,是机关、企事业单位、团体或个人,因需要向公众说明某事或提请公众注意,希望公众协助其办理某事时使用的一种事务文书。启事是一种常用的周知性文体,"启"含有"陈述"的意思,"事"即"事项"。启事多刊登在报纸杂志上,有的张贴在街头、路边等引人注意的公共场所,有的在电视台、广播电台播出。

启事的内容很广泛,不具备法令性,也没有强制性和约束性,对于启事所要求的内容人们有着参与的自主性。

(二)启事的分类

启事的种类很多,根据启事事项的不同,可以分为:寻找、征招、周知、声明四大类。类别不同,其作用也不同。

1.寻找类启事。它是为了求得公众的响应和协助而发布的启事。这类启事有寻人启事、寻物启事、招领启事等。

2.征招类启事。它是为了求得公众的配合与协作而发布的启事。这类启事有招生、招考、招聘启事;征文、征订、征集设计启事等。

3.周知类启事。它是为了开展工作和业务,把某些事项公之于众,以便让公众知晓。这类启事有开业启事、迁址启事、变更启事、婚庆启事等。

4.声明类启事。它是为了完成法律程序,启事事项经声明公开、登报后,对其引起的事端不再承担法律责任。这类启事有遗失启事、更正启事和其他声明启事等。

(三)启事的一般写作格式

启事的格式一般由标题、正文和结尾三部分组成。

1.标题。标题的写法有以下几种:第一种,只写"启事";第二种,标题里标明启事事项,如"招领启事""开业启事"等;第三种,如果事情重要和紧迫,可标明"重要启事"或"紧急启事"。有时将"启事"两字省去,只写"寻人"或"招聘"。

2.正文。不同类型的启事正文内容有所不同,一般包括:启事的目的、意义、具体办理方法、要求、条件等。正文是启事的主要部分,主要说明启事的事项。正文写法形式多样,可以分段写,内容多的应逐条分项写清楚。要写得具体、明白、准确、简练、通俗,千万不可模糊、含混,以免产生歧义。

3.结尾。结尾要署名和填上日期。在右下角写启事单位名称或个人姓名。视具体情况,有的还要写上地址和启事时间,另起一行分别写到右下角。报刊上刊登的启事也可以不写日期。

(四)常用启事的写作

1.寻找类启事

(1)寻人、寻物启事。寻人启事要写明被寻人的姓名、性别、年龄、身高以及外貌、衣着、口音等方面的特征和走失原因。最好附上照片以便于辨认。寻物启事要写明物品丢失的时间、地点、名称、数量、特征等。寻人寻物启事要特别写清联系单位或联系人的名字、地址、电话号码,最后要写上感谢的话语或拟给酬谢的话,如可写"必当酬谢""必有重谢"等字样。

[实例5-6-5]

寻人启事

王××,男,78岁,身高1.68米,长脸,秃头,驼背,耳聋,患有老年痴呆症。

穿一身蓝色服装,黑色运动鞋。2004年9月12日外出,至今未归。有知其下落者,请速与××市××居委会×××联系,必有重谢。

联系电话:×××××××(家)

139×××2460(手机)

×××

×年×月×日

[实例5-6-6]

寻物启事

本人不慎于3月18日乘6路公共汽车时,将内装身份证、驾驶证和单位业务发票数张的一黑色公文包遗失。有拾到者请与××机械局201办公室联系,必有重谢。电话:138××××××××

启事人:×××

×年×月×日

(2)招领启事。招领启事一般应写明于何时何地拾到何物,以及认领的具体地址。至于拾物的具体特征和数量则不宜写出,等认领人认领时再加以核对,以防冒领、错领。

[实例5-6-7]

招领启事

本店员工拾到皮包一个,内有人民币若干、首饰若干件、磁卡若干张。望失主前来认领。

××饭店接待室

×年×月×日

2.征招类启事。征招类启事有征稿、征订、征集设计启事,招生、招聘启事等。

征稿启事指报纸、杂志有针对性地征集稿件的启事。这类启事应明确写出征集目的、相关背景、内容要求、体裁限定、字数、截止日期,投稿地址、奖励办法、注意事项等。征集设计启事要说明征集的目的、有关背景、设计要求、奖励办法和投寄地址、截止日期,尤其是设计要求一项要交代明确、具体,使应征者能设计出符合征集者意图的设计稿。因工作和业务发展的需要,向社会公开招聘各种专业人员和招收一般员工,可写招聘启事或招工启事。要写明招聘人员的职别或工种,应具备的条件、考核和录用办法及报名事项等,有的还需说明录用后的待遇。

[实例 5 - 6 - 8]

征集设计启事

我商场是××市较早经营旅游产品的专卖商场,已有24年的历史。为了树立名牌,维护店方和消费者的权益,特向各界征集标志设计。具体要求如下。

(1)要有旅游纪念品专卖商场的特征,有较浓厚的文化内涵,具有地方特色;

(2)主题形象突出,构图简洁明快,美观大方;

(3)征集时间自×年×月×日至×年×月×日;

(4)征集稿件请寄往××市××区××街××号;

(5)作品一经采用,即付酬金××元。

总经理及全体员工竭诚欢迎大家赐稿。

××市××旅游纪念品专卖商场

××年×月×日

[实例 5 - 6 - 9]

招聘启事

东方酒店管理有限公司因业务发展,拟招聘从事餐厅、酒楼服务工作的餐厅副经理、领班、领位员、服务员、收银员若干名;人事主管1名。

要求:

(1)餐厅副经理:女性,30岁以下,大专以上学历,5年以上本岗工作经验。

(2)人事主管:男、女不限,大专以上学历,熟知国家有关政策法规。

(3)领班、领位员、服务员、收银员:高中以上学历,23岁以下。

女性:领班、领位员身高1.65米以上;收银员、服务员身高1.62米以上,身材相貌较好。

男性:身高1.75米以上,相貌端正。

有3年以上工作经验者优先,一经录用待遇从优。有意者请携带个人简历、照片、学历证明于2003年3月9日到××市××区12号××大厦106室面试。联系电话:×××××××××。

3.周知类启事。这类启事包括开业启事、迁址启事、更改号码启事、更正启事等。

[实例 5 - 6 - 10]

开业启事

××厨具公司系专门经营饭店、宾馆厨房用品的公司,备有中西餐所用的现代化产品,产品种类齐全,全部经国家质量检测部门验证。本公司总经理××携同全体员工竭诚欢迎新老顾客惠顾。

地址：××××××

电话：××××××××

××××年×月×日

4.声明类启事

（1）遗失声明启事。当遗失了重要的票据、证件，为了避免被不法分子拾到后利用其行骗，一定要及时在报刊上登出遗失声明启事。遗失启事要写明失物的名称、数量及票据的号码等，最后一定要写上"声明作废"的字样。支票遗失，还须立即向银行挂失。

（2）更名启事。企事业单位更改名称，要写更名启事。这类启事要写清楚原来的名称和更改后的新名称。同时，在启事中还要声明一些相关事项，如公章、合同、账务往来的处理等，以避免日后产生不必要的麻烦。

[实例5-6-11]

更名启事

经上级有关部门批准，我单位将"金海旅游服务中心"更名为"金海旅游开发公司"。自2005年6月8日起启用新名称，原中心的各种印章即予废除，原来的银行账号不变，原来的一切业务关系及未尽事宜均由"金海旅游开发公司"办理。

金海旅游开发公司

2004年5月20日

应用能力训练

1.请为某项活动或一件产品设计一张海报。

2.东方宾馆开业，请为宾馆设计一则开业启事。

6

第六章　契约类文体写作

在日常经济生活和司法实践中,契约类文体的使用非常广泛,同每个公民、企事业单位和其他组织都息息相关。其中使用频率较高的有协议书、合同和劳动合同等。本章将介绍契约类文体写作的基本知识及写作技巧,避免由于制作和写作不规范而造成的损失。

第一节 协议书

协议书是双方协作关系的具体反映,是经济管理的有效手段,也是达到政治、经济目的,完成双方当事人议定事项的有效措施。作为一种能够明确彼此权利与义务、具有法律约束力的契约性文书,协议书对当事人双方都具有制约性,它能监督双方信守诺言、履行承诺。因此,协议书在人们的社会经济活动中担负着重要作用,能够正确拟写协议书是社会经济活动顺利进行的前提和保障。

教学要求

◇了解协议书的概念和作用

◇把握协议书的特点、分类和写作原则

◇能够拟写结构、内容规范的协议书

一、协议书的概念和作用

协议书是国家、政党、社会团体、企事业单位或个人,对某一事项、某个问题或某项工作,经过谈判协商,取得一致意见后,共同订立的具有政治或经济目的,或其他关系的契约性文书。

协议书是双方协作关系的具体反映,是经济管理的有效手段,也是达到政治、经济目的,完成双方当事人议定事项的有效措施。作为一种能够明确彼此权利与义务、具有法律约束力的契约性文书,协议书对当事人双方都具有制约性,它能监督双方履行承诺,信守诺言。当然,协议书的适用范围非常广泛,政治、经济、军事、外交、科研等领域,都可以借助协议书的形式进行活动,甚至民间的一些事务也要借助协议书的形式进行裁定和限制。所以,协议书在日常生活中具有非常重要的作用。

协议书的作用主要体现在以下三个方面。

(一)为正式签订合同做准备,起意向作用

在协作过程中,由于拟订协议双方初次接触,或者由于有些问题比较复杂,双方不可能一下子求得共识,取得一致意见,签订正式合同,而是需要经过多次谈判、反复协商才能达到双方满意。为了表明双方合作的诚意,保证正式洽谈取

得成果,在签订正式合同前要先签订协议书。这种协议书原则性比较强,只对某些问题做出纲要性的规定,不做具体细则规定,只是为正式签订合同做准备,提供参考和依据,起到意向书的作用。

(二)可为正式合同做补充,起合同作用

有的合同在履行过程中发现有些条款、内容不够妥当,或者出现新的情况使得原合同的条款、内容无法继续履行。比如,《建筑工程合同》在履行过程中遇到建筑材料涨价,致使承包方的经济利益受到影响,无法正常履行原合同,这就需要当事人双方再次进行协商,签订协议书,对原合同的有关条款进行修订或补充。这种协议书经当事双方签字盖章,上报原合同签证机关获得批准后,便可成为原正式合同的组成部分。

(三)协议书作为合同使用

在现实生活中,有很多合同关系目前尚无法律法规可以遵循,其内容显然超出《合同法》规定的种类,只能靠当事人双方协商签订协议书。这种协议书内容具体翔实,具有与合同相同的法律效力。

二、协议书的特点和分类

(一)协议书的特点

作为一种独立的契约性文书,协议书除了与合同有着合法性、公平性、诚信性等相似的文体特征以外,还具有自身特有的文体特点。

1.原则性。协议书的原则性通常表现为签订协议书的双方当事人仅对合作的内容、条件、要求等做粗线条的约定,至于详细具体的合作内容与形式,需要在签订协议书的基础上进一步充分协商,在正式合同中才能得以体现。

2.灵活性。协议书由于内容广泛,没有固定统一的写作格式,内容的安排、条款的详略等完全由双方当事人协商议定,所以具有极强的灵活性。

3.广泛性。协议书的适用范围比合同要宽泛得多,凡是不宜签订合同的合作形式,只要当事人双方协商一致,均可签订协议书。

(二)协议书的分类

根据协议书的作用,我们通常把协议书分成三类。

1.意向式协议书

[实例6-1-1]

协 议 书

中国××国际技术合作公司(甲方)

香港××金属有限公司(乙方)

双方于×××年×月×日在哈尔滨市,经过友好协商,在平等互利的原则下就合作投资创办出租汽车公司事宜,达成如下协议。

一、合营企业定名为××出租汽车公司。

二、合营企业为有限公司。双方投资比例为3∶7,即甲方占30%,乙方占70%。

三、公司及董事会:人数5人,甲方3人,乙方2人。董事长1人,由甲方担任;副董事长1人,由乙方担任。正、副总经理由甲、乙双方分别担任。

四、合营企业所得毛利润,按国家税法照章纳税,并扣除各项基金和福利等,净利润根据双方投资比例进行分配。

五、乙方所得纯利润可以人民币计收。合作期内,乙方纯利润所得达到乙方投资额(包括本息)后,企业资产即归甲方所有。

六、双方共同遵守我国政府指定的外汇、税收、合资经营以及劳动等法规。

七、双方协定,在适当的时期,就有关事项进一步洽商,提出具体实施方案。

甲方:(章)　　　　　　　　　　乙方:(章)
甲方代表:×××(章)　　　　　　乙方代表:×××(章)
×××年×月×日　　　　　　　　×××年×月×日

这种意向式协议书制作于正式合同之前,为正式签订合同提供依据和参考,是签订合同的"前奏"和"序曲"。

2.补充修订式协议书

[实例6-1-2]

补充协议书

甲方:广东×××学校

乙方:×××(身份证号码)

丙方:×××物业发展有限公司

甲、乙、丙三方已于×××年×月×日签订了一份《优惠购房协议书(2)》,现就该份协议书达成如下补充协议。

按照上述《优惠购房协议书(2)》的约定,乙方向丙方购买房屋后,甲方将分6年将合计13万元的购房补助款支付给乙方,其中,2016年9月10日支付2万元。现因乙方在向丙方购买房屋前已获得甲方所赠的位于×××宿舍一间,为此,三方一致同意,乙方须于甲方将2016年的上述购房补助支付给乙方后的两个月内将甲方先前所赠予的宿舍退回甲方,并协助甲方办理各种相关手续。否则,视为乙方对《优惠购房协议书(2)》的违反,甲、丙双方有权要求乙方按照《优惠购房协议书(2)》的违约条款承担违约责任。

本协议一式三份,自三方签名(盖章)之日起生效。

甲方:广东×××学校(章)

乙方:×××(章)

丙方:××物业发展有限公司(章)

×××年×月×日

这种补充修订式协议书制作于正式合同之后,即补充、修订已签订合同中条款内容的不足,是合同签订后的"尾声"。

3.合同式协议书

[实例 6-1-3]

××大学学生就业实习协议书(样本)

甲方:(实习单位)

乙方:(实习生姓名)

鉴证方(学校):××大学毕业生就业指导中心

为使大学生更好地了解企业、宣传企业,理论联系实际、完善知识结构,并进一步加强学校与企业的合作和交流,共同做好毕业生就业和企业人才招聘工作,经双方友好协商,并经过实习单位与学生进行"双向选择",甲方(单位)同意乙方(实习生)于×××年×月×日至×××年×月×日到甲方进行就业实习。在实习期间各方权利和义务及相关事宜如下。

一、甲方拥有的权利和需履行的义务

(一)要事先对实习生进行必要的安全教育,讲明应牢记的注意事项。给实习生安排工作时不得违背劳动法之有关规定。

(二)可以根据需要,调配实习生从事不同的实习岗位;如实习生由于个人能力和身体原因不能参加正常的实习活动,或拒不服从甲方的工作安排、工作要求或各项规章制度,甲方有权提前终止实习活动。

(三)结合实际情况,为实习生提供学习专业知识、从事专业实践活动的机会,并委派专业技术人员进行指导。

(四)为实习生提供一定的生活保障,具体事宜根据各自实际,双方商定并在协议书相关条款中注明。

(五)实习期结束时根据现实表现,为每位实习生提供一份客观的实习鉴定(样本另附);同时,给学校提供一份较为翔实、客观的总结性材料,以便学校进一步推进教学改革,进一步提高学生培养质量。

（六）对实习合格的实习生,甲方应优先录用。

二、乙方拥有的权利和需履行的义务

（一）在允许的范围内,学习与实习岗位相关的专业技术知识,参与实践活动。

（二）遵守实习单位的劳动纪律和各项规章制度;保守技术秘密及商业秘密;实习结束后,及时移交工作资料和工具,未经允许,不得带走任何与工作相关的文件资料。

（三）就业实习是学生的自愿行为,因此,实习生在实习期间应遵纪守法,严格自律,端正行为。在工作时间外(上下班必经路途中所发生的意外伤害除外)发生的,或与工作无关的一切行为和后果(含患病),皆由实习生自负,甲方和学校均不承担连带责任。

（四）实习生应珍惜实习机会,多思考,多请教,多总结。实习结束后要形成一份翔实的实习总结报告并送学校就业办备案。实习生要及时与其他同学交流实习体会心得,客观地宣传甲方,积极引导同学到甲方就业。在甲方到校举办招聘活动时,主动给予宣传和协助。

（五）实习生要对甲方全面了解,择业时优先到甲方就业。

三、鉴证方拥有的权利和需履行的义务

（一）协助甲方做好宣传、组织报名工作,协助甲方与乙方进行"双向选择"。优先推荐优秀毕业生到甲方工作并对甲方来学校举办招聘活动给予优先安排和重点支持与协助。

（二）协助甲方做好实习生的教育和管理工作。

（三）必要时,可以到甲方现场了解实习生的工作情况。

四、甲方为乙方所提供的一些保障(如住宿、交通补贴、生活补贴、保险等)(略)

五、双方约定的其他条款

（略）

六、其他未尽事宜,甲乙双方协商解决。本协议的有效期与实习期同。

甲方:(单位)(公章)　　　　　乙方:(实习生)

委托授权人:(签名)

×××× 年 × 月 × 日　　　　×××× 年 × 月 × 日

鉴证方:×× 大学毕业生就业指导中心(公章)

委托授权人:(签名)

×××× 年 × 月 × 日

（一式三份,实习单位、实习生、学校各存一份）

这则实例是典型的合同式协议书,属于《合同法》规定的合同形式之外的合作形式。

日常生活中我们经常会接触到这种协议书,它具有合同的效力。比如,安装QQ软件时,就会读到一份"腾讯QQ软件使用协议书",选择同意之后,安装才能继续下去。再比如,"全国普通高等学校毕业生就业协议书",就是由教育部高校学生司统一制定的,是高校应届毕业生在就业过程中签订的一种书面合同。当然,就业协议书还不是劳动合同,所以毕业生到单位报到后,还要抓紧时间和单位签订劳动合同。

三、协议书的结构和内容

协议书的结构和内容与合同有相近之处,在写作形式上比较灵活自由,协议书的结构主要由四个方面构成。

(一)标题

协议书的标题可以突出协议书的中心内容,如《优惠购房协议书》《联营协议书》《收养协议书》等,也可以突出协议书的性质,如《工程协议》《合作协议》《补充协议》等,还可以直接以《协议书》作为标题。

(二)称谓

在标题之下,正文之前,要写明签订协议的双方(或多方)的单位名称和当事人姓名。为了行文方便,习惯上规定一方为甲方,另一方为乙方,如有第三方,可简称为丙方。在协议中不能用我方、你方、他方作为代称。如:

亿锦花园一期产权式公寓购房合同及租赁合同补充协议书

甲方:×××　　　　　　　　　　(以下简称甲方)

乙方:××××有限公司　　　　　(以下简称乙方)

丙方:×××　　　　　　　　　　(以下简称丙方)

(三)正文

正文是协议书的主要内容,由开头、主体两部分构成。

开头部分主要交代签订协议的目的、原因、依据。紧接着可用程式化语言转入主体,如"现对有关事项达成协议如下"。

鉴于:

1.甲方、乙方、丙方就甲方购买乙方开发的××××房屋(下称"房屋")事宜于××××年×月××日签订一份《商品房购销合同》(编号:××××);

2.甲方、乙方、丙方就甲方将该房屋出租给乙、丙方事宜于××××年×月××日签订一份《房屋租赁合同》(编号:××××);经各方协商一致,就上述两份合同未尽事宜达成如下协议：

主体部分要求就协议有关事宜分条列项做出明确的、具体的、全面的说明，尤其要着力写好协议双方的权利和义务，即完成什么项目、达到什么要求、何时完成、所应得到的报酬、不能按时完成的责任、不能付酬的责任等。这些内容如用条款表达，形式类似合同，可以概括为：

第一项：标的；

第二项：数量；

第三项：质量；

第四项：价款或酬金；

第五项：履行期限、地点、方式；

第六项：违约责任。

在拟写协议书时，上述条款的确立、措辞及详略粗细均可根据所定协议的内容特点灵活掌握。如：

一、各方确认：截至 2015 年 12 月 1 日，甲方已向乙方支付购房款人民币 45 万元，尚欠购房款 3 万元。

二、各方同意取消上述《房屋租赁合同》第二条及第五条第 2 款约定，更正为从 2015 年 12 月 1 日起，上述尚欠购房款 3 万元全部由丙方按照上述《房屋租赁合同》第五条第 1 款确定的租金标准按年分期代付给乙方，直至 2017 年 12 月 1 日支付完毕上述尚欠购房款，丙方不再向甲方支付租金，租赁期限相应调整至 2017 年 12 月 31 日止。

三、租金冲抵购房款完毕后三个月内，乙方开具全额购房发票，并协助甲方办理房屋产权证和土地证，办证费用由甲方自行承担。

四、本协议生效后，丙方同意赠送 1 间/天免费房供甲方在租赁期限内随时使用（元旦、春节、五一、十一黄金周法定节假日除外）。

五、上述《房屋租赁合同》租赁期满后，经各方协商一致，甲方可按市场租赁价格重新签订《房屋租赁合同》。

六、截至本协议签订之日，甲方就上述《商品房购销合同》及《房屋租赁合同》的履行没有任何异议，不得就房屋交付、租金支付、产权证办理等事项向乙方、丙方主张任何权利。

除此之外，正文部分还要写明本协议一式几份，由谁保管等；如有必要，还可注明协议的附件和有效期限。如：

七、本协议一式三份，甲、乙、丙三方各执一份，经各方当事人签字或盖章后生效。

（四）结尾

结尾包括签订协议书的当事人双方（或几方）的单位名称及法定代表人姓名或自然人姓名，均需加盖印章，必要时还要写上签订单位和公证单位的名称，并加盖公章；签订协议书的日期；有的协议书还有必要写清双方的地址、电话、开户行、账号、电报挂号等。

四、协议书的写作原则

协议书是由双方（或三方以上）当事人为了共同实现一定的目的，明确相互之间的权利、义务关系而制定的书面契约。协议书的订立是各方当事人共同努力达成的。订立协议书时应当遵守以下基本原则。

（一）要贯彻合法原则

要贯彻合法原则，是指订立协议书是一种契约活动，一旦签订，就具有法律效力，因此内容、形式和程序均须遵守国家的法律，符合国家政策的要求，方能得到国家的承认和保护。任何单位和个人都不能以协议为名进行违法活动。凡违反国家政策、法令和危害国家与公共利益的协议书是无效的，当事人还须承担由此而产生的法律责任。

（二）要贯彻平等互利、协商一致、等价有偿的原则

平等协商、自愿互利是签订协议的前提和基础，不同的机关和经济组织在职能、规模和经营能力等方面各有区别，或有领导与被领导的关系，但在订立协议时，彼此的地位是完全平等的，协议书必须是出于当事人的真正意愿，在双方自由表达意志的基础上，经过充分协商而达成协议。任何一方不得把自己的意志强加于对方，任何单位和个人也不得从中非法干预。双方取得的权利和承担的义务应当是对等的。

（三）要贯彻履行规定义务，信守协议约束的原则

协议书一经签订，即具有法律约束力。由于故意或自己的过失造成的违约，必须承担赔偿损失的责任。

（四）要贯彻内容明确具体、措辞清晰简明的原则

在表达上，协议书的内容要求明确具体，可以详细些，也可以不按条款形式进行叙述，但措辞用语一定要清晰简明，不能语义含糊，出现歧义。

（五）要贯彻修订、补充加盖印章原则

协议书内容的修订、补充需经双方当事人同意，改动之处需由双方加盖印章。协议书的修订也可以不改变原书面形式，再另签一份补充协议书附在其后即可。

应用能力训练

1. 根据所学知识,填写一则租房协议书,要求条款齐全,不要有疏漏。
2. 根据个人实际情况拟写一则自己与用人单位之间的就业协议书。

第二节 合 同

课前提示

随着我国改革开放的不断深入,经济活动日益频繁,由此不可避免地会出现各种经济纠纷,其中相当一部分是由合同知识匮乏,拟写不严密、不规范,履行不到位等引起的。为此,我们很有必要学习有关合同的知识,掌握有关合同的写作要领,学会写作合同,这样才能有效保护自己,避免纠纷困扰。

教学要求

◇了解合同的概念和种类
◇掌握合同的结构形式和内容要素
◇学会写作合同

[实例 6 – 2 – 1]

杨××是酒店管理专业二年级学生。20××年7月,他与同班另两名同学一起去某酒店应聘,岗位有主管、前台服务、客房服务。顺利通过面试后,酒店给他们三人出示了用工合同。

三人阅读了合同条款,对合同比较满意。其中尤为令人满意的是"月薪2 000元""免费提供食宿"——暑假期间,吃住不用愁,还可赚回下学期的学费,又可积累一定的工作经验……三人欣然签订了合同。

合同签订后,酒店要求每人先付500元押金,并开具了"合同违约金"的收据。次日,三人就参加了为期七天的短期培训。

第一天,三人穿上酒店员工制服,从上午8点一直工作至晚上10点,中途只有短暂的"快餐"时间是自己的,工作内容是擦地板、刷盘子。

第二天,一切照常进行。

第三天,一切仍旧照常。

第四天,三位同学商量决定不干了,他们找到主管要求其退还500元钱押金,却被告知是他们不干活先违约,500 元不予退回。

以上案例说明杨××等同学虽有一定的法律意识,但在拟写合同时忽略了对合同条款中工作细节的考虑,结果给自己带来了麻烦和损失。由此可见,掌握合同的相关知识,能够正确、严密、规范地拟写合同,在当今社会中已经成为保护自己合法权益不受侵犯的重要手段,也是个人能力、学识、素质的具体体现。

一、合同的概念和特点

(一) 合同的概念

合同是平等主体的自然人、法人、其他组织之间设立、变更、终止民事权利义务关系的协议。

(二) 合同的特点

合同主要有以下几个特点:

1. 合法性。合同的合法性重点体现在三个方面:一是合同的当事人必须具备法人资格。二是合同的内容应当符合国家法律、行政法规的规定,不得扰乱社会经济秩序,损害社会公共利益。三是合同的形式要符合有关法律规定,书写要规范。

2. 约束性。合同一经签订,就具备了严格意义上的法律效力。当事人双方必须严格遵守合同的条款规定,任何一方不得擅自变更或解除合同。如果违反了合同中的规定,将要承担相应的法律责任。

3. 一致性。合同的签订必须贯彻自愿互利、协商一致的原则。合同中的条款是当事人协商一致的结果,任何未经协商的内容,不得写入合同当中。同时,任何组织或个人不得以任何形式干预合同条款的制定。

4. 平等性。作为合同的双方当事人,在法律面前的地位是平等的,其中包括平等地享有合同规定的相关权利,同时承担相应的义务以及违约责任等。

二、合同的划分

合同作为商品交换的法律形式,其类型因其多样化而各不相同。尤其是随着交易关系的发展和内容的复杂化,合同的形态也在不断地发展和变化。不过,对各种纷繁复杂的交易形态和合同形态,可以从法律上依各种标准划分出不同的类别。如,诺成合同与实践合同、要式合同与不要式合同、双务合同和单务合同、有偿合同与无偿合同、主合同与从合同、有名合同与无名合同等。

三、合同的形式

合同的形式是指合同双方当事人就建立合同关系的意思所采取的表示方式。常见的合同形式有口头形式、书面形式、公证形式、鉴证形式、批准形式、登记形式等。

鉴证形式是以国家合同管理机关对合同的真实性、合法性进行审查而订立合同的一种形式。鉴证是国家对合同进行监督管理的行政措施,由各地工商行政管理部门进行。

四、合同的种类

我国合同的种类很多,《中华人民共和国合同法》(1999 年 10 月 1 日起施行)规定,合同的种类为 15 种,即买卖合同,供用电、水、气、热力合同,赠与合同,借款合同,租赁合同,融资租赁合同,承揽合同,建设工程合同,运输合同,技术合同,保管合同,仓储合同,委托合同,行纪合同和居间合同。

五、合同的结构和内容

合同的书写形式有两种:一是条文式,二是表格式。不论采用何种形式,合同的结构都应该包括以下四个部分。

(一)标题

合同的标题写在合同首页上方居中的位置,可明确标出合同的种类、经营范围甚至有效期等。如保管合同、农副产品买卖合同、2007 年货物运输合同。

(二)立约方名称

在合同标题的左下方写明立约方的名称(要使用全称),然后用括号注明"甲方"、"乙方"。如:

买卖合同

××市××柴油机厂(以下简称甲方)

××市××汽车厂(以下简称乙方)

(三)正文

正文是合同的主体。正文开始部分先写立约开始语,即订立合同的目的或根据。

如:为了明确出租方与承租方的权利义务,经双方充分协商,特订立本合同,以便共同遵守。

再如:为了保证国家计划顺利地执行,明确供用电双方相互的权利和义务,根据《中华人民共和国合同法》、《全国供用电规则》和有关的法规,经双方协商,订立本合同,共同信守,严格履行。

写完立约开始语后再逐条写明立约条款。条款是合同内容的载体。合同的种类不同,内容也不尽相同,但无论哪种合同,都必须具备以下几项基本内容:

1.标的。标的是合同双方当事人权利义务指向的共同对象,是合同的核心内容。它可以是物,也可以是货币、行为或智力结果。如买卖合同的标的一般是货物和商品;借款合同的标的是货币;而技术合同中科技成果转让、出版合同中作者的作品,其标的都是智力成果;加工承揽合同中的标的则是劳务,即行为标的。标的物必须符合国家法律法规的规定,必须以国家准许的市场流通种类物或特定物为限,否则,合同无效。

标的是双方当事人要求达到的共同目的。没有标的,或标的不准确,当事人的权利义务和责任就无法确定,合同也就无法履行。同时,标的要有利于当事人权利、义务的具体实现。所以,标的要提出明确、具体的标准。如,买卖合同中产品的名称、品种、型号、牌号、规格、数额、单位、总价等都要具体写明。因此,标的要用准确的词语来表达,决不能使用含混不清、模棱两可或有歧义的词语,以免发生经济纠纷。

2.数量。合同的数量指的是标的数量。数量是衡量标的、确定双方权利和义务大小的尺度。数量的规定要具体、准确,要使用通用标准计量单位,还要写明计量方法和交货数量的机动的正负尾差和合理磅差。

3.质量。质量是合同标的产品或劳务的优劣程度。质量有两个方面的要求,一方面是指产品的外观形态,如造型、结构、色泽、味觉等;另一方面是指产品的内在成分、物理和机械性能、生物特征等。合同标的质量的技术要求标准应力求详细、具体、明确。一般情况下,有国家或部颁标准的,按国家或部颁标准签约;没有国家标准或部颁标准的,由双方协议定一个标准;有的产品的质量不好一下确定,可以先拿样品,交货时凭样品交货,这些在合同中都要写清楚。

国家标准化管理条例规定,产品质量标准分为国家标准、部颁标准和企业标准,每种标准都用代号表示。在签订合同时,要写明哪级和哪年颁的标准。订合同时,表示质量的方法有说明书和图纸、货样、牌号、商标、产地名称、规定标的规格、检验等。

4.价款或报酬。取得对方产品而支付的货币形式的代价叫价款;接收对方劳务或智力成果所支付的代价叫报酬。价款和报酬的简称叫价金。价金是以货币数量来表示的。它具体体现了合同双方的权利是平等的。价金是否合理,是合同是否有效,能否顺利履行的一个关键。因此,合同的价金应写明货币的名称、单价、总价、计算标准、结算方法、付款的方式和付款的程序等。如果价金的表示不明确,那么(发生争议时)依法应当执行政府定价或政府指导价,或按照签订合同时履行地的市场价格来履行。

5.履行期限、地点和方式。履行期限指完成合同规定任务的时间范围,这是当事人履行义务或接受对方履行义务的时间和空间依据,是执行合同的必要条件。履行期限可以按季、按月执行,有条件的可按旬、按日执行。少数产品有连续供应关系的可按生产周期执行。但不能把类似"年内交货"等含糊词句写进合同。

交货日期的计算:送货制以需方收货戳记为准;提货制以供方通知提货日期为准;代运制以发运产品时承运部门的戳记为准。

地点是双方当事人履行权利义务的地方。它直接关系到合同的履行期限,影响着合同的履行,因此,要详细表明签约地点、履行地点(包括提货、发货、交接地点等)。值得注意的是,很多同名或同音的车站点,稍有疏忽就有可能发生合同纠纷,甚至造成很大的经济损失。因此,履行地点要写全称,并冠以省、市、县的名称。

履行方式是指双方当事人在履行合同义务时,完成任务或交付标的的方式,包括交货方式、付款方式、费用负担等。要明确是一次履行还是分期履行,是自提货物还是由对方代办托运,完成工作的方式也应明确规定是由当事人亲自履行还是允许第三者代为履行。

6. 违约责任。违约责任又称罚则,是对不按合同履行义务的当事人的制裁措施,一般是由其承担造成损失的经济责任或法律责任。明确违约责任,对维护合同的严肃性、保护合同双方当事人的合法权益、督促当事人履行合同义务具有重要的意义。

违约责任有两种形式,即支付违约金和赔偿金。违约金是违约方当事人必须按有关规定或事先约定付给对方当事人一定数量的资金,不管是否给对方造成损失,只要违约就要承担,而且要无条件地支付。赔偿金是指一方当事人因为违约或不履行合同义务而给对方造成经济或财产损失时,向对方支付的赔偿金。

7. 解决争议的方法。当事人双方对合同条款的理解有争议时,应按合同所使用的词句、合同的有关条款、合同的目的、交易习惯以及诚实信用原则,确定该条款的真实意思,解决争议。当事人也可以通过和解或调解解决争议。如当事人不愿和解又调解不成的,可根据仲裁协议向仲裁机构申请仲裁。没有仲裁协议或仲裁协议无效的,可向人民法院提起诉讼。当事人应当履行发生法律效力的判决、仲裁裁决、调解书,拒不履行的,对方可以请求人民法院执行。

(四) 结尾

合同的结尾共有四项内容:一是注明合同附件;二是注明合同的有效期限;三是注明合同一式几份,交由谁保管;四是由订立合同的当事人签名盖章并写上签订的年月日。

六、合同的写作要求

合同是一种严肃的法律文书,一经签订就不能随意更改。为了使其具有合法性、合理性和规范性,在拟写合同时应该注意下列几方面的问题。

（一）必须遵守一定的原则

这是说,在拟写合同时,必须符合国家的法律、法规和政策,必须符合国家计划的要求,必须坚持平等互利、协商一致、等价有偿的原则。合同是一种法律行为,决不应违背原则,否则合同将视为无效。遵守原则才能保证合同的合法性。

（二）内容必须具体、准确、完整

内容准确,是指合同规定的内容必须认定清楚。内容具体,就是要详细、完备。针对每一个标的,各项性能指标都应完整交代,不得遗落。内容完整就是指合同的各项条款必须齐备,尤其是违约责任更是不可或缺。

（三）语言准确

要使用规范化的现代汉语,不得使用方言,以免产生误解。合同用语要准确、明确,避免使用语义模糊或容易产生歧义的词语,如"估计""推测"等词尽量不要用。表示时间、地点、数量要用确切的限定词。语句不宜过长,标点符号要准确。

（四）不得随意涂改

合同的书写要规范,打印或使用黑色或蓝黑色墨水,一旦成文不得随意涂改。如果发现必须修改,要在双方协商一致同意之后方能进行,并在修改处加盖双方印章,否则无效。

七、常见合同样式

[实例6-2-2] 买卖合同

买卖合同

签订日期:××××年×月××日 合同编号:_____

立合同单位:甲(供)方_____

乙(需)方_____

经双方协商签订合同,共同遵守下列条款:

品 名	规 格	单 位	数 量	单 价	金 额	备 注

合计金额大写:_____

交货日期:_____

交货地址：_____

交货方法：_____

包装运输费用负担：_____

质量要求：_____

验收方式：_____

货款结算方式及期限：_____

其他：_____

双方约定	1. 本合同经供需双方盖章,并由业务主管部门审查同意,报经工商行政管理部门鉴证。合同规定的内容,双方必须全面履行,按期按质按量完成,不得任意修改、中断或废止。应经双方协商同意,另立协议或撤销协议书,报鉴证机关备案。 2. 由于人力不可抗拒和确非企业本身造成的原因不能履行合同时,经双方协商和鉴证机关查实证明,可免于承担经济责任;由于企业本身原因不履行合同,要负责赔偿经济损失。 3. 任何一方自行毁约,应付对方百分之____的罚金。 4. 合同正本两份,双方各执一份;副本六份,送双方业务主管部门、双方开户银行一份,鉴证机关两份。 5. 合同有效期:××××年×月××日至××××年×月××日

供　　方：_____（盖章）	需　　方：_____（盖章）
地　　址：_____	地　　址：_____
开户银行：_____	开户银行：_____
账　　号：_____	账　　号：_____
电　　话：_____	电　　话：_____
负责人签字：_____	负责人签字：_____
经办人签字：_____	经办人签字：_____

供方主管部门盖章	需方主管部门盖章	工商行政部门鉴证章
××××年×月××日	××××年×月××日	××××年×月××日

[**实例6-2-3**] 供用电、水、气、热力合同

城市供用水合同

合同编号：_____

签约地点：_____

签约时间：_____

供水人：_____

用水人：_____

为了明确供水人和用水人在水的供应和使用中的权利和义务，根据《中华人民共和国合同法》《城市供水条例》等有关法律、法规和规章，经供、用水双方协商，订立本合同，以便共同遵守。

第一条　用水地址、用水性质和用水量

（一）用水地址为_____。用水四至范围（即用水人用水区域四周边界）是_____（可制绘详图作为附件）。

（二）用水面积（按照法定的建筑面积计算）：_____平方米，收费面积为_____平方米。

（三）用水量为_____立方米/日；_____立方米/月。

（四）计费总水表安装地点为：_____（可制绘详图作为附件）。

（五）安装计费总水表共_____具，注册号为_____。

第二条　供水方式和质量

（一）在合同有效期内，供水人通过城市公共供水管网及附属设施向用水人提供不间断供水。

（二）用水人不能间断用水或者对水压、水质有特殊要求的，应当自行设置贮水、间接加压设施及水处理设备。

（三）供水人保证城市公共供水管网水质符合国家《生活饮用水卫生标准》。

（四）供水人保证在计费总水表处的水压大于等于_____兆帕；以户表方式计费的，保证进入建筑物前阀门处的水压大于等于_____兆帕。

第三条　用水量及水费结算方式

（一）用水计量：（略）

（二）供水价格：（略）

（三）水费结算方式：（略）

第四条　供、用水设施产权分界与维护管理（略）

第五条　用水人的权利和义务

（一）监督供水人按照合同约定的水压、水质向用水人供水。

（二）有权要求供水人按照国家的规定对计费水表进行周期检测。

（三）有权向供水人提出进行计费水表复核和校验。

第六条　违约责任

（一）供水人的违约责任

供水人违反合同约定未向用水人供水的,应当支付用水人停水期间正常用水量水费百分之_____的违约金。

（二）用水人的违约责任

用水人未按期交水费的,应当支付滞纳金。超过规定交费日期一个月的,供水人按照国家规定有权中止供水。当用水人于半年之内交齐水费和滞纳金后,供水人应当于48小时内恢复供水。中止供水超过半年、用水人要求复装的,应当交齐欠费和供水设施复装工料费后,另行办理新装手续。

第七条　合同有效期限

合同期限为_____年,从_____年____月____日起至_____年____月____日止。

第八条　合同的变更

当事人如需要修改合同条款或者合同未尽事宜,需经双方协商一致,签订补充协定,补充协定与本合同具有同等效力。

第九条　争议的解决方式

本合同在履行过程中发生争议时,由当事人双方协商解决,也可通过_____调解解决。协商或者调解不成,由当事人双方同意由_____仲裁委员会仲裁(当事人双方未在本合同中约定仲裁机构,事后又未达成书面仲裁协议的,可向人民法院起诉)。

第十条　其他约定(略)

供水人（盖章）：　　　　　　用水人（盖章）：

住　　所：　　　　　　　　　住　　所：

法定代表人：（签字）　　　　法定代表人：（签字）

委托代理人：（签字）　　　　委托代理人：（签字）

开户银行：　　　　　　　　　开户银行：

账　　号：　　　　　　　　　账　　号：

电　　话：　　　　　　　　　电　　话：

［实例6-2-4］ 赠与合同

赠与合同（公民类）

甲方：_____（赠与方）

乙方：_____（受赠方）

双方根据《中华人民共和国合同法》的规定，就赠与事项签订合同如下：

1. 甲方将_____赠与乙方。

（赠与物的名称、数量、质量）

2. 甲方将于_____（时间）在_____（地点）将赠与物交付给乙方。

3. 甲方承担_____的责任义务。

4. 甲方享有_____权利。

（明确甲方的撤销权及行使撤销权的情形）

5. 乙方应于_____（时间）之前做出是否接受赠与的意思表示，否则赠与不发生效力。

6. 其他。

甲方：_____　签字：_____

住址：_____　电话：_____

乙方：_____　签字：_____

住址：_____　电话：_____

_____年____月__日

［实例6-2-5］ 借款合同

中国银行国家助学贷款借款合同

合同编号　　　年　　字第　　　号

借款人（甲方）：张××　　　　　　　　　　（借款学生）

贷款人（乙方）：中国银行上海市杨浦支行　（经办银行）

介绍人（丙方）：××大学　　　　　　　　　（学校机构）

第一条　借款金额

本合同项下的借款金额为人民币____详见注1（大写）_____（小写）。

第二条　借款用途

_____

第三条　借款期限

本合同项下的借款期限共____月，即从_____年____月____日至_____年____月____日止。（详见注2）

第四条　借款利率与利息

一、借款利率与计息方法

本合同项下借款,执行中国人民银行颁布的同档次法定贷款利率。本合同签订时国家助学贷款年利率为＿＿＿%。(暂不填写)

二、贷款利息(略)

第五条　贷款的发放与划付(略)

一、丙方指定的账户是丙方所在学校在乙方开立的账户,账户户名为:＿＿＿＿＿＿＿,账户号为:＿＿＿＿(暂不填写)＿＿;

二、贷款发放计划:甲方选择以下第＿＿种发放方式:(详见注3)

(一)每学年,学费人民币＿＿＿元,住宿费人民币＿＿＿元,生活费人民币＿＿＿元;

(二)按学年发放:

1.＿＿＿＿学年,学费人民币＿＿＿＿元,住宿费人民币＿＿＿＿元,生活费人民币＿＿＿＿元;

2.＿＿＿＿学年,学费人民币＿＿＿＿元,住宿费人民币＿＿＿＿元,生活费人民币＿＿＿＿元;

3.＿＿＿＿学年,学费人民币＿＿＿＿元,住宿费人民币＿＿＿＿元,生活费人民币＿＿＿＿元;

4.＿＿＿＿学年,学费人民币＿＿＿＿元,住宿费人民币＿＿＿＿元,生活费人民币＿＿＿＿元;

5.＿＿＿＿学年,学费人民币＿＿＿＿元,住宿费人民币＿＿＿＿元,生活费人民币＿＿＿＿元。

……

第六条　借款偿还(略)

第七条　委托代扣

一、甲方授权乙方直接从甲方在乙方开立的账户中扣款,用于甲方进入还款期后归还借款本息,账户户名为:张××,账户号为:＿＿＿＿＿＿(暂不填写)。

……

甲方公民身份号码:　　　　　　　乙方地址:

所在院系:工商管理学院　　　　　邮政编码:

攻读专业:企业管理专业　　　　　联系人姓名:

通信地址:(学生现住地址)　　　　联系电话:

邮政编码:　　　　　　　　　　　传真号码:

联系电话:(现在联系电话)　　　　乙方签章:

甲方父亲(法定监护人)姓名:张×　日期:××××年××月××日

公民身份号码：

工作单位名称:上海机床厂 丙方地址:

甲方母亲姓名:李× 邮政编码:

公民身份号码: 联系人姓名:

工作单位名称:上海纺织厂 联系电话:

家庭通讯地址:(家庭地址) 传真号码:

甲方签章(签字、捺印):张×× 丙方签章:

日期:××××年×月××日 日期:××××年××月××日

注1.(1~10大写为:壹贰叁肆伍陆柒捌玖拾)

借款金额如下:(略)

注2.借款期限如下:(略)

注3.贷款发放计划如下,甲方选择以下第____种发放方式(略)

[实例6-2-6]租赁合同

柜台租赁合同

订立合同各方:

出租柜台方:_____商店(商场),以下简称出租方;

承租柜台方:_____(个体工商户或单位),以下简称承租方。

担保方:_____。

为了搞活经济,充分发挥××商场柜台的经济效益,经双方协商,由出租方将柜台租给承租方经营,特订立本合同。

第一条 租赁柜台的数量、面积及其坐落的地点_____。

第二条 租赁柜台的期限和经营范围_____。

第三条 租金标准及支付方式、支付时间

1.租金标准:_____。

2.支付方式:_____。

3.支付时间:_____。

第四条 承租方的权利、义务

1.承租方在经营范围内所从事的经营活动,不受出租方干预。

2.承租方有权要求出租方提供一切开展正常营业活动所必需的条件。

……

第五条 出租方的权利、义务

1.出租方有权要求承租方按期交付租金。

2.出租方有权要求承租方上报各种报表,有权对承租方的经营活动是否合法、是否遵守店堂纪律和有关规章制度等进行监督。

……

第六条　纳税

出租方、承租方必须按有关税收规定,按期交付各自所依法负担的纳税金额。

第七条　担保方的权利、义务

1.担保方有权对承租方的经营情况进行了解,有权要求承租方依法经营和遵守店堂纪律、规章制度,要求承租方按期向出租方交纳租金。

……

第八条　本合同自签订之日起生效

合同期满、停租或承租方迁走时,应向原登记的工商行政管理部门办理变更登记手续。合同中如有未尽事宜,应由订立合同各方共同协商,做出补充规定。补充规定与本合同具有同等效力。

第九条　本合同经____公证(或鉴证)机关公证。合同正本一式____份,订立合同各方各执一份;副本____份,送____等部门各一份备案。

出租方:_____(盖章)承租方:_____(盖章)担保方:_____(盖章)

代表人:_____(签章)代表人:_____(签章)代表人:_____(签章)

开户银行:_____开户银行:_____开户银行:_____

账号:_____账号:_____账号:_____

电话:_____电话:_____电话:_____

订立合同地点:_____

订立合同时间:_____

[实例6-2-7] 居间合同

房屋承租居间合同样本

编号:

本合同当事人:

委托人(甲方):

居间人(乙方):

依据《中华人民共和国合同法》及相关法律法规的规定,委托人与居间人在平等、自愿的基础上,就房屋租赁居间的有关事宜达成协议如下:

第一条　委托事项

甲方委托乙方在委托期限内为其居间寻找符合以下条件的房屋(必备条件

请在方格内画钩,参考条件请画圈,未选条件请画斜线),并协助促成其与出租人签订房屋租赁合同:

坐落:____□;楼房为____室____厅____卫□;平房为____间□;无装修□;一般装修□;精装修□;防盗门□;有线电视接口□;空调□;天然气□;煤气□;集中供暖□;独立供暖□;热水器□;电话□;电视机□;电冰箱□;洗衣机□;上下水□;家具:____□;楼层:____□;结构:____□;朝向:____□;建筑面积:____平方米□;月租金标准:____元□;租期:____□;房屋用途:____□。

房屋权属:_____

其他条件:_____

乙方还应提供以下服务:_____。

第二条 委托期限

自_____年____月____日至_____年____月____日。

超过以上期限仍需要居间服务的,双方另行签订居间合同或以书面形式将本合同委托期限延长。

第三条 现场看房(略)

第四条 甲方义务

(一)应出示身份证_____等真实的身份资格证明;

(二)应对乙方的居间活动提供必要的协助与配合。

第五条 乙方义务

(一)应出示营业执照、房地产经纪机构资质证书等合法的经营资格证明;

(二)应尽力完成甲方的委托事项,按照本合同第一条甲方提出的条件为甲方寻找房屋,将处理情况及时向甲方如实汇报,为甲方看房和与出租人签订房屋租赁合同提供联络、协助、撮合等服务,并促成甲方与出租人的房屋租赁合同成立。

第六条 委托事项的完成(略)

第七条 费用与佣金

(一)看房费(略)

(二)佣金(略)

(三)居间活动费用(略)

第八条 转委托

乙方将委托事项全部或部分转委托给第三人处理,应当事先征得甲方的同意。

第九条 本合同解除的条件

双方可以以书面形式协商解除合同。

第十条　违约责任(略)

第十一条　合同争议的解决办法

本合同项下发生的争议,由双方当事人协商或申请调解;协商或调解解决不成的,按下列第＿＿种方式解决(以下两种方式只能选择一种):

(一)提交仲裁委员会仲裁;

(二)依法向有管辖权的人民法院起诉。

第十二条　其他约定事项

第十三条　本合同一式两份,甲乙双方各执一份。经双方签字盖章后生效。

第十四条　合同一经生效,即对双方具有法律约束力。双方经协商一致可以对合同内容进行变更或对未尽事项做出补充规定。变更或补充规定应当采取书面形式,与本合同具有同等效力。

第十五条　本合同相关条款的约定是在不违背国家法律、法规和地方性法规的前提下做出的,如果国家法律、法规和地方性法规对委托人、居间人及出租人的资质、资格及其他有关方面有特别规定的,从其规定。

委托人(章:)　　　　　　居间人(章):

住所:　　　　　　　　　住所:

身份证号:　　　　　　　法定代表人:

法定代表人:　　　　　　营业执照号码:

营业执照号码:　　　　　签约代表:

委托代理人:　　　　　　房地产经纪机构资质证书号码:

电话:　　　　　　　　　电话:

传真:　　　　　　　　　传真:

邮政编码:　　　　　　　邮政编码:

合同签订时间:　　　　　合同签订时间:

合同签订地点:　　　　　合同签订地点:

应用能力训练

1.指出下面合同的错误并改正。

合　同

立合同人:×××化工厂第四车间(甲方)

　　　　　×××第二建筑公司生产科(乙方)

为建筑××化工厂第四车间西厂房,经双方协商,订立本合同。

(1)甲方委托乙方建造西厂房,经双方协商,订立本合同。

（2）全部建造费（包括材料、人工）壹拾贰万柒千元。

（3）甲方在订立合同后先交一部分建造费，其余在西厂房建成后抓紧归还所欠部分。

（4）工期待乙方筹备就绪后立即开始，力争3月中旬开工，争取11月左右交工。

（5）建筑材料由乙方全面负责筹备。

（6）建筑材料由乙方全面负责。

本合同一式两份，双方各执一份。

××化工厂第四车间（公章）　　　　××第二建筑公司生产科（公章）

主任：×××（私章）　　　　科长：×××（私章）

××××年××月××日

2. ××大学委托××建筑公司承建一座图书楼，施工面积5 000平方米，施工地点在××大学校园内，要求按设计图纸施工，质量达到××市建委施工验收标准。结构形式是砖混结构。工程造价暂定为1 000万元。详细造价由乙方提交预算，甲方审定。合同签订后15天内，××大学先预付给××建筑公司100万元备料款，以后视工程进度拨款。工程期限为2016年3月5日至2016年11月5日。工程竣工后要进行验收，经质量监督部门验收合格，交付××大学使用，并提交工程决算清单。××大学应在一个月内审核完毕，并付清尾款。工期每提前一天，××大学奖励××建筑公司3 000元，逾期每天罚款3 000元。××大学开工前要将施工图纸交给××建筑公司，××建筑公司按设计图纸编制预算。收费标准按有关规定执行。建筑材料的标准由双方议定，由××建筑公司造表列出，××大学审核后，××建筑公司购进。合同正本两份，双方各执一份，副本三份，××大学两份，××建筑公司一份。本合同从2015年11月10日起生效。

请根据上述材料起草一份建设工程承包合同。

3. 王小姐是一名下岗职工，与邻居张太太交谈中透露出想租房开办一所幼儿园。正巧张太太有两套闲置住房，愿意租赁给王小姐，经协商，双方拟签订一份3年期合同，月租金2 000元。请你为其代写一份合同。

4. 2017年的洪水灾害不仅给人们的日常生活带来影响，同时也引发了许多合同纠纷。李先生承包了××省一旅游景点的宾馆，每年交费60万元。两年来一直生意红火，但洪水灾害发生后，旅游业受到很大影响，宾馆门庭冷落，宾客稀少。李先生认为洪水是不可抗拒的天灾，要求发包方修改合同，减免费用。请分别代表承包方与发包方商谈此事，并根据所提供的资料拟写一份续签合同。

7

第七章　**调查报告类文体写作**

调查报告是实用文体中具有研究性质的一个文种。没有调查研究就没有发言权。所谓发言权,就是指深入实际了解真实情况后,经过整理、归纳、分析、判断并上升为理性思考的报告。它是帮助领导正确、科学决策,了解真实情况,研究解决存在的问题,推动各项工作落实的得力助手。调查报告这种文体使用很广泛,在党政机关和各个行业都有使用。在本章当中,我们要学习几种比较常见的调查报告,包括调查报告、市场调查报告、市场预测报告和经济活动分析报告。

第一节　调查报告

　　调查报告的应用范围很广泛,经常被用于反映现实生活中某些具有典型意义的先进经验、不良倾向或社会问题,也用于各行各业对工作的深入研究和探索。调查报告不仅适用于在内部传递,而且也能够公开发表。

教学要求

　　◇了解调查报告的特点、作用和分类
　　◇掌握调查报告的结构和写法
　　◇学会写作调查报告

[实例 7–1–1]

关于承德旅游创精品、上档次的调查报告

一、承德旅游业的现状和发展目标

　　避暑山庄和外八庙是承德旅游业的龙头品牌。承德的旅游业要实现突破性、超常规的发展,就必须创出精品,提高档次。但由于承德旅游业资源深度开发不够,"白天看庙、晚上睡觉"的旅游现状始终没有明显改变,淡旺季差异很大,承德的清文化特色体现不明显,缺乏创新。为使承德旅游业快速发展,市委、市政府委托同济大学,编制了《承德市旅游发展总体规划》,确定了今后 20 年旅游业发展的战略目标……为实现这一目标,承德市按照"近期抓突破,中期抓建设,远期抓控制"的指导思想,着力开发旅游精品,建设可参与性强的休闲娱乐设施,研制开发拳头产品,在精品建设上谋求重大突破。主要是立足三大特色,建设三项精品工程,完善两条精品线路,争创六大名牌景区……经过不懈的努力,力争将避暑山庄建成国内外驰名的旅游精品,木兰围场和丰宁京北第一草原建成距首都最近的生态旅游和天然滑雪狩猎度假基地,把外八庙建成世界闻名的皇家寺庙群和北方最大的佛事活动场所,使承德旅游业发展突飞猛进。

　　二、面临的困难和存在的问题

　　(一)城市整体功能不健全,配套程度低。(略)

　　(二)旅游资源深度开发不够。(略)

　　(三)旅游的社会整体素质不适应。(略)

　　(四)旅游体制改革步伐不够大。(略)

（五）旅游服务质量和管理水平不高。（略）

三、快速发展承德旅游的对策

（一）要充分发挥政府的宏观调控作用，强化旅游业发展能带动各行各业发展的意识，真正把旅游当作大产业，举全市之力抓旅游。（略）

（二）加快龙头景区的开发建设。避暑山庄和外八庙是我国现存最大的皇家园林和皇家寺庙群，加快以避暑山庄、外八庙为中心景区的开发建设，能带动旅游业快速发展。（略）

（三）强化旅游宣传促销，大力开拓国际国内旅游市场。（略）

（四）深化旅游体制改革，着眼于机制创新。（略）

（五）加强管理，搞好整治，提高服务质量和管理水平。

四、几点建议

（一）省政府将承德列为旅游特区或生态旅游示范区。

（二）各级管理部门加强合作，互通信息，优势互补。

（三）成立全省旅游合作发展协调组织，制定全省旅游合作发展实施方案，以统一的形象把河北旅游业推向市场，实现资源共享、联合开发、共同树立旅游品牌的目标。

（四）省政府及教育主管部门支持旅游城市嫁接或改造一所旅游院校，以利于培养和培训旅游业各种人才，使旅游业持续、快速、健康发展。

这是一篇关于如何推动旅游业壮大发展的调查报告中节选的一部分，它在深入、全面、细致的调查研究之后，针对发展旅游业面临的困难和存在的问题，提出了颇有见解的对策和建议。这篇调查报告既加深了人们对承德旅游业的认识和了解，给人以深刻的启示，又为加快旅游产业发展提供了决策依据。

一、调查报告的概念和特点

调查报告是对某一现象、某一事件或某一问题进行深入细致的调查，对获得的材料进行认真分析研究，发现其本质特征和基本规律之后写成的反映调查研究成果的书面报告。调查报告凭借事实阐明道理，从剖析事理中引出某种科学结论。有的调查报告概括出贯彻执行方针政策的成功经验；有的得出解决矛盾的有效办法；有的从解剖典型事例中，探索出事物发展的规律；有的结合面上的材料，推断出事物发展的趋向。因此，调查报告是认识客观事物的手段，是解决实际问题的起点，是制定方针政策的依据。调查报告是机关单位、新闻领域乃至社会各界都可采用的一种实用文体。在报刊、广播电视上发表的调查报告，必须有新闻性。比如，众所周知的中央电视台的"新闻调查"栏目等。

调查报告一般具有叙述的真实性、强烈的针对性及内容的典型性等特点。

第一，叙述的真实性。调查报告是为解决实际问题撰写的,因此,客观事实是调查报告赖以存在的基础。写调查报告,从调查对象的确定到开展调查活动,从对问题的分析研究到提出解决问题的途径,都要以大量的充分确凿的事实为依据。真实是调查报告的生命。调查报告所反映的内容必须是经过调查所亲自了解到的情况,不仅主要人物和事实要真实,事件的时间、地点、过程及各种细节,也要绝对真实。

第二,强烈的针对性。在党和国家各项方针、政策的贯彻执行中,常常会出现新情况、新问题,需要加以研究解决,也常常有好的经验需要推广。各行各业的人员在工作中也会遇到各种问题需要处理和解决。调查报告正是从这一客观需要出发,就现实工作中急需解决的各种问题或可能出现的问题,有针对性地进行调查研究之后所做的书面回答。我们撰写调查报告是为了解决实际问题,因此要有很强的针对性。针对性越强,调查的效果就越好,调查报告的作用也就越大。

第三,内容的典型性。调查报告的典型性主要表现在两个方面:一是调查对象典型;二是文章所运用的材料典型。好的调查报告不仅对调查对象总结工作、提高认识具有指导意义,更重要的是对全局性工作具有现实意义和普遍的指导意义。因此,调查报告所反映的内容,无论是经验还是问题,都应具有典型性,要能起到以局部反映全局或以"点"带"面"的作用。

二、调查报告的作用

第一,调查报告可以为国家制定方针、政策以及各部门、企事业单位的领导者做出正确决策提供依据。它能通过真实地反映社会实际情况和问题,让制定的方针政策更符合实际。同时,也为领导正确决策和执行政策提供参考和依据。

第二,调查报告可以通过典型调查,宣传、介绍先进经验和先进人物事迹,借以指导全面工作。

第三,调查报告可以通过典型调查,揭露社会问题,鞭挞不良倾向,改正工作中的失误,从而引起有关部门的注意和重视,起到解决问题、教育广大干部群众的作用。

第四,调查报告可以通过调查揭露事实真相,说明和回答社会问题。社会上往往会对某一事件、某一问题争论不休或众说纷纭,在真相不清、谣传离奇的情况下,就需要用调查报告来澄清事实真相,帮助群众分清是非和真伪。

三、调查报告的类型和基本内容

日常工作中,常见的调查报告主要有以下几种。

(一)典型经验性调查报告

这类调查报告主要反映先进单位或先进个人的典型经验,具有较强的示范引路作用。如《关于任长霞同志先进事迹的调查报告》。这种介绍经验的调查报告跟工作通讯中那些以反映工作成绩为主的类型有些近似;区别在于调查报告重在调查,特别注重对调查过程和调查所得事实、数据的叙述和列举。这种调查报告的内容一般包括调查目的、情况和经验及推广经验的意义。其中,情况和经验为主要内容,可以分条论述。

(二)综合分析调查报告

这类调查报告是就一个单位的多方面情况进行较全面的调查,或围绕一个问题进行多方面的普遍调查,或就某个问题对许多单位进行广泛调查,然后加以综合分析。综合分析调查报告的内容一般包括调查目的、概况、重点问题综合分析及提出建议等。

(三)揭露问题调查报告

这类调查报告是对现实社会中某些丑恶现象、恶劣行径和社会弊端进行揭露,揭示这一问题的种种现象和深层原因,并分析和归纳出教训,以引起有关部门及社会的关注和重视。其基本内容除分条列举事实外,还要分析原因、说明后果,并提供解决问题的思路和方法,是比较常见的一种调查报告样式。

(四)探讨、研究性调查报告

这类调查报告主要是针对某一领域或某一方面工作中存在的带有普遍性影响的社会矛盾或问题,透彻分析其产生的原因,提出解决这些矛盾和问题的意见、建议、设想、措施等,从而为各级领导机关或有关部门制定决策和加强管理提供依据和参考。

(五)介绍新生事物的调查报告

在现实社会中,新生事物总是不断涌现的。这些新生事物,究竟是显示了社会发展的某种趋势、有着光明的发展前景,还是昙花一现的偶然现象?对这些新生事物,究竟应该肯定还是应该引起足够的警惕?反映新生事物的调查报告的文体功能,就是全面地报道某一新生事物的背景、情况、特点和产生发展的过程,并提示它成长的规律,阐明它的作用和意义,借以促进新生事物的成长和推广。对新生事物,调查报告的最终意见可以是肯定性的。例如《"中关村电子一条街"调查报告》,在对被人称为"中国的硅谷"中关村电子市场进行调查以后,认为它为科技、教育、经济体制的改革提供了新的思路,是值得充分肯定的。

(六)社会基本情况调查报告

这是针对社会基本情况所写的调查报告。这里所说的社会基本情况,主要是指社会风气、百姓意愿、婚恋、赡养、衣食住行等群众生活各方面的基本情况。这类调查报告虽不直接反映政治、经济等重大问题,但它关注的是群众最为关心的一些问题。因此,各种新闻媒体都十分重视这一领域的报道,《中国青年报》《文汇报》等都曾开辟过公众调查专版。类似《北京人出游记——北京居民京、津、沪地区旅游消费调查》《中国夫妻过得怎样》等,都属于这种类型的调查报告。

四、调查报告的格式

调查报告的格式一般由标题、正文和具名三部分构成。

(一)标题

调查报告的标题是调查报告的重要组成部分,也是它能否吸引读者的首要因素。因此,有"题好一半文"之说。调查报告的标题有两种形式:单行标题和双行标题。

1. 单行标题。单行标题一般有两种写法:

(1)公文式,通常由"事由 + 文种"组成。如《关于××公司挖掘人才的调查报告》《关于目前脑力劳动和体力劳动报酬的若干调查》等。

(2)文章式。如《贫困地区要创造条件接收大中专毕业生》《自学考试为何由热变冷?》等。

2. 双行标题。双行标题具体又可分为两种形式:

(1)主标题和副标题的形式。主标题突出主题,表明观点;副标题标明调查对象和内容及文体名称。如《企业管理与市场对接的好形式——邯郸钢铁厂调查》《自费生,只是花钱买个学历吗? ——来自大连市高校自费生的调查》《不要让子孙后代埋怨我们——关于北京河流污染情况的调查》等。

(2)引题和主标题的形式。如《社会对出版界的期望——好书要快出多出书号绝对不能卖》。这种标题是应用性、专题性乃至学术性等调查报告用得较多的一种形式。

标题的写法灵活多样,无论采取哪种标题形式,都要求概括、简明、新颖、对称。也就是说,标题要能总括调查报告全篇的内容;要用最简洁的文字说明调查报告的主题,使读者见题明义;要有新鲜感,富有吸引力和感染力;还要与调查报告的内容相对称,既不能"帽大于头",也不能"帽小于头"。

(二)正文

调查报告的正文一般分为导语、主体、结尾和附录四部分。

1. 导语 。导语是调查报告的开头部分。导语写得如何,对激发读者的兴趣具有重要作用。一般说来,导语有以下几种写法:

（1）主旨直述法，即在导语中着重说明调查的主要目的和宗旨。这种写法，有利于读者准确地把握调查报告的主要宗旨和基本精神，是一种常见的导语写作方法。

（2）情况交代法，即在导语中着重说明调查工作的具体情况。这种写法，有利于读者了解进行调查工作的历史条件和调查研究过程中的具体情况，多用于比较大型的调查报告。

（3）结论前置法，即在导语中先将调查结论写出来，然后再在调查报告的主体部分中去论证。这种写法开门见山，使读者对调查报告的基本观点一目了然，也是一种较为常见的导语写法。如《中国房地产市场调查报告》在导语中便揭示出结论：

- 居民住房私有化比例已达 59.3%；
- 预购房以经济适用房和商品房为主；
- 居民可承受的房价以每平方米 1 000～2 000 元为主；
- 25～34 岁的人占购房人群的 36%；
- 预购面积以 80～100 平方米的需求量最高；
- 主要房屋预购者家庭月收入在 1 000～4 000 元之间。

（4）提问设悬法，即在导语的开头首先提出问题，给人设下悬念。如《寻求平等与真诚——关于中国社会人际关系现状的调查》，其开头写道："我国公众如何看待社会基本形势？当前社会人际关系状况究竟怎么样？"这种连续提问、故设悬念的写法，增强了调查报告的吸引力。这一方法常用于总结经验和揭露问题的调查报告中。

2. 主体。这是调查报告的核心部分。这部分内容包括作者所要报告的调查事实、作者的观点和调查结论。主体的结构形式多种多样，常见的有如下几种：

（1）横式结构，也叫并列式结构。它是把调查的事实和形成的观点，按其性质或类别分成几个部分，并列排放、分别叙述，从不同的方面综合说明调查报告的主题。这种结构的优点是，问题展得开，论述较集中，而且观点明确，条理清楚，有较强的说服力。

[实例7-1-2]

成都市老年旅游市场调查分析

中国的老龄人口不论是绝对数还是相对数，都堪称世界之最。从市场规模的基础性要素来看，中国的老年市场具有不可限量的开发潜力。推动"老年经济"的发展、提高老年人生活质量已经成为当今社会必须面对的一个重要问题。

成都市 2005 年的老年人口系数(指老年人口在总人口中所占的比例)为 16.4,其中,60～69 岁人口占老年人口的比重为 57.2%,70～79 岁人口占到 31.9%,80 岁以上人口占到 10.9%。与 2000 年第五次人口普查资料相比,老年人口系数上升了 4.4 个百分点,60～69 岁人口占老年人口比重下降 0.9 个百分点,80 岁以上人口比重上升了 0.8 个百分点。同时,成都人的消费特点是喜欢享受生活,购买力较强,喜欢超前消费,可见成都有着很大的老年旅游市场需要开发。

一、对于成都市旅行社的分析

(一)产品策略

老年人由于其身体情况、阅历与其他年龄组差异较大,而旅游活动具有自身的特点,这就决定了老年人对旅游产品的特殊要求,因此旅行社应根据老年人的特点开发适合老年人的专项旅游产品。我们认为,老年旅游产品应当形成"安、专、新、敬"的特色,具体来讲如下。

(1)"安",就是要根据老年人的自身特点,注重旅途的安全性。

(2)"专",就是要开发专门属于老年人的个性化旅游产品,创出"老年之旅"的特色。

(3)"新",就是要使"老年之旅"不断创新、敢为人先,从而使"老年之旅"成为老年游客所钟爱的旅游品牌。

(4)"敬",就是要强化"敬老爱老"意识,使旅行社成为老年人温馨的"家"。

(二)价格策略

老年旅游产品推广时应该避开旅游黄金周,安排在旅游淡季,比如每年的春秋两季,即三、四月份,"十一"以后以及十一月份。这个时间段不仅有利于降低旅游价格,也因为其气候适宜而比较受老年人欢迎。另外,老年人在淡季出游过程中,旅行社可提供一些具有特色的活动,使得老年人不仅能感受到与普通游客出游不同的乐趣,同时也达到了提高服务质量的目的。旅行社还可以通过批量购买各景区景点的门票,借助价格差价来降低旅游价格。

虽然老年旅游市场刚刚起步,但老年人是一个庞大的市场,随着生活水平的提高和思想观念的转变,他们外出旅游的愿望也一定会越来越强烈。因此只要运用新型的营销策划观念,关注目标市场,一定会逐步将老年旅游市场拓展开,为旅游业注入新的生机和活力。

二、对于政府在旅游市场中的职能分析

近些年来,随着社会经济的巨大发展,国家越发重视旅游市场的开发,且随着老龄化社会的到来,老年旅游市场的开发与老年人需要的满足也逐步被提上议事日程。在整个市场酝酿发展的过程中,市场的自我调节必然占据主

导地位。但旅游市场的完善,特别是中老年人这个特殊旅游市场的完善尤其需要国家行政部门对其进行宏观及微观调控,才能确保其安全、健康、有利的发展。这些必要的规范和引导,市场自身很难完成,只有政府依靠其强大的职能才能完成。我们将其归纳为合理引导、鼓励推动、服务管理、协调监管四项主要职能。

例如,义乌市政府重视老龄化工作,间接地带动了义乌的老年旅游市场。在政府原则性政策的指引下,社区、老年协会、老年大学等机构和组织在推动义乌老年旅游市场开发方面发挥了极大的作用。义乌模式全面发挥了政府合理引导、鼓励推动、服务管理、协调监管的职能作用,给我们提供了部分借鉴依据。我们将以此为基础针对成都市的具体情况给予政府以下几项建议,以满足成都老年人旅游市场的发展需要。

第一,普及老年人旅游知识,做好旅游宣传;政府建立旅游信息系统,披露真实的旅游信息,防止老年人因信息不对称吃亏上当、利益受损,充分发挥政府的合理引导作用。

第二,引进义乌模式,加强中老年旅游立法与行政规定的完善,维护和整治旅游市场秩序,以杜绝经营者非理性甚至非法行为的出现。

第三,加强旅游基础设施的投入与建设,增加针对老年人出游的服务设施,方便群众。从成都周边的部分景点走访来看,成都景点的开发与全国旅游资源开发较完善的景区相比较还有相当大的差距,其基础设施建设落后,容量不足,景区周围住宿、饮食行业发展相对粗放,更少有专门针对老年人旅游的服务设施。所以应从细处着眼,为中老年旅游业发展创造过硬的条件。

第四,既要强调中老年旅游业的整体控制与约束,又要体现政府的人文关怀,要服务与管理并重,把对老年人旅游的支持落到实处,给予适当的物质支持和制度支持,把成都的旅游文化与成都老年人的旅游文化润物细无声地传达给中老年人,全面推进老年旅游市场的发展。

(摘自《中国论文下载中心》,有改动)

以上案例属于横式结构,用翔实的数字说明中国已经进入了老年化社会,同时老年人的生活质量也越来越受到社会的关注。旅游度假已经成为大多数老年人休闲娱乐的首选,从而强调了对老年人旅游市场研究与开发的迫切性和重要性。旅游市场调查不是为调查而调查,得出的第一手资料必须经过过滤、筛选,形成相应的分析文字,才能使市场调查真正成为把握市场脉络、设计新型旅游产品的有力佐证。

(2)纵式结构。纵式结构就是按照事件、问题的发生、发展和结局的先后顺序和内在逻辑来叙述事实、阐明观点。这种结构的优点是,事实有头有尾,过程清清楚楚,便于做到历史和逻辑的统一,而且便于读者了解事物发展的全过程。这种纵式结构较简单,所以内容单一集中的调查报告常用这种形式。

(3)纵横交错式结构。这种结构形式兼有横式和纵式的优点,但较复杂。在叙述和议论事件的发展过程时采用纵式结构;谈论经验教训、体会收获时采用横式结构。它适用于涉及面较广、内容较复杂的调查报告。

调查报告主体部分的结构是多种多样的。写作时,究竟采用何种结构,要根据调查报告的内容、主题来确定。这就要求我们不拘一格,勇于创新,依势布局,巧妙安排,把丰富深厚的内容与完美得体的结构有机地结合起来,从而达到提示主题、深化主题的目的。

3. 结尾。调查报告的结尾多种多样,以自然收束为上品,要求简明扼要,意尽即止。可以总结全文,得出结论;可以精辟议论,深化主题;可以说明危害,引起重视;可以展望未来,提出希望和建议等。结尾的写作要遵循话多则长,话少则短,无话则止的原则,切莫画蛇添足,影响全文。

[实例7-1-3]

通过整个社会调查,反映出的问题有:

(1)由于滨海旅游是一种新兴的旅游方式,以及宣传力度不够,人们对其了解不深。

(2)近年来滨海地区的环境普遍受到污染,严重阻碍滨海旅游的发展。

(3)大部分人缺少环保意识,对环境问题不够重视。

(4)缺乏基本的环保意识,导致许多人为因素破坏环境。

针对以上问题我们的建议是:

首先,关注并宣传滨海旅游,使人人都向往它,并参与其中,去领略滨海旅游的魅力。

其次,从我做起,从小事做起,少一些破坏,多一份关爱,为我们的生活创造一个天空碧蓝如洗,海水清澈见底的洁净环境。

最后,先要增加自己的环保意识和常识,再宣传给周围的人,使其得到普及。

摆脱都市的喧嚣,回归自然,让疲惫的身心得以舒展。总之,通过我们的不断努力,我们的环境必将得到改善,滨海旅游也必将得到发展。

4. 附录。附录是调查报告的附加部分。有些调查报告的正文包括不了或者是没有说到需要说明的情况和问题,在全文结束时,可将这些情况和问题写出来附于调查报告的正文之后。附录的内容,一般是有关材料的出处、参考的资料和书籍、调查统计图表的注释和说明,以及旁证材料等。例如《"十一"黄金周广州市民外出旅游意向调查报告》便安排了附录《2016年"十一"黄金周北京市民外出旅游意向调查结果总表》。

(三)具名

单位署名,可署于标题的正下方;个人署名,可署于文尾右下方,也可署于标题的右下方。成文日期一般署在正文末尾的右下方。

五、调查报告的写作技巧

(一)深入实际,充分掌握真实材料

掌握真实材料是写好调查报告的基础和前提。要取得第一手真实的材料,就必须深入实际,开展调查研究。要深入了解和掌握人们普遍关心的、迫切需要解决的,并带有普遍性、倾向性、真实性的问题和材料。只有深入调查,掌握的材料才能真实可靠、确凿无误,据此写出来的调查报告才不会失去它的科学价值。

(二)观点和材料结合,突出观点

观点是从大量材料中提炼出来的,提炼出来的观点又要去统率材料,用材料说明观点、突出观点,这是调查报告写作中观点和材料结合的基本要求。观点和材料割裂,只有观点没有材料,或者只有材料没有观点,都是调查报告写作的大忌。好的调查报告,应该是观点和材料血肉相连,用鲜明的观点统率生动的有说服力的材料,使之水乳交融,相得益彰。

观点和材料结合,说明观点,突出观点,常用的方法有以下几种。

1.精选典型事例。典型事例有代表性,能说明问题、阐述观点。典型事例贵精不贵多,要选得精、用得好。一般来说,一个典型材料能说明问题的就不用两个;用两个以上典型材料的,要注意选用不同的类型,或者从不同的角度、不同的侧面说明观点。

2.巧用对比方法。巧妙而精当地运用对比,是调查报告写作中突出观点的一种好方法。通过今与昔、新与旧、美与丑、先进与落后等纵向的和横向的对比,能使观点鲜明突出,也能使读者获得鲜明而深刻的印象。对比材料是多方面的,包括典型事例对比、概括事实对比、数字对比及语言对比等。

3.运用精确的数字。科学的数据和精确的统计数字,能反映事物量的发展,进而反映质的变化,可以增强调查报告的准确性和说服力。

4.图表的应用。表格和各种图表的应用能够给人以直观印象,从而体现出调查的准确性,提高报告的可信度。

(三)以叙述事实为主,夹叙夹议

调查报告要求以叙述事实为主,同时又对调查的事实加以分析综合,从中引

导出明确的观点和结论。因此,叙述和议论是调查报告基本的表达方法,而夹叙夹议、叙议结合,则是调查报告写作的主要特色。

调查报告把调查的事实材料、研究的各种问题,准确而全面地反映出来,主要靠叙述。叙述的方法多用直接叙述,简洁明快,一般不采用倒叙、补叙。在叙述过程中,要及时进行恰当的归纳和概括,把具体叙述和概括叙述结合起来。

调查报告写作时还要掌握叙与议的关系。调查报告以叙事为主,在叙事基础上进行分析,分析中就有议论,要求叙多于议,述多于评。如果议多于叙,评多于述,那就成议论文章了。

(四)语言生动

调查报告是实用性很强的应用文体,容纳的事实材料很多,叙述要力求简洁、明了、具体、生动。用简洁明了的语言具体准确地把事实和观点表达出来。同时,要注意使用活泼、生动的事例和富有表现力的语言,以加强文章的说服力。

六、调查研究的方式

调查的方式有普遍调查和非普遍调查两类。

(一)普遍调查

普遍调查也叫作全面调查,简称"普查",指在一定的调查范围内对所有的调查对象进行的调查。例如,经国务院批准,国家林业局组织完成了第八次全国森林资源清查。这次清查从 2009 年开始,到 2013 年结束,历时 5 年,启用了近 2 万名调查和科研人员,运用了卫星遥感和样地调查测量等现代科技手段,调查内容涉及森林资源数量、质量、结构、分布的现状和动态,以及森林生态状况和功能效益等方面。清查结果显示:全国森林面积 2.08 亿公顷,森林覆盖率 21.63%,林木蓄积量 151.37 亿立方米。人工林面积 0.69 亿公顷,林木蓄积量 24.83 亿立方米。

普遍调查的好处在于它的全面性,能取得比较精确的全面资料。用普遍调查处理一个小的题目,在一个比较小的范围内进行比较容易;但若涉及的范围比较广,需要的人力、物力、财力过多,一般就不宜采用。

(二)非普遍调查

非普遍调查,是在一定的调查范围里只选取部分样本为对象进行调查,以这部分样本的调查来了解总体。非普遍调查常用的方式有以下几种。

1.典型调查。典型调查是在一定的调查范围里,选择有代表性的典型样本为对象进行调查,它的特点是范围小,单位少,能够对被调查的对象做深入、细致的了解,同时又节省人力、物力和时间,能以较小的代价获取较大的效益。但是,由于典型样本的选择是调查者主观判断决定的，所以难免带有某种程度的主观性。在对总体情况了解不够的情况下，往往难于选好典型样本。

2. 重点调查。重点调查是在一定的调查范围里，选取重点样本为对象进行调查。重点调查的关键是准确恰当地选择重点样本。重点调查的样本虽然为数不多，但调查的标志（即统计总体中各单位所共同具有的特征）应在数量上占整个调查总体的很大比重。通过对重点样本的调查，能够对总体有个基本的了解。

3. 统计调查。统计调查即数量调查，它按照一定的目的要求，运用数量统计的方法，找出事物变化的原因及规律并预测其发展趋势。统计调查具有时间、空间活动范围大和调查数据精确度高的优点，运用这种调查方法，能够使我们对被调查的事物"心中有数"，加深对事物的总体认识。

4. 抽样调查。抽样调查是在一定的调查范围里，按照随机原则，抽出部分样本作为调查对象进行调查。抽样调查是以其结果推断出事物总体一般情况的一种调查方法，它的优点是：按照随机原则（同等机会）抽查，排除人为选择调查对象的主观随意性，有助于了解真实可靠的情况；它可以用较少的人力物力和较短的时间，利用抽样调查的平均数和结构相对数来推算总体，达到对事物总体比较准确的认识。正因如此，抽样调查被广泛应用于社会调查中。

5. 问卷调查。问卷调查是根据调查问题的需要拟定出调查项目，交由被调查者自填回答（或选择回答），以此来分析被调查者对某个问题的看法和评价，从而对事物的总体做出评估和推断。

搞问卷调查，要求被调查者人数要适中，提出的问题不要太复杂，也不可包含调查者的倾向，还要做好调查前的说明工作，力求真实反映被调查者的意见。问卷的数据较多时，可采用计算机汇总处理，以求精确和及时。

选择合适的调查方法一方面可以获得真实有效的数据，另一方面也为调查报告的撰写打下良好的基础。

应用能力训练

1. 结合自己所学的专业，选择题目，写一篇调查报告。

2. 彩虹旅行社在"十一"小长假到来之前，要针对大学生旅游消费群体推出一些旅游产品。前期已经通过《大学生旅游消费状况调查问卷》对大学生旅游消费状况进行了调查，得到了翔实的数据。请根据问卷调查情况撰写《大学生旅游消费状况调查报告》，为彩虹旅行社针对大学生策划旅游产品提供参考。

3. 请利用假期时间对家乡的旅游资源进行调查，撰写一份《家乡旅游资源调查报告》。

第二节　市场调查报告

　　没有哪个生产者和经营者不想了解市场、认识市场。市场是千变万化、错综复杂的,不允许你有丝毫的疏忽和怠慢。否则,它就会狠狠地惩罚你,甚至抛弃你。某种程度上说,市场的变化是有规律可循的,是可以把握和驾驭的。要想在市场竞争中得心应手、稳操胜券,就要深入进去,很好地研究它,看清它的"庐山真面目"。

　　◇了解市场调查报告的特点和种类
　　◇掌握市场调查报告的结构和写作的基本方法
　　◇学会写作市场调查报告

一、市场调查报告的概念和特点

　　市场调查报告是调查报告的一个分支,是一种专用实用文体。它是以了解市场情况、反映商品供求及企业发展状况,总结经验、提示矛盾、指导工作为目的的专业性调查报告。市场调查报告为市场预测提供依据,帮助经营管理者制定适当的经营策略和工作目标。在写作上它具有调查报告的共性要求,同时又有自己的个性特点。

　　第一,真实性。市场调查报告的调查目的,主要是为了了解市场真实情况,为企业决策提供可靠的依据。因此,必须如实地、客观地反映市场真实情况,不夸大,不缩小。报告中所用的事实与数据都要真实、准确、无误,这样才能增强市场调查报告的可信度及说服力。

　　第二,针对性。市场调查报告是为了研究、分析市场中存在的问题,反映市场当前的实际情况。因此,市场调查报告的写作要有明确的目的性和针对性,如涉及市场的生产、需求情况,当前市场的行情等情况。在深入市场调查之前,目的越明确,针对性越强,撰写的市场调查报告作用就越明显,其价值也就越高。

　　第三,时效性。市场调查的目的是反映市场信息。在经济活动中,市场形势瞬息万变,对任何一个企业,时间就是金钱和效益,任何过时的信息与报告都会失去其应用价值。所以,市场调查报告的写作必须讲求时效,调查要及时,报告要迅速。

第四,指导性。市场调查报告是应企业的生产与经营管理的需要和消费者了解市场的要求而产生的,它不只是客观事实的叙述,更重要的在于它是对事实的分析和概括,是对事实内在规律的探求。因此,市场调查报告对经济工作实践具有很强的指导意义和实用价值。

[实例7－2－1]

同程旅游发布2017春节黄金周旅游消费调查报告(节选)

刚刚过去的2017年春节黄金周,全国旅游消费规模再创新高。国家旅游局发布的监测数据显示,2017年春节黄金周全国共接待游客3.44亿人次,同比增长13.8%。那么,这个春节黄金周的旅游消费有哪些变化?居民旅游消费行为有哪些值得关注的规律?同程旅游发布的《2017春节黄金周旅游消费调查报告》(以下简称《报告》)回答了这些问题。

"长假长线游",春节黄金周长线游占比64.7%

《报告》数据显示,2017年春节黄金周期间出游的受访者中,51.4%选择了国内长线游,35.3%选择了周边游,12.3%选择了出境游。总体上,长线游(国内长线游、出境游、邮轮旅游)占比64.7%,符合"长假长线游"的一般需求规律。见图7－1。

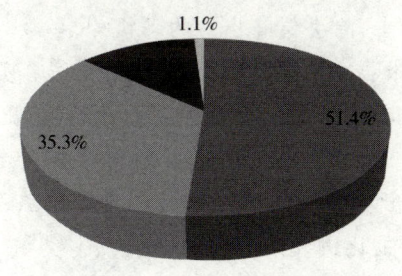

图7－1　2017春节黄金周出游类别结构

在居民春节黄金周出游目的地选择方面,国内游呈现出明显的"南下避寒,北上玩雪"的需求规律。哈尔滨等传统冰雪游胜地集中了半数以上的北上玩雪客流,而厦门、三亚、桂林、丽江、昆明、大理等地处华南、西南地区的目的地则是北方游客南下避寒的首选目的地。

春节出境游热门目的地和往年一样主要集中在周边的日本、韩国、泰国以及港澳台地区,合并占比50.5%,法、瑞、意、美、加等长线目的地占比23.8%,巴厘岛、长滩岛、马尔代夫等热门海岛占比11.8%。值得注意的是,极地旅游也占到了1.1%的比例,表明居民春节出境游的消费层次和品质在提升。同程邮轮春节期间的南极邮轮航次需求强劲,早在出发前一个月即被抢订一空。

春节黄金周期间居民周边游主题主要集中在乡村游、温泉、主题公园、逛庙会、滑雪等。随着城市化进程的加快,春节的一些传统习俗在城市逐渐淡化或消失,因此,到乡村追寻传统"年味儿"成为春节周边游的第一需求。《报告》调查数据显示,36.3%的周边游人群选择了乡村游。泡温泉则是春节周边游的第二大需求热点。从地区分布来看,到滑雪场滑雪是华北、东北地区居民春节周边游的热门选择。见图7-2。

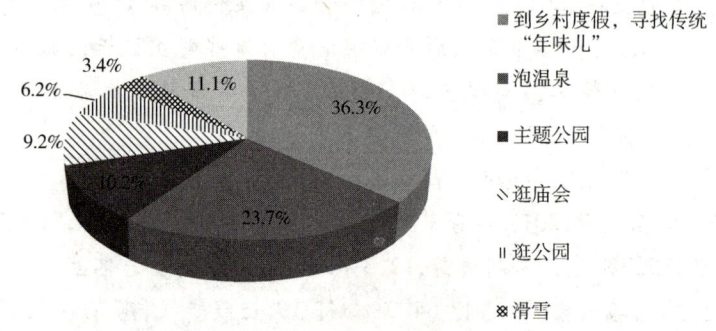

图 7-2 2017 春节黄金周居民周边旅游消费偏好调查

38%的人选择在家过完除夕和初一后再出发

在出游时间的安排上,除去错峰出游的动机外,多数人会考虑兼顾在家过年的传统和旅游需求。《报告》数据显示,有38%的受访者明确表示要在家过完除夕和初一后再出发,仅有15.5%的受访者选择了在出游目的地过年;另有37.4%的受访者选择了节后错峰出游,选择节前错峰出游的占比9.1%。总体而言,有84.5%的春节出游者兼顾了在家过年和外出旅游(含自愿和非自愿选择),在出游目的地过年的比例相对较低。

春节和谁一起游?全家一起出游最流行

春节作为一个阖家团圆的节日,即便是外出旅游也要全家人一起行动。《报告》针对不同年龄层出游者的调查数据显示,40岁以下的出游者大多选择了和配偶及子女一起出游的家庭组合,占比达29.9%;选择一家三代人同游的比例为19.4%。相比之下,50岁以上的中老年人群大多选择了和老伴儿一起出游,占比高达57.9%;选择全家一起出游的占比23.8%。综合来看,全家一起出游是较为主流的春节出游选择。

居民春节黄金周出游交通、住宿、门票支出5 000元以上者超三成

《报告》针对春节期间有旅游消费经历人群的调查显示,31.5%的人在交通、住宿、门票等旅游产品上的人均花费超过了5 000元,与长线游占比较高有

着密切联系。从调查数据来看,17.3%的春节出境游者在交通、住宿等旅游产品上的支出水平在 5 000 元以上,邮轮旅游者的这一比例为 13.4%。

居民春节出游近九成有购物消费经历,土特产买得最多

《报告》数据显示,春节有出游经历的受访者中,89.2%的人有旅途购物消费经历,其中 30.4%的人购物消费在 2 000 元以内,24.9%的人购物花费在 2 001~4 000 元,购物消费在 6 000 元以上者占比 19.5%。

总体来看,出境游、邮轮旅游和国内长线游居民的旅游购物消费水平要高于周边游,其中以出境游和邮轮旅游最高。

春节出游购物人们一般都会购买哪些商品?《报告》数据显示,目的地土特产和旅游纪念品是最受欢迎的商品,名牌服装等也非常受欢迎,而名表珠宝等贵重商品的购买比例相对不高。

调查数据显示,50 岁以上的中老年人相对更加喜欢购买土特产,而对名牌服装、化妆品等的购物需求相对不高。针对中老年人的这一旅游购物偏好,同程百旅会在春节期间推出了"旅游 + 年货"创新产品,将传统旅游线路与年货采购体验相结合,让用户深度体验目的地的各种过年"习俗",同时还可以购买到当地原汁原味儿的特色年货。

旅游过年新玩法见证旅游消费升级,中老年人尝鲜热情不输年轻人

2017 年春节黄金周旅游消费市场涌现出了一大批新鲜玩法,充分证明了旅游过年正在从大众化消费向多元化、个性化的消费时代升级。

《报告》调查数据显示,国内自驾游、自助出境游、旅行拍摄、邮轮旅游、房车露营、在线结伴游、极地旅游等是今年春节黄金周期间最受关注的节日旅游新玩法,同时也是在旅游爱好者中有一定接受度和认可度的新鲜玩法。

通常认为,老年人比年轻人相对较难接受新鲜事物。但在旅游消费领域,这一认识却被彻底颠覆了。《报告》数据显示,中老年人对于邮轮旅游、极地旅游、旅行拍摄等新鲜玩法的接受度高于年轻群体。

《报告》调查数据显示,60 岁以上人群对于春节邮轮旅游的接受度明显高于其他年龄层,他们相对更加偏好在邮轮上过年这一新鲜玩法。

极地旅游(南极或北极)是近年来兴起的出境游新玩法。调查数据显示,41~50 岁和 70 岁以上两个年龄层的受访者对于春节极地旅游的接受度高于其他年龄层,尤其是 70 岁以上的老年人对于极地旅游的接受度高于其他任何年龄层。这一调查数据与同程邮轮推出的春节南极邮轮的实际出游情况基本吻合。

带着摄影师一起去旅行,边走边拍,这也是近年来国内游和出境游市场出现的新玩法。调查数据显示,各个年龄层对于旅行拍摄的接受度普遍较高,其中尤以 61~70 岁这一年龄层的接受度最高,领先于"80 后"和"90 后"。

除了邮轮旅游、极地旅游和旅行拍摄外,中老年人群在国外自驾游、在线结伴游等方面的尝鲜热情也丝毫不输于年轻群体。

此次春节黄金周旅游消费的调查结果表明,旅游已经成为居民春节消费的重要领域,并且,今年春节的旅游消费在整体出游需求稳步增长的同时,消费水平也有较大幅度增长,高品质出游和个性化新玩法的需求增长明显,充分体现了我国旅游消费升级的阶段性特点。

(摘自新华网 2017/2/7)

这篇市场调查报告客观及时地反映了 2017 年春节黄金周期间全国旅游市场的消费规模情况,目的明确,针对性强,报告及时,对旅游工作具有很强的指导意义,实用价值很高。

二、市场调查报告的种类

市场调查报告属于专业性调查报告,依据调查的内容和作用,可分为以下三类。

第一,市场产品情况调查报告。该种调查报告以产品调查为主,重点介绍市场对产品的数量、规格、型号、品种、性能、价格及技术服务等方面的评价、建议和要求,从而了解产品的市场地位及其占有率等信息。如《××保健食品市场调查报告》。

第二,市场销售情况调查报告。该种调查报告突出介绍产品市场分布、消费人口构成、销售规模、销售渠道、销售能力、仓储运输成本、广告费用及效果等情况。如《关于手机市场的调查报告》。

第三,市场竞争情况调查报告。该种调查报告以调查市场竞争情况为主,具体说明市场上同类产品在质量、价格、品种、交货期限、零配件供应、经营推销方式及服务特点等方面的情况。如《智能手机网络销售的市场调查》。

三、市场调查报告的结构

市场调查报告一般由标题、前言、正文和结尾四部分构成。

(一)标题

市场调查报告的标题没有固定的格式,可以根据市场调查的目的、内容、范围及结论来确定。从形式上看,可分为以下几类:

1. 公文式标题。公文式标题通常由调查范围、对象、内容和文种几个要素组成,前边加上引导词"关于"。如《关于手机市场的调查报告》。这类标题简单明了,但过于平淡,缺乏生动性。

2. 新闻式标题。采用新闻式标题的拟题方法,将调查报告的中心内容简明扼要地提示出来。这种写法分为单标题和双标题两种。单标题如:《广州中高档茶叶旺销》《洗衣机市场供求趋平衡、竞争中结构需调整》;双标题如:《传统商业走向现代商业的探索——北京市连锁商业调查》。

无论用哪一种形式作标题,都必须简洁、准确、新颖、醒目,概括出全文的基本内容。

(二) 前言

前言是市场调查报告的开头部分。长篇的市场调查报告都需要有前言,它主要概括介绍调查的时间、地点、对象、内容、范围、目的以及所采用的调查方法等,也可以简略介绍调查的结论。写法上一般是点到为止,不需要详细说明。有的市场调查报告也可以不写前言,而把它放在正文部分。

前言可长可短,一般不外乎下列三个内容。

1. 简要介绍所调查的基本情况,可介绍其性能、用途或介绍该行业的兴起及发展情况。

[实例 7-2-2]

刚刚过去的 2017 年春节黄金周,全国旅游消费规模再创新高。国家旅游局发布的监测数据显示,2017 年春节黄金周全国共接待游客 3.44 亿人次,同比增长 13.8%。那么,这个春节黄金周的旅游消费有哪些变化?居民旅游消费行为有哪些值得关注的规律?同程旅游发布的《2017 春节黄金周旅游消费调查报告》(以下简称《报告》)回答了这些问题。

(摘自同程旅游发布的《2017 春节黄金周旅游消费调查报告》)

2. 简要叙述一下所调查的国家或地域的经济情况。比如,一篇调查南非工艺品市场的文章写道:

"南非是非洲经济较为发达的国家,它拥有较强的经济实力和较高的消费水平,对来自外部的商品的需求逐年增加……"

3. 交代调查的背景、目的、方法及组织等情况。如:《大学生使用智能手机市场调查报告》

调查背景:近几年来,手机的更新换代越来越快,特别是随着智能手机越来越普及,人们更换手机也越来越频繁。智能机的功能非常强大,它除了手机固有打电话发短信的功能以外,还可以下载多方应用软件,如看电影、听音乐、玩游戏,还可以用它来查看天气等,功能非常齐全。如今智能机已经逐步融入人们的生活。

大学生是一个使用智能机非常重要的群体,90% 以上的学生都会持有一部智能机,大学生的日常生活已经离不开智能机。使用智能手机上网、社交、了解信息,俨然已成为他们生活中不可缺少的一部分。因此,我们的问卷调查主要针对的是在校大学生对于使用智能机之后感到与传统机有哪些改变及其对生活的影响。

调查目的：通过对大学生选择智能手机原因的了解，了解大学生使用智能手机之后感到与传统手机之间有哪些改变及对其生活的影响。

调查对象：在校大学生

调查方法：通过网上调查问卷，共发放问卷105份，回收问卷105份，有效问卷105份，回收率100%。

在一篇市场调研报告的前言中，以上三项内容可以全部含有，也可以根据情况选择其中的一项。

（三）正文

正文是市场调查报告的主体。正文主要是根据调查所获得资料的性质和内在联系，集中反映调查的成果，对分析预测及所提建议等加以详尽阐述。从内容上看，正文一般包括如下几个部分：

1.情况介绍。情况介绍即对调查对象做进一步的阐述和分析，一般是以文字说明为主，必要时也以图表及数字进行补充说明。

［实例7-2-3］
2017年Q2国内手机销量份额

华为卫冕销量冠军，占Q2国内手机销售份额22.1%；根据极光大数据统计，vivo在Q2的销量表现优秀，占据17.4%的销售份额，超过OPPO，登上本季度销量亚军的宝座。见图7-3。

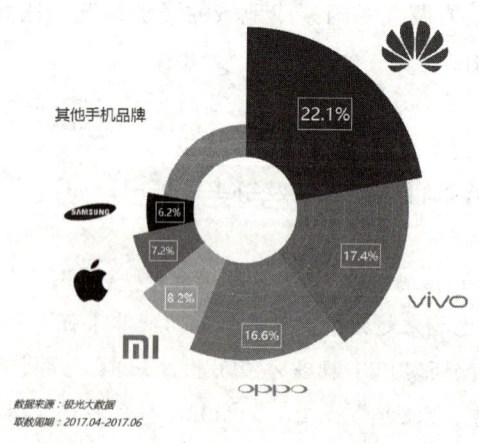

图7-3　2017年Q2手机品牌销量份额

（《极光大数据：国内手机市场年中大盘点》）

2. 分析下结论。通过运用科学的分析方法,在充分占有翔实的材料、准确的数据、典型的事例的基础上,全面剖析,综合衡量,以得出正确的调查结论。市场调查报告虽不以预测为重点,但也往往对市场的变化趋势有所展望。分析内容包括产品需求量、新产品的开发、消费习惯的变化、市场走向等。如《极光大数据:国内手机市场年中大盘点》是这样通过分析得出结论的。

[实例 7 - 2 - 4]

第二季度华为卫冕手机销量冠军,vivo 以 17.4% 的销售份额登上亚军宝座。苹果销量相比去年同期大幅下降,果粉或许在等待 iPhone 十年新机型。华为用户忠诚度较上一季度有较大降幅,OV 对华为用户的吸引力正在增加。三星用户忠诚度连续五个季度下降,华为是最受三星换机用户青睐的品牌。OPPO、vivo 最受年轻用户青睐,25 岁以下的用户使用这两个品牌的比例均超过了 50%。全网通已经成为安卓用户的标配,2017 年 Q2 售出的安卓手机中有 83.7% 是全网通。

(极光大数据:国内手机市场年中大盘点)

3. 对策与措施。对市场调查中发现的各种矛盾、各种不稳定因素和各种不利条件,提出有针对性的、切实可行的措施和办法,为企业管理者制定决策提供可靠依据和参考意见。如《北京旅游服务市场调查报告》是这样提出对策与措施的。

[实例 7 - 2 - 5]

针对此项研究结果,科思瑞智的策略研究员张弛先生指出,剧烈的社会经济变革中,人们的生活方式和观念发生了很大变化,人们从寄希望于未来和下一代转变为更加关注自身的生活体验。一方面,在基本的生活需求得到满足后,旅游作为提升生活品质的重要消费被越来越多的人认同;另一方面,中国人传统上即把"游历名山大川"作为提高个人修养的一种方式,因此旅游被很多并不富裕的家长作为子女养成教育过程中的一种必要投资。从过去的"单位组织旅游"到越来越个性化的消费选择,尽管在放长假期间的特定时段旅游服务呈现了供不应求的局面,但旅游服务的供应商(包括旅行社、风景区乃至配套服务机构)正面临如何满足不同消费者的需要以扩大市场的紧迫问题。认真研究不同消费群的旅游需要,明确自身的目标市场和服务定位,集中有限的资源放在细分市场上,根据顾客需要进行旅游服务的组合设计,借助口碑效应来树立自己的品牌,当是国内旅游服务供应商面对加入世界贸易组织后的激烈竞争而未雨绸缪的良策。

(四)结尾

结尾是全文的终结,通常与前言相照应,起到概括结论、强调主旨、加深印象以及响应开头的作用。有的市场调查报告的结尾部分在主体部分已阐述,可以略写或省去。

市场调查报告的结构形式要为市场调查报告的内容服务,要从实际出发,灵活运用,不必要也不可能按一个固定的模式来写市场调查报告。

四、市场调查报告写作注意事项

第一,选好调查课题。市场情况是纷繁复杂、变化不定的,因此,要密切注意市场状况,抓住典型课题,有针对性地去调查、分析,以适应市场环境。

第二,讲求实效。市场的情况瞬息万变,随时会出现新情况、新问题,要想获得有价值的资料,必须抓住时机,迅速调查,及时写作。否则,写出的市场调查报告不是雪中送炭,而是雨后送伞了,就失去对企业生产和经营决策的指导意义。

第三,认真整理、分析市场调查资料。要写好市场调查报告,首先要大量搜集、占有第一手市场信息资料。其次要进行资料整理,去伪存真,进行归类。然后对整理后的资料进行科学分析,找出市场规律和本质问题。

第四,合理安排结构,文辞简洁。报告要结构严密,思路清晰,判断、推理符合逻辑,观点和材料合理结合。报告的语言要准确、简洁、生动,议论要精当、扼要。

应用能力训练

利用假期对家乡的旅游市场进行调查,撰写一份旅游市场调查报告。

第三节 市场预测报告

课前提示

市场预测报告是市场经济发展的产物。预测就是事前推测,对市场适时做出科学、合理的预测有助于国家经济管理部门和各类企业深入研究和积极顺应市场的变化规律,科学地制定经营决策和计划,加强经营管理,提高经济效益。

教学要求

◇了解市场预测报告的特点、作用、种类
◇掌握市场预测报告的结构和写法
◇学会写作市场预测报告

一、市场预测报告的概念

市场预测报告是反映市场预测过程及其预测成果的一种书面报告,是根据市场调查得到的信息、资料,运用科学方法对未来市场的需求变化做出分析、推测和判断,并把这一分析、推测和判断的过程及发现的规律用书面形式反映出来,为企业制订计划和经营提供参考的书面材料。

二、市场预测报告的作用

对市场进行准确预测,及时掌握市场变化趋势,能够增强企业商品经营的自觉性,减少和防止商品经营的盲目性,是企业开展经济活动、不断改革创新的重要保证,是企业制订发展规划的基础。通过正确的市场预测,能为企业提供科学的经济情报,使企业在竞争中掌握主动,避免风险和危机,为企业经营决策提供科学依据,使企业健康发展。

三、市场预测与市场调查的区别

市场调查的目的是预测,市场预测的前提是调查,二者有着密不可分的关系。一般市场调查报告以写现状为主,市场预测报告以写未来为主,二者侧重点有所不同。

市场调查报告是对市场情况和动向做详尽调查后,经过深刻、细致的分析和研究得出正确的结论,然后写成专题报告。市场预测报告是在市场调查的基础上,综合调查的材料,用科学的方法估计和预测未来市场的趋势,从而为有关部门和企业提供信息,改善其经营管理,促使产销对路,提高经济效益。市场预测报告实际上是市场调查报告的一种延伸形式。

四、市场预测报告的特点

(一)预见性

市场预测报告的最大特点是对事物未来发展方向和特点的事前预测。这就要求市场预测必须通过充分的调查研究,运用有关的经济学理论和方法,正确地分析研究有关的数据资料,做出准确预测。

(二)科学性

客观的经济现象在各个发展阶段往往具有一定的内在联系。市场预测就是通过对经济现象的历史和现状的分析,掌握其内在联系,揭示其发展规律,并推测其未来的发展趋势。市场预测不只凭借实践经验来进行,更要依据科学的方法加以分析研究,力戒主观盲目,在占有详尽信息资料的基础上,经过严密推理和科学运算,得出准确结论,从而保证预测结果的科学性和精确度。

(三)时效性

市场预测报告必须及时对市场和产品的发展方向做出预测,并且及时地将预测信息传递给有关部门,使企业及时准确地把握市场的现状和未来的发展趋势,在竞争中掌握主动。

[实例 7 - 3 - 1]

三亚春节黄金周旅游市场预测

进入冬季以来,三亚的旅游市场持续兴旺,特别是 11 月后出现了迅猛增长的良好势头。据统计,11 月份我市星级酒店接待游客较去年同期增长 35%,12月份,较去年同期增长 34.09%,预计今年我市春节黄金周的旅游形势仍将看好,主要呈现以下特点:

(一)今年三亚春节黄金周旅游市场将平稳增长,接待游客总量及经济效益较去年春节黄金周有所增长。预计今年春节黄金周接待游客总量将达 16 万人次,较去年同期的 14.78 万人次增长 8.25%;酒店客房接待能力的增幅(20%)高于游客总量的增幅(8.25%),预计旅游饭店的平均开房率低于去年春节黄金周。

(二)客源结构将更趋优化,团队与散客相比大体持平。经过多个黄金周的磨合,旅游经营者和消费者更趋理性,一方面许多宾馆酒店尤其是亚龙湾度假区内的酒店、大东海及部分市内高星级酒店,在客房的销售上,除了拿出一部分客房回报长期有业务往来的旅行社外,还留出足量的客房让给散客预定,让散客来了有房可住。另一方面,旅行社不断推出个性化服务,小报价旅游和自助式旅游越来越受到人们的欢迎。此外,今年春节黄金周期间将有不少回头客自行重访三亚。因此,春节黄金周预计选择家庭旅游、亲友团旅游、自助旅游方式来我市的散客比重较去年将有较大的提高。

(三)客源将出现分流。据悉,春节黄金周期间,海口星级宾馆饭店的房价仅为平日公布房价的 4~5 折。已有一部分旅行社策划并推出住海口、琼海,玩三亚、兴隆的春节黄金周接待新线路,无疑将分流三亚的客源特别是过夜游客。此外,春节前后我市将有相当数量的家庭旅馆投入黄金周的接待行列,将对旅游星级饭店形成压力。因此,建议各旅游星级饭店在黄金周客房定价上采取理性策略,在营销手段和方法上要审时度势、灵活应变。

(四)春节旅游热将带动三亚的房地产业。三亚作为热带滨海旅游城市,其气候、环境资源独一无二,是国内人居环境最好的城市之一,深受内地人士的青睐。越来越多的内地人将利用春节黄金周来三亚旅游之机,看房、买房,这势必带动三亚的房地产热销。

（五）直接进出三亚的游客增多。今年10月，南方航空集团公司顺利合并北方航空公司、新疆航空公司后，构筑了"蓝天大三角"，并把三亚作为旅游航空的重点发展基地之一，先后开通了三亚—成都、三亚—重庆等航线，加密了三亚—广州、三亚—深圳、三亚—上海等地的航班。春节期间该航空公司还将增开三亚到主要客源地北京、广州、上海、深圳等城市加班航班和旅游包机，为直接进出三亚的游客提供方便。

（六）网络预订游客增多。一方面随着电子计算机的普及应用，电脑已进入普通百姓家庭；另一方面，我市政府网络、电子商务日臻完善，内容不断丰富，旅游企业也相继建立自己的网络，通过网络促销已取得一定成效，网络预订渐成时尚，预计今年春节黄金周网络预订将占有一定的比率。

（七）休闲度假客人增多。以休闲度假功能为特色的海边酒店的预订率要高于市内酒店的预订率。黄金周期间，亚龙湾度假区客房平均预订率达90%，明显高于市内的客房平均预订率。因此，在价格的把握和制定方面，市内不同区域的酒店不要盲目跟风，更不要和亚龙湾区域度假酒店相攀比。

（八）春节黄金周我市游客高峰期集中在农历初二至初五。

（九）预计春节黄金周外地游客在我市的平均停留天数为4.5天。

（摘自《三亚晨报》，有改动）

五、市场预测报告的种类

（一）按预测的范围划分

按预测的范围划分，市场预测报告可分为宏观预测报告和微观预测报告。一般来说，宏观预测和微观预测往往结合起来进行，这样得到的数据更为准确、可靠。

（二）按预测的对象划分

按预测对象分，市场预测报告可分为市场需求预测报告、市场占有率预测报告、产品发展预测报告及资源预测报告等。

（三）按空间层次划分

按空间层次划分，市场预测报告可分为全国性市场预测报告、地区性市场预测报告。

（四）按时间层次划分

按时间层次划分，市场预测报告可分为短期、近期、中期和长期市场预测报告。

六、市场预测报告的结构和写法

市场预测报告一般由标题、前言、正文和结尾四部分组成。

(一)标题

市场预测报告的标题比较灵活,常见的有以下三种:

1.全称标题。这种标题由预测的时限、预测的范围、预测的对象和文种四个要求组成。比如《2018 年我国手机市场预测》。

2.简称标题。这种标题省略了预测时限、预测范围,只留下预测对象和文种。比如《冰箱市场预测》《装饰材料预测》。

3.消息式标题。消息式标题类似于新闻报道中消息的标题,标题中没有"预测"二字,却能看出是预测。比如《家用轿车市场需求持续上升》《今冬取暖器市场旺中趋缓》《今年电风扇市场发展趋向——讲究装饰,追求舒适》。不管哪种形式的标题,都必须标明预测的对象,它是所有标题不可或缺的要素。

(二)前言

前言,又叫引言,即市场预测报告的开头。它一般简要介绍预测对象的性质、特点和用途,或概括预测的重要内容以领起下文,还可以将预测的结果先提到这个部分来写,以引起读者的注意。前言要概括而突出主要内容。市场预测报告有时也可不要前言,那么就要把前言的内容放在正文的开头部分去说明。如下面的例子便将预测的结果先提到前言部分,以引起读者的兴趣。

[实例 7 - 3 - 2]

近年来,我国水资源形势严峻,国家陆续出台了多项环保政策以推进水环境质量的改善,不断加大在水污染防治方面的投入。政策、市场因素是驱动水处理行业发展的双轮,我国工业污水处理市场空间将大有可为。

水处理是为了使水质满足特定环境及回用的用途,通过物理、化学和生物手段,对水质进行治理去除或增加水中某些对生产、生活及环境不需要或需要物质的全过程。目前,按照污水来源和处理途径,我国水处理可以细分为原水处理、工业用水处理、工业废水处理、市政生活污水处理以及水环境的综合治理。

(《2017 年我国水处理市场需求规模预测》 来源:中国产业信息网)

(三)正文

正文是市场预测报告的核心和主体,一般包括现状、预测和建议三个部分。以下以《上海旅游跃跃欲试》一文为例加以说明。

1.现状。这一部分主要是用确实、具体的材料来说明市场的现状,它是预测的出发点和基础。必要时还可以对历史上的情形做简要回顾以探寻其来龙去脉，以便更好地让读者了解其发展的趋势。这一部分的写作应该概括、简洁，它只是给后面的预测和建议充当一个先决条件，内容上可以包括产品的产销情况、购买情况、同行的经营情况、本企业的生产能力和技术设备情况等。

[实例 7 - 3 - 3]

工业企业废水治理出于成本考虑，其产生的大量污水经过不同的药剂、专业化设备及技术工艺净化处理后进行循环使用，部分外排，处理环节多在工业企业内部。生活污水则由于排放源分散（排放主体多为办公及家庭环境），因此多在污水处理厂集中进行处理。而针对污水聚集的河流、湖泊等受污染严重的水体则进行水环境综合治理，经过综合治理后达到环保景观要求，同时提升城市居住环境质量。

近年来我国用水量不断攀升。随着工业化和城镇化进程的推进、居民生活水平的提高，我国人均用水量总体呈现增长趋势。2002—2015 年，我国每年人均用水量由 429.50 立方米增至 445.09 立方米。废水排放总量呈持续上升趋势，2001—2015 年间我国废水排放量由 433.00 亿吨/年增至 735.32 亿吨/年，复合增长率达 3.85%。废水中包含大量污染物，给水环境造成严重影响，进一步加剧了水资源的紧缺，使水环境治理的重要性和紧迫性不断提升。

近年来，我国水资源形势严峻，国家陆续出台了多项环保政策以推进水环境质量的改善，不断加大在水污染防治方面的投入。2010—2015 年，我国水污染防治领域的财政支出金额由 364.87 亿元迅速增至 534.61 亿元，复合增长率达 7.94%。我国污水处理能力不断增强。截至 2015 年底，我国城镇污水日处理能力由 2010 年 1.25 亿吨增至 1.82 亿吨，成为全球污水处理能力最大的国家之一。

此外，我国污水处理基础设施建设也在快速推进。近十年来，我国城镇污水处理厂数量实现快速增长，2005—2015 年底我国城镇污水处理厂由 764 座增长至 6 910 座，增长了近 8 倍。截至 2015 年，全国城镇污水处理能力已达到 2.17 亿立方米/日，城市污水处理率达到 92%，县城污水处理率达到 85%，全国城镇污水处理设施建设基本完成了"十二五"规划目标。

现阶段工业用水的价格普遍较低，使工业企业开展污水处理的内在动力不足。未来工业用水的价格持续上升（尤其是部分缺水地区）及水处理成本下降，将促使工业企业污水处理由"被动提标"转为"主动节水及水回用"。政策、市场因素是驱动水处理行业发展的双轮，我国工业污水处理市场空间将大有可为。

随着我国工业化和城镇化的推进，我国城镇污水处理量急剧增长，由 2004

年的 101.44 亿吨增加至 2015 年的 535.20 亿吨,复合增长率达 16.32%;农村污水处理量由 5.2 亿立方米增至 78.95 亿立方米,复合增长率达 28.05%。

（《2017 年我国水处理市场需求规模预测》 来源:中国产业信息网）

2. 预测。预测是具体展开分析的过程,即根据上述各种现状,加以分析研究,从中推导出对未来的判断,从而得出发展的趋势和规律,预见到未来可能出现的情况。预测的内容主要是市场对某产品的需求总量和本企业产品占有市场的比例,它可以从产品销售总量、同行业的生产情况、影响产品销量的人口因素和新产品开发速度等方面进行预测,也可以从产品的技术发展趋势、资源、生产成本等方面进行预测。无论哪一种预测,都必须以翔实准确的数据和材料为依据,通过比较分析、科学推断等方法准确预测市场的未来趋势,而不能闭门造车、主观臆断。写法上可以分条或分节加以说明。

[实例 7 - 3 - 4]

未来我国城镇污水处理率将大幅提升,会大大拉动生活污水处理的市场需求。根据《"十三五"全国城镇污水处理及再生利用设施建设规划》,到 2020 年底,实现城镇污水处理设施全覆盖,城市污水处理率达到 95%。其中,地级及以上城市建成区基本实现全收集、全处理;县城不低于 85%,其中东部地区力争达到 90%;建制镇达到 70%,其中中西部地区力争达到 50%;京津冀、长三角、珠三角等区域提前一年完成。到 2020 年底,城市和县城再生水利用率进一步提高。京津冀地区不低于 30%,缺水城市再生水利用率不低于 20%,其他城市和县城力争达到 15%。"十三五"期间,新增污水处理设施规模 5 022 万立方米/日。其中,设市城市 2 856 万立方米/日,县城 1 071 万立方米/日,建制镇 1 095 万立方米/日。

随着我国经济规模的持续增长,工业用水总量较大,对我国的用水环境产生了较大压力。工业废水待处理量持续增加的同时,水质排放标准也将越来越严格,环保监管政策也会进一步加强。根据环保部《全国环境统计公报(2015)年》中的统计,全国废水排放总量 735.3 亿吨,其中工业废水排放量 199.5 亿吨,城镇生活污水排放量 535.2 亿吨,工业废水排放量占比达 27.12%。

我国幅员辽阔,拥有绝对数量较大的淡水资源,但是人均淡水资源却相对匮乏且呈现地域不均匀分布状态,全国的人均淡水资源拥有量约相当于世界人均水平的 1/4,居世界第 109 位,是世界上人均占有水资源最贫乏的 13 个国家之一。经过 50 余年的发展,我国海水淡化产业在经历技术研发、产业化等阶段后,正进入产业发展与应用阶段。《2015 年全国海水利用报告》显示,截至 2015 年底,我国已建成海水淡化工程 121 个,产水规模为 100.88 万吨/日,最大海水淡化工程规模为 20 万吨/日。目前海水淡化主要采用反渗透和低温多效蒸馏海水淡化技术,产水成本 5~8 元/吨。截至 2015 年底,全国应用反渗透技术的工程将达到 106 个,占比 87.60%。随着海水淡化目标的逐步达成,按照膜技术在海水淡化领域较大的应用比例,膜法水处理的市场前景将十分广阔。

（《2017 年我国水处理市场需求规模预测》　来源:中国产业信息网）

（四）结尾

结尾,也叫落款,要写明做出预测报告的单位或个人的姓名和日期。

七、写作市场预测报告应注意的事项

市场预测报告是专业性很强的经济实用文书,它的主要特点体现在"预测"二字上,"预"就是前瞻性,"测"要体现科学性。严密的科学性保证准确的预见性,这样才能使市场预测报告在企业经营管理中发挥很好的作用。

（一）实事求是

要立足于客观实际进行分析预测。分析资料数据要力求忠实于事实。推断未来经济活动趋势更要力求科学、真实,要客观地报告预测结果。对预测结果所显示出来的必然性趋势,应将其必然性规律准确地提示出来;对预测结果所显示出来的可能性发展趋势,也应将其偶然性特征精确地提示出来,以忠实于预测结果的原貌。

（二）讲求时效

市场预测报告是为经济决策、经济计划服务的。经济决策、经济计划是为指导现实经济活动而制定的,具有很强的时效性。这就在客观上要求市场调查与预测报告必须敏锐地捕捉经济活动的最新变化事实,及时地进行分析预测,迅速地将预测信息传递给经济决策部门及管理部门。

（三）分析、预测准确

分析预测的准确性直接关系到市场预测的科学性、经济决策的正确性、商业企业的经营效益。因此,应注意采用科学的方法,进行客观、准确的分析预测。

应用能力训练

1. 结合专业课的学习,对自己熟悉的行业做一次市场调查,认真分析,写一篇市场预测报告。

第八章　法律文书写作

　　法律,是由立法机关制定、国家政权保证执行的行为规范,主要是为调整国家与公民之间、公民与公民之间的关系而制定的。广义上说,凡是法律上使用的,或者说凡是涉及法律的文书,均具有法律效力或法律意义,都属于法律文书的范围。

　　从法律文书的制作者来看,一类是司法机关和法律授权的专门组织,包括公安机关、检察院、法院、监狱和未成年犯管教所,律师及公证、仲裁类的专门组织;另一类是当事人及诉讼参与人,即诉讼案件和非诉讼事件的利害关系人、证人和鉴定人。前者,属于狭义的司法文书,是由专门的法律机关部门使用的,属于专用实用文体,针对性强、专业(或职业)特色明显,使用范围相对狭窄,这里从略。后者则普遍适用。在法制社会,学习法律知识,学习并熟悉常用的法律书状,对于保障当事人的正当权益是很重要的。

第一节　法律文书概述

课前提示

　　法律文书是实用文体中一种特殊的类型,与法律的关系非常密切,也是一种实践性很强的应用文体,其在种类、作用、格式和语言方面都显得与众不同。因此,写作法律文书,必须掌握其特点和基本规律。另外,其对写作者的法律知识、写作知识和写作水平要求也均较高。在现代的法制社会,掌握一些基本的法律知识和法律文书的写作知识是非常必要的。

教学要求

　　◇了解法律文书的特点和类型
　　◇掌握法律文书的写作要求
　　◇能够有意识地把这些知识运用于以后的写作实践中

一、法律文书的特性

(一)制作依据法律规定

　　法律文书的制作和一定的法律程序相联系,有着严格的规定性。从制作的主体到文书的形式、内容以及提交、送达等手续,都必须以法律规定的程序为依据。例如,民事起诉状的制作,《中华人民共和国民事诉讼法》第 109 条规定:"起诉应当向人民法院递交起诉状,并按照被告人数提出副本。书写起诉状确有困难的,可以口头起诉,由人民法院记入笔录,并告知对方当事人。"

(二)内容体现法律原则

　　这是指法律文书的内容要"以事实为依据,以法律为准绳"。法律文书叙事要务求真实,要有确实、充分的证据;说理以法为据,提出要求应合理合法,并明确适用的法律。

(三)行文符合规范格式

　　行文符合规范格式包括三方面内容:首先,结构的程式化;其次,项目的规定性;最后,某些用语的固定性。结构上,法律文书一般都分为首部、正文、尾部三部分。项目上,例如,民事起诉状的制作,《中华人民共和国民事诉讼法》第 110 条规定:"起诉状应当记明下列事项:

　　1.当事人姓名、性别、年龄、民族、职业、工作单位和住所。法人或者其他组织的名称、住所和法定代表人或者主要负责人的姓名、职务。

2.诉讼请求和所根据的事实与理由。

3.证据和证据来源、证人姓名和住所。"

（四）功能具有法律效力或法律意义，即使用的实效性

一些需要执行的法律文书，在法律上要具有效力，要实效性明显；一些不具有执行作用的，也要具有法律意义，如公证和仲裁文书。

（五）语言的专业性

法律文书语言的专业性体现在要使用法律规定的规范用语，如原告、被告、第三人；表示犯罪形态的犯罪既遂、犯罪未遂、犯罪预备和犯罪中止，等等。

二、法律文书的分类

法律文书一般分为两类，即司法文书和法律文书。

（一）司法文书的类别

司法文书是指国家司法机关即公安机关、国家安全机关、人民检察院、人民法院以及司法行政机关，按照一定的诉讼程序处理各种刑事、民事、经济、行政等案件时所制作的具有法律效力或法律意义的文书。

司法文书范围广泛、种类繁杂，仅人民法院的起诉文书就有300多种。

按制作的主体分类，司法文书的主要文种有：

1.公安机关使用的：通缉令、受理刑事案件登记表、刑事案件立案报告书、侦查工作方案、刑事案件破案报告书、现场勘察笔录、询问笔录、讯问笔录、鉴定书、呈请拘留报告书、呈请刑事拘留报告书、提请批准逮捕书、预审终结报告、起诉意见书和免予起诉意见书等。

2.人民检察院使用的：立案决定书、批准逮捕决定书、不批准逮捕决定书、退回补充侦查决定书、起诉书、免予起诉决定书、抗诉书、公诉书、纠正违法通知书和检察建议书、复核决定书等。

3.人民法院使用的：刑事判决书、刑事裁定书、民事判决书、民事裁定书和民事调解书、支付令、行政裁定书等。

4.监狱使用的：监狱起诉意见书、提请减刑、假释意见书、对死缓罪犯提请执行死刑意见书、罪犯保外就医审批表等。

（二）法律文书的类别

法律文书一般包括两类：

1.诉讼案件中使用的。诉讼案件指刑事、民事（含经济、海事等）和行政三类诉讼案件。如，给人民法院的刑事自诉状、民事起诉状、行政起诉状、上诉状、申诉状、答

辩状、辩护词、申请诉讼保全文书、诉讼具保书、申诉执行书、申请复议书等。

2.非诉讼事件中使用的,如公证和仲裁中的公证书、仲裁书等。

三、法律文书的写作要求

法律文书在写作时有如下几项要求:

第一,写法律文书同写其他文章一样,也要注意选材。要考虑案件性质,为表达中心内容服务。

第二,材料要准确可靠、客观真实,不能夸大或缩小,更不能无中生有。事实要有证据予以支持。引用的数字要准确无误,不能用"估计""大概"等词语,不能写约数。

第三,不能用形容、夸张等文学描写手法来记叙事实。

第四,常用的表达方式有记叙、说明和说理。要前后呼应,表达一致。尤其说理要以事实为依据,以法律为准绳,要有针对性。

第五,语言的运用要适合法律语体的特点,它属于实用语体,而非艺术语体。特点是词语准确精练,格调庄重质朴,有浓厚的书卷语体特色。使用语言要字斟句酌,反复推敲,使语言准确、质朴、精练、避免歧义;不能滥用简称,不能使用方言词语等,要符合规范化要求。不能过分口语化,要正确使用标点符号。

应用能力训练

1.查找有关法律文书,熟悉法律文书的特点、类别及写作要求。

2.注意各类法律文书的使用情况。

第二节　法律诉讼文书

课前提示

在当事人遇到用诉讼的形式保护自己的合法权益时,就要使用各种诉状。如果诉状写得好,格式符合要求,目的明确,举证齐全,事实叙述清楚,理由充分,就可以较快、较好地达到诉讼的目的。学习写作诉状,掌握写作技法很重要。同时,当事人还应当熟悉诉讼的性质和程序,明白在什么时候使用什么诉状。前面说过,诉讼案件指刑事、民事(含经济、海事等)和行政三类诉讼案件;再从程序上说,分为一审、二审和再审等;从角色上说,有原告和被告等。这就要求使用者明确区分各种不同类型的诉状。

教学要求

◇ 了解各类起诉状、上诉状、反诉状、申诉状和答辩状的基本常识

◇ 掌握各种起诉状、上诉状、反诉状、申诉状和答辩状的格式和写法

◇ 能够写作简单的民事诉讼状

书状(也称诉状),是刑事、民事、行政案件的当事人或法律规定的其他人,为行使诉讼权利,维护自身的合法权益,依照法律程序向人民法院递交的书面材料。它是一种专用于诉讼的文书。它是公民依法行使诉讼权利、维护自身合法权益的重要手段,也是法院对案件进行审理和调解的依据和基础。

在提起诉讼时,刑事自诉人应递交刑事自诉状,民事或行政案件的原告应递交起诉状。被诉方在接到诉状副本后,有权在法定期限内提出应诉的答辩状,需要反诉的还可以在宣告判决前递交反诉状。当事人对第一审法院的判决或裁定不服而上诉的,应在法定期限内递交上诉状。对已经发生法律效力的判决或裁定,当事人认为确有错误的,还可以向原审人民法院或者上一级人民法院提出申诉并递交申诉状。

一、起诉状

(一)民事起诉状

[实例8-2-1]

民事起诉状

原告:赵×,男,1978年9月4日出生,汉族,于××公司任职会计,住址:××××小区××栋×单元×××号房,电话:13××××××××。

委托代理人:×××,系××律师事务所律师。

被告:钱×,男,1975年8月2日出生,汉族,于×××工厂任办公室主任,住址:××路××号××单元×××房,电话:×××××××××。

诉讼请求:

一、请求法院判令被告赔偿原告医疗费、误工费、交通费、营养费共计26 127.4元。

二、本案所有诉讼费用由被告承担。

事实和理由:

2006年10月7日晚,原告赵×在××路的人行横道上经过时,忽然有一辆车牌号为"桂A.O××××"的××牌轿车从××路口冲出。赵×躲避不及,被

撞翻在地,造成手臂骨折,并因此住院治疗 14 天,花去医疗费用共 22 090 元(见证据 3,4,5,6)、交通费 437.4 元(见证据 7),并需营养费 2 000 元(见证据 8),而期间误工费 1 600 元(见证据 9,10)。上述各项合计 26 127.4 元。

后经××公安分局交巡警支队认定,被告对上述事故承担全部责任,原告无责任(见证据 1)。但经交警多次调解,双方仍不能达成一致意见,交警出具了道路交通事故损害赔偿调解终结书。

因此,原告为维护自身合法权益,依法向法院提起诉讼,恳请法院支持原告的诉讼请求。

此致
×××人民法院

原告人:赵×(盖章)

代理人:×××(盖章)

××××年×月××日

附件:

1. 本诉状副本 2 份。

2. 证据 10 份,共 23 页。

3. 原告的身份证复印件。

4. 被告信息资料。

……

这是一个典型的民事诉讼状,在含义、特征、格式、写法上符合民事诉讼状的要求。

1. 民事起诉状的概念。民事起诉状是公民、法人或其他组织认为自己的合法权益受到侵害,或者因为民事权益与他人发生争议,依据事实和法律规定向人民法院提起诉讼请求依法裁判时所使用的书状。民事案件的原告或被告人,可以是自然人(即公民),也可以是法人或其他组织。对于民事起诉状,原告可以自行书写,也可以委托律师或其他人代为书写。

根据《中华人民共和国民事诉讼法》第 110 条规定,民事案件的起诉必须符合下列四个条件:第一,原告必须是与本案有直接利害关系的公民、法人或其他组织;第二,有明确的被告;第三,有具体的诉讼请求和事实、理由;第四,属于人民法院受理民事诉讼的范围和受诉人民法院管辖。

2. 民事起诉状的内容和格式。《中华人民共和国民事诉讼法》第 110 条规定:"起诉状应当记明下列事项:第一,当事人姓名、性别、年龄、民族、职业、工作单位和住所。法人或者其他组织的名称、住所和法定代表人或者主要负责人的姓名、职务;第二,诉讼请求和所根据的事实与理由;第三,证据和证据来源、证人姓名和住所。"据此,民事起诉状可分为三部分:首部、正文和尾部。

(1)首部。首部包括以下各项:

标题:书状的名称。在正上方居中写"民事起诉状"。

当事人基本情况:先写原告,再写被告。有第三人的,最后写。写法相同。

原告是公民的,写姓名、性别、年龄、民族、职业、住址。

原告是法人或其他组织的,写名称、地址、法定代表人姓名、职务。

如果有代理人,写明是法定代理人、委托代理人,还是指定代理人,并另起一行写明代理人的姓名等基本情况。代理人是律师的,只写姓名、职务或职称。

(2)正文。起诉状的正文一般包括以下各项内容:

第一,诉讼请求,指原告起诉要达到的目的,表明原告请求人民法院解决什么问题。需要注意的是,诉讼请求要写得明确、具体、合理合法;请求事项多的,要分项写明。

第二,事实和理由,指案件事实和起诉理由,要分开写。事实是实现诉讼请求的基础和依据,要写清具体情况;理由是对事实的评论,对纠纷的性质、责任、程度和后果做出认定,充分论证诉讼请求的合理性,写明提出诉讼请求的法律依据,引用的法律条文要有针对性。事实和理由相辅相成,是诉讼成败的关键。

第三,证据和证据来源、证人姓名和住所。证据是证明所叙事实真实性、可靠性的依据。根据"谁主张,谁举证"的原则,原告负有举证责任。证据的名称和类型要与法律吻合,举证要明确具体、简明扼要,决不能弄虚作假。证据来源要写明,表明证据的搜集符合法律程序。

(3)尾部。起诉状的尾部主要包括以下内容:

结尾:包括致送法院的名称、起诉人签名或盖章、日期。

附项:写明起诉状副本的数目、证据的名称和件数。副本的数目根据被告的人数确定。

下面提供的是两份民事起诉状的格式和说明。

[实例8-2-2]

民事起诉状(法人或其他组织提起民事诉讼用)

原告名称:_____

住所地:_____

法定代表人(或主要负责人)姓名:_____ 职务:_____ 电话:_____

企业性质:_____工商登记核准号:_____

经营范围和方式:_____

开户银行:_____ 账号:_____

被告名称：_____ 住所地：_____

法定代表人(或主要负责人)姓名：_____ 职务：_____

电话：_____

　　案由：_____

　　诉讼请求：_____

　　事实与理由：_____

　　证据和证据来源,证人姓名和住址：_____

　　此致

_____人民法院

起诉人：
年　月　日

附:有关证据及材料。

[实例8－2－3]

<h1 align="center">民事起诉状</h1>

　　原告：

　　名称：_____ 地址：_____ 电话：_____

　　法定代表人:姓名：_____ 职务：_____

　　委托代理人:姓名;_____ 性别：_____ 年龄：_____

　　民族：_____ 职务：_____ 工作单位：_____

　　住址：_____ 电话：_____

　　被告：

　　名称：_____ 地址：_____ 电话：_____

　　法定代表人:姓名：_____ 职务：_____

　　诉讼请求：_____

　　事实和理由：_____

　　此致

_____人民法院

原告人：_____(盖章)
法定代表人：_____(签章)
_____年____月____日

附:

合同副本____份。

本诉状副本____份。

其他证明文件____份。

注：

①事实和理由中应写清合同签订的经过、具体内容、纠纷产生的原因、诉讼请求及有关法律、政策依据。

②原告应向法院列举所有可供证明的证据。证人姓名和住所，书证、物证的来源及由谁保管，并向法院提供复印件，以便法院调查。

③本诉状适用于被告为法人或其他组织。

(二)刑事自诉状

1. 概念。刑事自诉状是指刑事自诉案件的被害人或其法定代理人，为追究被告人的刑事责任，根据事实和法律直接向法院起诉，要求追究被告人的刑事责任或者附带民事责任的书状。刑事自诉状适用于刑事自诉案件，主要包括以下三类。

第一类是告诉才处理的刑事案件，如公然侮辱案、诽谤案、暴力干涉婚姻自由案、虐待家庭成员案等；

第二类是被害人有证据证明的轻微刑事案件，如伤害案、重婚案、遗弃案、破坏现役军人婚姻案、抗拒执行判决裁定案等；

第三类是被害人有证据证明对被告人侵犯自己人身财产权利的行为应当依法追究刑事责任，而公安机关或者人民检察院不予追究被告人刑事责任的案件。只有这些案件的被害人或其代理人才有权向人民法院提起自诉。制作刑事自诉状的主体都是公民个人。

2. 写法。刑事起诉状在体例、格式方面与民事起诉状基本一致，所不同的是在含义、内容和适用范围方面。下面两项要注意：

标题："刑事自诉状"或"刑事附带民事起诉状"。

当事人：自诉人和被告人。

正文：最先写"案由"，其他三项与民事起诉状相同。案由，写明案件的性质，根据犯罪行为确定罪犯的罪名。注意只有被告人的行为构成犯罪才可提请追究刑事责任。

3. 其他。刑事案件的被害人，由于被告人的犯罪行为而遭受经济损失，在刑事诉讼过程中，直接向人民法院提起附带民事诉讼时，可使用附带民事起诉状。

与刑事自诉状相关的有：刑事自诉附带民事起诉状、刑事公诉附带民事起诉状。其民事部分的写法与民事起诉状相同，刑事部分与刑事自诉状相同。

(三)行政起诉状

[实例8-2-4]

行政起诉状

原告：岳××，男，30岁，个体户，四川省××市××镇人。

被告:××省××市公安局××分局。

案由:非法收容审查、侵犯人身自由。

诉讼请求

1.判决被告为扣押"人质"索款,对原告收容审查是违法和无效的。

2.判决被告返还收取原告的 6 700 元。

3.判决被告赔偿原告因被关押而造成的损失计 30 917.05 元。

事实和理由

原告和胞弟岳××于 2002 年 4 月 23 日与居住××市××村胡××合伙经营家具,租用白×的房子作为加工场地。当时原告兄弟以两套家具、一张西式床、一个梳妆台,折价 3 833 元作投资。在加工中,原告单方购置材料支付 3 109 元,付加工费(含工资)2 907 元,运输费 1 920 元,房租费 420 元,合计投入 12 189 元。一共生产出七套家具(含入股两套在内),合伙对方胡××卖掉一套,还有两套存放在房东处,下余四套由我们于 2002 年 11 月 1 日夜里约十点钟运到我家,后来他们以"盗窃罪"为由,强行将我押往××市,关进拘留所。

11 月 7 日上午,被告的工作人员李××和孙××提审时,我又将办家具厂和卖家具的经过情况说了一下,李××说我不老实,抓住我的头发往墙上撞了三、四下,当时我头痛眼花,跟着又是一脚踢了我的下颚,我痛得说不出话来,清醒后我说交代的都是事实。被告工作人员李××说:"你不老实,我关你三个月,再关你六个月。"

11 月 28 日,被告工作人员李××和一位青年警员来提审我,李××问我在拘留所怎么样? 我说实在受不了,天冷没有衣服穿,没有被子盖,生病了,身上生疮烂了,还遭里面人打。李××说,受不了,你写信回家要 15 000 到 20 000 元来,放你。我没办法,只好答应了,信是由李××拿去寄的。

2003 年元月 5 日下午 5 时左右,被告工作人员李××拿来一份"见面材料",我看后发现内容和我交代的不一样,不愿签字,李××把我带到拘留所办公室,硬叫我签字,这份材料是被告作为报我劳教的"事实依据"。

原告被关押后,亲属多次前来交涉,被告仍坚持说要拿钱来才放人,否则送去劳教三年,并将劳教报表给原告的妻子看,以此威胁。原告妻子朱××一再陈述这是经济纠纷,应当通过行政仲裁和民事诉讼来解决,你们公安机关不能扣押一方当事人,替另一方逼索款物。被告仍以原告犯有"盗窃罪"为由不放人。原告妻子及其弟弟、姐夫等在××市共住了两个多月,多次奔走××派出所、××公安分局、市公安局,并请求检察机关出面解救,都无济于事。最后于 2003 年 2 月 27 日在省、市检察院的重视和帮助下,原告付给被告 6 700 元,才获得释放。原告共被关押 118 天,交拘留所费用 229 元,亲属奔走花费差旅费 43 000 多元。

以上事实足以说明原告盗窃罪不能成立,被告偏听合伙经营一方当事人胡××谎言,其工作人员李××又接受胡××贿赂的地毯,而导致贪赃枉法,做出了违背法律规定的具体行政行为。公安部在 1989 年 3 月发出《关于公安机关不得非法越权干预经济纠纷案件处理的通知》中严肃指出:"一些基层公安机关以查处诈骗等经济犯罪为由,直接插手干预一些经济纠纷案件的处理,有的甚至强行收审,扣押一方当事人做人质,替另一方逼索款物……这是一种严重的违法行为,既干扰经济纠纷案件的依法公正处理,侵犯法人和公民的合法权益,又损害了公安机关的形象,必须加以纠正。"被告明知故犯,法律难容,为此,具交起诉书,请人民法院审查,依法判决,以维护法律尊严和原告的合法权益。

此致

××市××区人民法院

起诉人:岳××(签名)

2003 年×月×日

附:

本诉状副本一份

其他材料:

1. 释放通知书一件;

2. 收据一件;

3. ××派出所收款 6 700 元的收条一件;

4. 李××让写的信件一封;

5. 合伙经营家具的票据一叠;

6. 原告妻子朱××和有关人员交涉的谈话记录。

7. 另有差旅费用、家庭工业"垫片"合同。

1. 概念。我国《行政诉讼法》第 2 条规定,公民、法人或其他组织认为行政机关和行政机关工作人员具体行政行为侵犯其合法权益,有权依照行政诉讼法向人民法院提起诉讼。第 42 条规定,人民法院接到起诉状,经审查,应当在 7 日内立案或做出裁定不予受理。原告对裁定不服的,可以提起上诉。第 43 条规定,人民法院应当在立案之日起 5 日内,将起诉状副本发送被告。被告应当在收到起诉状副本之日起 10 日内向人民法院提交做出具体行政行为的有关材料,并提出答辩状。人民法院应当在收到答辩状之日起 5 日内,将答辩状副本发送原告。行政起诉状是指公民、法人或其他组织认为行政机关和行政机关工作人员具体行政行为侵犯其合法权益,向人民法院提起诉讼,要求依法处理的法律文书。

2. 写法。行政起诉状的格式与民事、刑事起诉状的格式相同,只是名称不一样。

需要注意的是:在举证方面,我国《行政诉讼法》第 32 条规定,被告(即行政机关)对做出的具体行政行为负有举证责任,应当提供做出该具体行政行为的证据和所依据的规范性文件,但原告的举证也是必不可少的,也很重要。

[实例 8 - 2 - 5]

行政诉讼起诉状(格式)

原告:名称:_____ 地址:_____ 电话:_____

法定代表人:姓名:_____ 职务:_____

委托代理人:姓名:_____ 性别:_____ 年龄:_____

民族:_____ 职务:_____ 工作单位:_____

住所:_____ 电话:_____

被告:名称:_____ 地址:_____ 电话:_____

法定代表人:姓名:_____ 职务:_____

诉讼请求:_____

事实和理由:_____

此致

人民法院

原告人:_____(盖章)

法定代表人:_____(签章)

_____ 年____ 月____ 日

附:

1. 本诉状副本_____ 份。

2. 行政处理决定书____ 份。

3. 其他材料_____ 份。

事实和理由部分是行政诉讼状的主体部分,写作时要注意:

(1)事实部分要全面扼要地反映出案件的客观事实情况。着重写明案情事实的六个要素,即:时间、地点、人物、事件、原因、结果。

(2)理由部分要有证可凭,有法可依,论证有理、有据、有力。

行政诉讼状的特征有四个:一是原告必须是认为行政机关和行政机关工作人员的具体行政行为侵犯其合法权益的公民、法人或者其他组织;二是原告可以是已经死亡的、有权提起诉讼的公民的近亲属,可以是已经终止的、有权提起诉讼的法人或者其他组织的承受权利单位;三是原告是以自己的名义向法院提起诉讼;四是起诉必须具备一定的条件。

相关链接

　　行政诉讼俗称"民告官"。我国的《行政诉讼法》自1990年10月1日起实行以来,行政起诉案件逐渐增多,这表明越来越多的公民、法人和其他组织学会运用法律武器来维护其合法权益,敢于同行政机关"对簿公堂"。在行政案件中,有土地行政案、治安行政案等。在行政案件原告中,有公司、企业,也有工人、农民、教师等各行各业的人员,这集中显示了行政诉讼状的意义。行政起诉状既然是"民告官",作为"民"(行政起诉的原告)必须首先了解自己的所"告官"的案件(行政起诉案件)是否属于人民法院的受理范围,这是先决条件,这方面《行政诉讼法》中已有明确的规定。

二、上诉状

[实例 8 - 2 - 6]

民事上诉状

　　上诉人(原审原告):黄××,男,1970年10月21日出生,电话:1380×××××××,住址:厦门市××区××楼号××室

　　被上诉人(原审被告):厦门市××宽带网络服务有限公司

　　法定代表人:汪××(总经理)　　地址:厦门市仙岳路××号××中心六楼

　　电话:×××××××

　　上诉人因服务合同纠纷一案,不服厦门市××区人民法院于2004年12月3日做出的(2004)××初字第852号判决,现提出上诉。

　　上诉请求:

　　1.请求判令撤销厦门市××区人民法院做出的(2004)××初字第852号判决书;

　　2.判令被上诉人赔偿上诉人2003年9月至2004年元月期间共五个月服务费的两倍,即赔偿上诉人人民币800元;

　　3.判令被上诉人停止其限速、封BT的违约行为,继续履行并且全面履行尚未履行的合同义务;

　　4.判令由被上诉人承担本案的全部诉讼费用。

　　事实与理由:

　　一、原审判决中关于双方无争议事实的认定有错误,一审判决书第3页倒数第7行"××局域网带宽"应该为"互联网接入带宽",即应为"2003年9月起原

告的互联网接入带宽为上行 1Mbit/s,下行 1.17Mbit/s",一审辩论时双方均为此主张。

二、为避免混淆,上诉人再次明确主张,双方合同约定被上诉人应提供的基本服务,上诉人的主张是互联网(亦称 Internet、因特网)接入服务,而不是接入网络服务,也不是互联网络服务;双方合同约定的 10Mbit/s 带宽(或接入带宽),上诉人的主张是互联网(因特网)接入带宽,而不是接入网络带宽,也不是互联网络带宽。

三、一审判决认定被上诉人不存在欺诈行为,其认定是错误的。

1. 被上诉人在答辩状中称其向上诉人提供的基本服务是"接入网络服务",而双方签订的合同明确约定基本服务是"Internet(亦称互联网、因特网)接入服务",很显然被上诉人故意隐瞒了其所提供的服务的真实情况,误导消费。根据《最高人民法院关于贯彻执行〈民法通则〉若干问题的意见》第 67 条"一方当事人故意告知对方虚假情况,或者故意隐瞒真实情况,诱使对方当事人做出错误意思表示的,可以认定为欺诈行为"之规定,被上诉人的行为应当被认定为欺诈行为。

2. 上诉人所提供的并且已被一审法院所确认的证据,已经充分证明双方对带宽的约定是 10Mbps 互联网(因特网)接入带宽。用户手册和《××宽带用户协议书》中约定"24 小时与 Internet 相接,接入带宽高达 10/100Mbps"、"Internet 接入服务",也就是 10Mbps 接入带宽的互联网(亦称 Internet)接入服务,通常理解就是 10Mbps 互联网(因特网)接入带宽,对此被上诉人在一审辩论中已承认,只是辩称应依据《计算机信息网络国际联网管理暂行规定》来解释,而显然该法规并不适用于本案。

3. 一审判决中"但从原告向被告支付每月 80 元服务费的对价来看,其要求被告提供接入互联网骨干网 10Mbps 的带宽,不符合民事法律关于民事活动应遵循的公平和等价有偿原则",因此而认定被上诉人不存在欺诈行为,显然是错误的。上诉人的理解并不是在合同订立时上诉人站在有利地位要求被上诉人做出不公平、不等价的承诺,而是被上诉人故意隐瞒其真实情况造成的。根据《民法通则》第四条的规定,民事活动不但应当遵循公平和等价有偿原则,而且应当遵循诚实信用的原则。认定行为人是否存在欺诈行为,应当依据诚实信用原则以及《最高人民法院关于贯彻执行〈民法通则〉若干问题的意见》第 67 条的规定。

4. 如果说"80 元与 10Mbps 带宽的互联网接入服务不成等价",那请问 80 元与多少 Mbps 带宽的什么服务成等价?双方的合同关系并非上诉人三个月未续缴费而终止。事实上,上诉人在合同的有效期限中向被上诉人办理暂停手续,被上诉人（厦门××宽带公司）无理予以拒绝，之后上诉人向被上诉人续缴费用，而被上诉人依然无理予以拒绝。被上诉人厦门××宽带公司的市场部经理胡××在福建电视台4套表示，在诉讼未结束前不办理上诉人的暂停或续缴费用的手续，同时表示上诉人办理暂停或续缴费用是不存在任何意义的。在这样的情况下，上诉人还有什么其他有效措施可以续缴服务费？因此并不存在上诉人"未采取其他有效措施续缴服务费"的事实，且合同并未约定被上诉人××宽带公司有单方终止该协议的权利。因此，双方之间的合同关系并不是上诉人的原因而终止，而是被上诉人单方面拒绝履行义务。因为被上诉人首先拒绝上诉人办理暂停手续，其行为已经违反了双方之间的合同约定。就目前来讲，双方之间的合同状态是暂停服务状态，因为2004年3月30日上诉人已经按照合同约定前往被上诉人住所地办理暂停服务的手续，并不因为被上诉人不履行办理手续而改变双方之间的合同状态为暂停服务状态的事实。

5. 一审判决认定被上诉人的行为构成违约，但最终的判决结果却未判定被上诉人承担任何违约责任，事实上是纵容被上诉人继续违约、任意侵犯消费者合法权益。一审法院片面理解上诉人的诉讼请求，上诉人请求法院判令被上诉人继续履行合同义务，是针对合同义务中尚未履行的部分。事实上，被上诉人已经拒绝办理上诉人的续缴费用、暂停手续；明确表示在提供基本服务时依然采取限速、封BT的措施。根据《合同法》第107条、第108条的规定，上诉人可以要求被上诉人继续履行其尚未履行的合同义务，并且要求被上诉人在继续履行合同义务时，应当依合同约定全面履行，即履行办理手续、停止限速、停止封BT。

综上所述，被上诉人所提供的服务不符合双方关于"10Mbps带宽的互联网接入服务"的约定，侵犯了消费者的合法权益，且声称是上诉人错误理解了合同的内容。但一审法院却没有根据上诉人提供的证据材料，在没有查清事实的情况下，错误地认定被上诉人不存在欺诈的事实，且在认定被上诉人违约的情况下而不支持上诉人提出的承担违约责任的请求，上诉人认为一审法院判决有失公允。故此，上诉人为了维护消费者的合法权益，依据《民事诉讼法》第147条之规定，向贵院提起上诉，望给予公正裁决。

此致
厦门市中级人民法院

上诉人：黄××
年　月　日

以上案例是首例宽带纠纷案，例文是比较典型的民事上诉状。

（一）概念

我国法律规定，案件审理实行二审终审制。上诉是法律赋予公民的一种诉讼权利。各类案件的上诉有相应的法定期限。

民事上诉状(刑事上诉状、行政上诉状)是民事(刑事、行政)诉讼当事人或其法定代理人,不服地方人民法院第一审案件的判决,在法定的上诉期限内按照法定的程序,请求上一级人民法院撤销、变更原审判或重新审理而提起的诉状。

(二)分类

上诉状与起诉状一样,分为民事上诉状、刑事上诉状和行政上诉状三类。

(三)写法

民事上诉状、刑事上诉状和行政上诉状的书写格式相同,与起诉状相似,包括标题、当事人的基本情况、上诉案由、上诉的请求和理由、受文机关、上诉人签名盖章、日期、附项等部分。其中,上诉案由、上诉的请求和理由是其核心部分。

需要注意的是:刑事上诉状只写上诉人情况,其他两类要写上诉人和被上诉人的情况。

上诉状的开头语应写"上诉人因××一案,不服××人民法院×年×月×日×字×号的判决(或裁定),现提出上诉。"

上诉状的正文,从文体的角度说,是一篇驳论性的议论文。

三、答辩状

(一)概念

答辩是法律规定的一种应诉行为,也是被告和被上诉人依法享有的诉讼权利,体现了当事人的诉讼地位和诉讼权利平等的原则。我国法律规定,人民法院应当在规定时间内将起诉状副本或上诉状副本送达被告人或被上诉人,后者应在规定时间内向人民法院递交答辩状,否则被视为放弃答辩的权利。

答辩状是刑事、民事和行政案件的被告人和被上诉人,按照法律规定的时间和程序,针对起诉人和上诉人提出的诉讼请求及事实和理由进行回答和辩驳而使用的书状。

(二)分类

答辩状是与起诉状、上诉状相对应的文书。因此,与起诉状、上诉状一样,答辩状可分为三类:刑事答辩状、民事答辩状和行政答辩状。

(三)写法

答辩状在写法上与起诉状、上诉状大体相同,也分为首部、正文、尾部三部分。

需要注意的是:案由部分,应写"因某某诉我某某一案,提出答辩如下"。

正文部分是重点,应写明答辩人的答辩意见和理由。答辩意见要有针对性,要针对起诉状或上诉状的内容进行反驳。

[实例8-2-7]

答 辩 状

答辩人:××市××房地产开发总公司代表何××,公关部经理。

案由:上诉人张××因房屋拆迁一案,不服××市××区〔××××〕民字第19号的判决,提出上诉。现答辩如下。

答辩理由:为了适应本市商业发展的需要,我公司于2006年12月向市城建规划局提出申请报告,要求拓宽新建丝绸百货大楼前面场地150平方米。市城建局于12月25日以市城建字〔××××〕71号批文同意该项工程。同年,在拓宽场地过程中,需要拆迁租住户张××一户约18平方米的住房,但张××提出的要求过于苛刻。几经协商,不能解决。答辩人不得已于2007年1月9日投诉于××市××区人民法院。××市××区人民法院于2007年2月以〔××××〕民字第19号判决书判处张××必须于2007年3月底前搬迁该屋,并由市房地产开发总公司提供不少于原居住面积的房屋租给张××居住,但张××仍无理取闹。据此,答辩人认为张××的上诉理由是不能成立的。

一、张××说我们拓宽新建丝绸百货大楼前面的场地是未经批准的。这是没有根据的。一审法庭曾审查过房地产开发总公司要求拓宽新建丝绸百货大楼前面场地的报告和市城建局城建字〔××××〕71号的批文,并当庭概述了房地产开发总公司的报告内容,还全文宣读了市城建局的批文。这些均有案可查。张××不能因为要求查阅市城建局的批文未获准许而否认拓宽工程的合法性。

二、张××说我们未征得她本人同意,与房主×××订立房屋拆迁协议是非法的。这更无道理。张××租住此屋,只有租住权,并无房屋所有权。所有权理当归属房主×××。我们拓宽场地,拆毁有碍交通和营业的房屋,理当找产权人处理,张××无权干涉和过问。应当指出,对于张××搬迁房屋一事,我们已做了很大的让步和照顾。我们答应她在搬迁房屋时提供离现居住房屋500米的××新建宿舍大楼底层朝南房间一间,计20平方米,租给她居住。而张××还纠缠不休,漫天要价,扬言不达目的,决不搬迁。

综上所述,答辩人认为××市××区人民法院的原判决是正确的,合法而又合情合理,应予维持。

此致
××市中级人民法院

答辩人:××市房地产开发总公司

代表:何××

2007年4月25日

　　[提示]这是一份民事答辩状,属被上诉人的答辩,因而又属"被上诉答辩状"。状文先说明拓宽新建丝绸百货大楼前面的场地是经市城建规划局批准的;再陈述上诉人不服判决,提出的上诉理由是站不住脚的。这就为下面的答辩奠定了基础。理由部分,将上诉状的无理和歪曲事实的主要方面扼要地叙述出来;然后提出根据,列条论证,讲明道理,驳斥上诉人的无理要求;最后用"综上所述……"提出答辩请求,即要求二审法院维持原判。这份答辩状针对性强,目的明确,表述清晰,文字简洁,格式正确,可资借鉴。

四、反诉状

[实例8－2－8]

反 诉 状

反诉人(本诉被告):轻工部××食品添加剂应用技术推广站

地址:××市东大街 139 号

法定代表人:王××,××食品添加剂应用技术推广站经理

被反诉人(本诉原告):××省××市××食品有限公司

地址:××省××市××街 325 号

法定代表人:李××,××食品有限公司经理

反诉请求

1.被反诉人应承担本合同纠纷的违约责任,罚以违约金 23 212 元。

2.被反诉人应承担其调走货物由反诉人支付的保管费、运输费、卸车费 2 386 元。

事实和理由

反诉人与被反诉人于 2006 年 1 月 22 日、1 月 28 日分别签订了两份食品购销合同。合同约定:由被诉人向反诉人提供 10 200 公斤 CMC 系列食品添加剂,货款共计 22.2 万元。收到货物后,反诉人发现所运货物与合同中约定的类型不符(见证据一),包装标准也未按合同规定(见证据二);对部分货物进行化验,发现混浊体严重,并有异味,属伪劣产品(见证据三)。基于此,反诉人 2006 年 3 月 29 日与被诉人交涉,双方达成了由××食品有限公司将全部货物的 96% 自行调走,反诉人承付已售出的 4% 货物货款的协议。2006 年 6 月 18 日,××食品有限公司委派销售员刘××来催货款,反诉方法人代表王××当即表示,货款一定偿付,但钱尚未完全回笼,应宽容几天,并当场认定货款额为 13 000 元,已远远超过了售出 4% 货物的款额。但时隔不久被反诉人却突然起诉,要求返还拖欠款 18 000 元,致使本应自行协商解决的问题变得复杂化了。

反诉人认为:欠债还款乃天经地义之理,但上述货款未能及时兑付的原因却是由被反诉人先行违约造成的,货物种类与合同约定不符,包装标准也与合同规定不符,加之质量低劣,已属严重违约,反诉人为了顾全大局,始终未采用法律手段,但被反诉人却认为我方软弱可欺,竟先起诉。基于上述事实,特依照《中华人民共和国民事诉讼法》第126条的规定,提出反诉,请××区人民法院依法公正判处,以维护反诉人的合法权益。

此致

××区人民法院

反诉人:轻工部××食品添加剂应用技术推广站

2006年8月2日

附:

本反诉状副本三份

证据

(一)概念

反诉是法律赋予民事被告的一种诉讼权利,反诉的提出应当具备以下条件:

第一,反诉人的合法权益受到原告的侵害,反诉人具备了诉权和行使诉权的条件;

第二,反诉和原诉要有法律上和事实上的联系;

第三,反诉能达到合并审理的目的,反诉的原告只能是本诉的被告;

第四,反诉的诉讼请求不以原诉撤销而影响其独立存在。

反诉状的分类同起诉状。

民事反诉状是民事诉讼的被告人就原告人起诉的同一事实,向人民法院提交的请求适用同一诉讼程序与原告人的起诉合并审理、并追究原告人相应民事责任的法律文书。在民事诉讼中,被告人针对原告人提出反诉是被告人在诉讼中享有的权利,目的在于就原告人起诉的同一事实阐述原告人应当承担的相应责任,请求人民法院适用同一诉讼程序并与原告的诉讼作为同一诉讼案件合并审理,进而追究原告人应负的民事责任。因此,民事反诉状是被告人指控原告人的书面依据,也是人民法院对原告人的本诉、被告人的反诉适用同一诉讼程序合并审理的基础。

(二)格式、内容、写作方法及注意事项

民事反诉状的格式和写作内容与民事起诉状相同。

反诉状的格式分为首部、正文和尾部三部分,写法上具有驳论的特点。正文部分是反诉状的核心部分,由反诉请求、事实和理由、证据和证据来源等三项内容组成。

在写作反诉状时,应当注意以下几个问题。

第一,民事反诉状中反诉的提出必须符合法律规定的条件,否则反诉不能成立。

第二,民事反诉状中提出的反诉请求必须与原告的本诉具有关联性,即应基于同一事实和同一争议内容。与此同时,应以证据证明反诉请求的合理性、合法性,以对抗本诉中的诉讼请求。

第三,由于反诉是针对本诉原告提出的,目的在于强调原告应当承担的民事责任,所以在反诉状中应当注重驳斥原告诉讼请求的证据的运用,以求得人民法院的支持和司法的公正。

第四,反诉状应当在本诉的诉讼程序已经开始而法庭辩论终结以前提交。

第五,写反诉状要注意与答辩状的区别。答辩是被动的应诉行为,答辩人只能就对方陈述的事实和理由为自己辩解,虽然也可以进行反驳,但不能提出新的诉讼请求。反诉则是针对本诉提出的独立的诉讼请求,尽管在司法实践中是与本诉合并审理的,但由于是独立之诉,需要另行立案,所以反诉人与本诉的原告一样处于主动地位。

五、申诉状

[实例 8 – 2 – 9]

申 诉 状

申诉人:××市××食品商店　地址:××市××路××号

法定代表人:×××　职务:经理

被申诉人:××市××贸易公司　地址:××市××路××号。

法定代表人:×××　　职务:经理

申诉人因经济合同纠纷一案,不服××市××区人民法院××××年×月×日法经字〔××××〕第×号判决,特依法提出申诉。

申诉请求:请求××市人民法院依法受理申诉人诉××市××贸易公司因经济合同纠纷致使申诉人遭受经济损失一案,要求撤销原判,重新审理,做出合法、合理之判决。

申诉事实和理由:

据被申诉人自称:被申诉人收到发货的时间是××××年×月×日(见起诉状第×页第×行),于同年×月×日(见起诉状第×页第×行)送样品到××市卫生防疫站检验,检验结果:"作为工业奶粉可以使用"(见起诉状第×页第×行)。以上事实充分证明,申诉方售给被申诉方的工业奶粉是完全合格的。申诉人与被申诉人之间因经济合同纠纷一案,经××市××区人民法院审理,该院于×××年×月×日给当事人送达了×法经字〔××××〕第×号民事调解书,该调解书裁定如下。

1. 原告(即本案被申诉人)××市××贸易公司,将6 560千克的工业奶粉退还给被告(即本案申诉人)××市××食品商店;被告于×××年×月×日前,将35 250元货款返还原告。

2. 被告赔偿原告差旅费185元、鉴定费480元的经济损失(与上项同时给付)。诉讼费430元由被告全部负担。

申诉人认为,以上裁定是有悖于事理的,是不公正的。因为上述调解书中载有这样一段关键的事实:"原告在拿到被告提供的化验单后,又经××市卫生防疫部门的检验允许,将此工业奶粉售给××饮厂。"调解书中这段记载与一审原告提出的"经济起诉状"记载完全相同。由此可见,本案中申诉人发到被申诉人处的工业奶粉是经过××市卫生防疫站检验认定为"作为工业奶粉可以使用"的合格奶粉,而不是不合格奶粉。

×××年×月,被申诉方则根据××市卫生防疫站提供的检验报告单,以检验合格为证据,又将这一批工业奶粉顺利转售给××冷饮厂。但是,当该冷饮厂将此工业奶粉用于加工生产冷饮食品并且在已经使用670千克后,于×××年×月×日再次通过××市卫生防疫站进行检验,此次的检验结果却为"不合格"。于是,××市××贸易公司便于×××年×月×日起诉于××市××区人民法院。

对此,申诉人认为,我方售出的同样商品,经过同一检验单位(××市卫生防疫站)的科学检验,前三次的检验结果都是合格奶粉,但转入××冷饮厂并且已经使用了部分奶粉之后再行检验,却成了不合格奶粉。其中造成这一批工业奶粉出现质量问题的责任方究竟是谁,岂不是不言而自明吗?更何况我方售出的工业奶粉是在×××年×月,在此期间被申诉人取样进行检验,结果证明是合格奶粉,被申诉人才将这一批工业奶粉转售给××冷饮厂。至于转到××冷饮厂之后出现什么问题,这与申诉方又有什么关系呢?

因此,申诉人特要求人民法院在查明事实真相的情况下,撤销原判,对本案重新审理,做出公正的裁决,并要求通过人民法院追回××市××贸易公司无理纠缠给我方带来的一切经济损失。

此致
××市人民法院

申诉人:××市××食品商店(公章)

法定代表人:×××(签章)

×××年×月×日

附：

1. 本申诉状副本2份。

2. 原审民事调解书复印件1份。

3. 书证4份。

这是一份格式规范的经济纠纷申诉状。标题写明了诉讼文书的性质,在正文的"事实和理由"部分依事据理,用"以子之矛攻子之盾"的论辩方法,举以实证,层层深入,有据有理。其最大特点是,侧重于客观事实的陈述,而陈述事实时,又能注重抓关键环节,辅以必要的事理分析,显得理清事明,毋庸置辩。

(一)概念

申诉状是民事、刑事和行政案件当事人及其法定代理人、近亲属、被害人,对已经发生法律效力的民事判决、裁定、调解协议和刑事、行政判决、裁定及不起诉决定不服,依法向人民法院或者人民检察院要求重新处理、复查纠正所提交的书状。

使用申诉状的意义是,它是运用特殊程序维护法律的尊严,维护申诉人的合法权益。

申诉状与上诉状的不同之处主要体现在:

第一,时间上:上诉状必须在规定的时间内进行上诉才有效,逾期不得上诉;申诉状是对已经发生法律效力的判决或裁定认为确有错误而提出的书状,不受时间限制。

第二,受理上:上诉状递交的是原审法院的上一级法院;申诉状递交的一般是原审人民法院。

第三,作用上:上诉状递交后即可引起二审程序发生;申诉状递交并不能停止判决、裁定的执行,不一定引起审判监督程序的发生。

(二)分类

申诉状按案件的性质来分,可分为刑事申诉状、民事申诉状、刑事附带民事申诉状、行政申诉状、行政附带民事申诉状。

(三)写法

申诉状主要由首部、正文(请求事项、事实和理由)、尾部三部分组成。其中,事实和理由为申诉状的主要部分,应当按照对照原判决、列示证据、具体引用适用法律三个步骤来写。

需要注意的是,在写作案由时,要写明申诉的案件名称,做出生效判决、裁定的人民法院的名称,判决、裁定编号及制作日期,并表明对该裁判不服,提出申诉的态度。申诉状的正文写作时,只有举出新的事实、证据或者有新的理由进行申诉,才容易被法院受理,从而提起审判监督程序。

应用能力训练

1. 用图表的形式列出起诉状、上诉状、反诉状、申诉状、答辩状的特点和写作格式的差异。

2. 阅读下面的材料,完成相关练习。

北京某大学是一所普通本科学校,2005 年 2 000 多名毕业生没有拿到毕业证。原因是当初这些学生入学时都不够本科分数线,所以学校收取了 3 万元到 10 万元不等的赞助费,也就是说,这些学生都是被这所学校违规招生招来的。学校当初给部分学生下发了录取通知书。当初,他们的中间人也承诺学生毕业时颁发国家统招毕业证,国家承认学历。在 4 年大学生活中,他们都通过了教育部所规定的所有课程的考试并顺利完成了毕业论文的答辩,但是学校由于违规招生等问题被多次曝光,2005 年被教育部勒令停招 3 年并且所有计划外招生国家均不予承认学历。

(1)讨论分析这批学生是否能够通过诉讼的方法要回当初他们交的所谓赞助费及 4 年大学的学费。

(2)运用所学的知识,写一篇起诉状。

第三节 法律事务文书

课前提示

在法律文书中,有的是用于诉讼案件的,如上一节的各种诉状;有的则适用于非诉讼事件(如公证书、仲裁书、遗嘱等),这类文书也具有普遍性,需要大家了解其相关常识和写法。当前,人们的法律意识越来越强,在人们的工作和生活中,常用的法律事务文书也显得越来越重要。

教学要求

◇了解协议书、遗嘱、公证书的相关知识
◇学会写作简单的法律事务文书

法律事务文书按处理问题的途径或方式可分为诉讼类和非诉讼类。

诉讼类案件可按诉讼的性质分为刑事的、民事的（含经济的）和行政的三种。使用的文书称为法律诉讼文书。

非诉讼类文书包括公证证明、仲裁裁决、人民调解、行政机关处理处罚和复议等使用的文书，统称为法律事务文书。如仲裁申请书、复议申请书、遗嘱、分产契约、委托书、协议书、赠与书等。

一、协议书

（一）概念

协议书是在社会活动中就某一问题或某些事项交换意见，经过协商、谈判达成共识后，由有关各方共同签署的具有法律效力的文书。

（二）协议书格式

协议书的写作格式包括三部分：首部、正文和尾部。

1. 首部：包括标题和当事人基本情况。

标题：协议内容加文种，如"财产分割协议书"。

当事人基本情况：包括当事人的姓名、年龄、民族、住址等（必要时需写清与其他协议人的关系）。

2. 正文。正文部分要写清楚立协议书的原因。

3. 尾部。协议书的尾部主要包括以下内容：

（1）本协议是在协议人自愿的原则上签署的；

（2）立约人、见证人签字、盖章，标明立约时间。

[实例 8 - 3 - 1]

赡养继承协议书

协议人：（基本情况）

关系人：（基本情况）

以上当事人为赡养老人和继承财产一事，依照国家法律和政策，本着互谅互让、团结友爱的精神，从实际情况和需要出发，经共同协商一致，并征得关系人同意，达成以下协议：

（略）

以上协议，各协议人均属自愿，保证遵照执行。

协议人：

关系人：

代书并见证：××律师事务所××律师

××××年×月×日

以上为写作《赡养继承协议书》应具备的内容条款,当事人双方通过协商达成的协议一旦签署,就具有法律效力。

二、遗嘱

(一)遗嘱的含义

遗嘱是立遗嘱人按照法律规定的方式处理个人合法财产或其他事务,并于死亡后发生效力的法律行为。它属于单方面法律行为,无须经他人同意。立遗嘱人可以按照自己的意愿,把自己的财产全部或部分指定由法定继承人或其他人继承。

按照《中华人民共和国继承法》的规定,遗嘱有口头遗嘱、录音遗嘱、书面遗嘱等形式。

遗嘱多采用由本人签名的书面形式,一般应当由国家公证机关予以公证。

(二)遗嘱的意义和作用

1. 体现了国家和法律对个人合法财产给予保护的精神,是公民拥有行使个人合法财产所有权的表现,它对鼓励公民劳动的积极性以及社会稳定、建设和谐社会有着重要的作用。

2. 体现了立遗嘱人的意志,有利于公平合理地分配遗嘱人的财产。

3. 用遗嘱的方式处理个人财产,有利于减少纠纷和讼争,实现家庭和睦。遗嘱的内容生效之日,是立遗嘱人死亡之日。

(三)遗嘱的写法

写作遗嘱必须全部用说明的方式表述。

1. 名称:写"××遗嘱"。

2. 立遗嘱人的基本情况:姓名、性别、年龄、籍贯、住址等。

3. 遗嘱的主要内容。这是遗嘱的主体部分,包括:立遗嘱的主客观原因、对遗产的具体处理办法等。文字上应当明确、具体、清晰。要具体表述清楚继承人所应继承的份额、名称和数量。遗嘱的说明表述是有顺序的,应按遗嘱本身事理的内在规律和固有顺序进行说明。

4. 立遗嘱人的签名盖章及日期。有证明人或代书人的均应签名盖章。

[实例 8 − 3 − 2]

×××遗嘱

立遗嘱人:×××,男,75 岁,××省××县人,住××县文昌街 20 号。

我今年 75 岁,且患有高血压、心脏病和肾病,身体随时可能发生意外,特立此遗嘱,表明我对自己所有的财产在我去世之后的处理意愿。

我和我的后妻×××共有以下财产：

一、原籍××省××县××乡××村有瓦房四间，共 120 平方米，家具共有 18 件，其中双人床两张，单人床一张，大立柜两个，方桌四张，木凳八个。

二、有××县银行定期存款单一张，存有人民币 38 000 元。

为了在我死后财产分割上不发生纠纷，现对我和后妻×××各自的财产加以明确，并对我自有的财产提出如下处理意见。

（一）后妻×××现年 68 岁，无亲生子女，丧失劳动能力。我们结婚 20 年，她对我体贴入微。对我和她共有的财产应先明确她所有的部分。计房屋靠西的两间共 60 平方米，房内家具包括双人床一张，大立柜一个，方桌一张，归其所有。存款中的 10 000 元为其财产。

（二）我自有的财产在我死后按如下方式予以分割和继承。

1. 靠东的两间房共 60 平方米，房内家具计有双人床一张，大立柜一个，方桌一张，木凳四个，由长子×××继承。

2. 存款 38 000 元，分给后妻××× 10 000 元；长子因承担了赡养后母的责任，分给 23 000 元；长女×××已在外成家，丈夫有固定收入，经济不大困难，分给 50 000 元。

3. 本遗嘱一式四份，经公证机关公证后，分别由后妻×××、子×××、女×××各执一份。

立遗嘱人：×××（签名盖章）

证明人：×××、×××（签名盖章）

2017 年 8 月 20 日

上述遗嘱是由立遗嘱人本人亲立的，如果遇到立遗嘱人身体条件不允许或无法亲自书写等情况时，也可请律师代为书写。

三、公证书

（一）公证书的含义

公证是指国家公证机关根据公民、法人或非法人团体的申请，依法对其法律行为或具有法律意义的文书和事实进行证明，以确认其真实性。公证是国家公证机关进行的一种特殊的证明活动，其前提是当事人的申请。

公证书就是国家机关依法办理公证事项所出具的证明书，是具有法律意义的非诉讼性质的文书。公证文书都产生证据上的效力，即公证书证明的事项，具有无可置疑的证据和法律效力，有的还具有强制执行效力。

公证书的主要作用包括：证明法律行为，如合同、遗嘱、委托、继承权、收养子女、财产赠与及分割和转让、拍卖、招投标、股票的发行和上市等；有法律意义的事实,如公民的经历、学历、身份、住址、出生、死亡、法人及其法定代表人的资格、章程、资信状况等;有法律意义的文书,如文件上的签名、印鉴、制作日期、文书的副本等。

收养子女公证书、继承权公证书、结婚前财产公证书、商标注册公证书、学历公证书等目前使用已经非常广泛,它们的写作格式基本相同,只是涉及的范围有所不同。

(二)公证书的写法

1.首部。公证书的首部主要包括以下几项:

(1)名称,根据所公证的各种法律行为与事实内容书写。

(2)编号,包括年份(阿拉伯数字)、发文单位简称、发文顺序号等。

2.正文(证词)。正文是公证书要证明的具体内容,这是公证书的中心部分,包括所要证明的问题的性质、申请公证人的要求,并说明申请公证人已在公证员面前"亲自签名盖章",经公证处"审查属实"。

公证书的正文要求写得具体、准确、明了、易懂。

3.尾部。尾部包括公证机关名称、公证员签章、出证日期及公章等。

需要注意的是:要一事一证,当事人一律用出生日期而不用年龄,当事人的称谓要采用法律上通用的名称,机关单位的名称第一次出现时用全称。

[实例8-3-3]

委托书公证书

(2017)××字第××号

兹证明张××于2017年3月18日来我处,在我面前,在前面的委托书上签名(或盖章)。

中华人民共和国××省××市公证处

公证员×××(签章)

2017年3月26日

[实例8-3-4]

赠与书公证书

(2017)××字第××号

兹证明刘××于2017年5月15日来我处,在我面前,在前面的赠与书上签名(签章)。

中华人民共和国××省××市公证处

公证员×××(签章)

2017年6月5日

相关链接1

王大爷的赠与协议

王大爷自老伴去世后,邻居蒋某夫妇一直照顾他,王大爷很是感激,便决定将自己名下的一间房屋赠与蒋某,自己保留居住权。双方签订了赠与协议,并到公证处对协议进行了公证,但未办理房屋过户手续。此后,邻居蒋某渐渐找借口不再照顾老人,甚至干脆就不露面了。王大爷很生气:怎么房子给了他就变了个人呢? 老人越想越窝火,于是想撤销赠与协议收回那间房屋。而蒋某则认为,赠与协议是做过公证的,房子赠送给他就不能要回去。最后两人闹到公证处,公证人员当即告知原赠与协议尚未生效。

赠与公证是国家公证机构根据申请人的申请,依法证明财产所有人将个人所有的财产无偿赠送给他人行为的真实性、合法性的活动。将个人所有赠与他人的人为赠与人,接受赠与的人为受赠人。办理赠与公证,可采取证明赠与人的赠与书、受赠人的受赠书或赠与合同的形式。赠与书是赠与人单方以《赠与书》的形式将个人财产无偿赠与他人的文书。赠与合同是赠与人与受赠人双方以签订《赠与合同》的形式,将赠与人的财产无偿或附一定条件地赠与受赠人,受赠人表示接受而形成的一种协议。办理赠与公证由赠与人、受赠人的住所地或赠与行为发生地公证处受理。涉及不动产的,由不动产所在地公证处受理。

根据司法部《赠与公证细则》第七条规定,办理不动产赠与公证的,经公证后,应及时到有关部门办理所有权转移登记手续,否则赠与行为无效。因此根据上述法律法规的规定,房屋赠与当事人须提交房屋所有权证、赠与合同等书面证件,到房地产交易管理部门办理正式的房屋所有权变更登记手续后,房产赠与行为才具有法律效力。

相关链接2

遗嘱与遗赠有何区别

遗嘱中的接受继承财产的人必须是法定继承人之一或数人。法定继承人包括第一顺序继承人(配偶、子女、父母)和第二顺序继承人(兄弟姐妹、祖父母、外祖父母)

遗赠中的接受继承财产的人必须是法定继承人之外的人。

遗赠抚养协议指公民与扶养人签订协议,扶养人承担该公民生养死葬的义务,同时享有受遗赠的权利。

遗赠也可以附义务,受遗赠人应当履行义务。没有正当理由不履行义务的,经相关人向法院请求,可以取消受遗赠人接受遗产的权利。

应用能力训练

1. 以下是收养协议的格式,请按照此格式试拟一份收养协议。

收养协议

甲方(收养人):×××(姓名、住址)

乙方(送养人):×××(姓名、住址)

甲乙双方就收养×××(被收养人姓名)达成协议如下:

第一条　被收养人的基本情况(写明:被收养人的姓名、性别、年龄、健康状况、现住址)。

第二条　收养人×××是××单位的××(职务),现年××岁

(已婚的,收养人为夫妻双方),住在××市××区(县)××街×号。

第三条　送养人×××的基本情况(写明送养人的姓名或者名称,为什么要送养的理由)。

第四条　收养人×××保证在收养关系存续期间,尽扶养被收养人之义务。

第五条　甲乙双方在本协议签订后×日内,到××民政局办理收养登记手续。本收养协议自×××公证机关公证之日起生效。

甲方:(签字、盖章)

乙方:(签字、盖章)

年　月　日

2. 请阅读下面文字,按照协议书的格式拟写一份家庭财产分割协议,要求内容齐全,分条列项,语言简洁,表述清楚。

立约人王汉,男,58岁,汉族,××市××区人,退休工人,现住××市××区××胡同××号(系下列立约人之父)。王汉有一子王明山,男,32岁,×族,籍贯、住地同上,系王汉之子。王娟,女,24岁,×族,干部,家住××市××区××小区××号,为王汉之女。二子女均已结婚,现三人均表示愿意分家产,改变过去共同生活的状态,各立门户。经协商,达成如下分割财产协议,并由邻居赵××作见证人。赵××,男,50岁,××市人,现住××市××区××胡同××号(与立约人王汉系邻居关系)。

2017年3月9日在见证人邻居赵××和蓝天律师事务所的见证下达成以下财产分割协议:

一、王汉随其长子王明山一起生活。

二、现住3室楼房130平方米,归长子王明山所有,长女王如娟随其丈夫另住。

三、家具及家用电器。彩电、音响、冰箱归其长子王明山,照相机、录像机、摄

像机各一台,归其长女王如娟。

四、存款90万元,由其长女王如娟分得30万元,长子王明山分得30万元。长子王明山负担其父王汉日常生活费用。

五、王汉如遇重大疾病或其他意外,费用由其长子王明山和长女王如娟共同负担。

六、以上所列各项,立约人完全同意,并有见证人作证。

9

第九章　论述类文体写作

在这一章里我们将要学习毕业论文、述职报告、计划和总结等几种文体的写作。大、中专学生、研究生或进修生在学业结束之前都要写作毕业论文,这既能检验学生在校期间的学习成果,同时也能进一步锻炼和培养学生的科研能力。述职报告是一种新兴的文体。现在,一些部门和单位为了考核所部署工作、任务的完成情况,在年终或某一个阶段都要求员工写作述职报告。述职报告在内容上一般包括思想和工作两个方面,其中要阐述履行职务或所从事的某项具体工作或任务的完成情况,取得的成绩、出现的问题和存在的不足等。计划和总结应用非常广泛,如国民经济计划、学习计划、工作计划等。计划是对一定时期的工作于事前做出的筹划和安排。计划具有预见性、指导性和约束性。总结是对工作、学习、开展的活动等进行的回顾,如学习总结、工作总结、活动总结。通过总结经验、查找问题,能够进一步提高自身的思想和工作水平,提高分析问题、解决问题的能力。

第一节　毕业论文

课前提示

现在有些同学对写毕业论文望而生畏,不知从何下手。其实,学习和掌握毕业论文的写作方法并不难。毕业论文是对所学知识进行科学整合的过程,也是对科研能力的一种检验手段,是理论联系实际、培养严谨的科学精神的一次锻炼。毕业论文从确定论题、搜集资料到撰写、修改、定稿,确实需要下一番功夫。但当毕业论文完成之后,你一定会有所收获,会有一次明显的提高。

教学要求

◇了解毕业论文的写作特点和要求

◇掌握写作毕业论文的格式和方法

◇学会写作毕业论文

论文是用来进行科学研究和描述科研成果的文章,它既是探讨问题进行科学研究的一种手段,又是描述科研成果进行学术交流的一种工具。它包括学年论文、毕业论文、学位论文、科技论文、成果论文等,总称为论文。

一、论文的种类

为了探讨和掌握论文的写作规律和特点,需要对论文进行分类。由于论文本身的内容和性质不同,研究领域、对象、方法、表现方式各有不同,因此,论文就有不同的分类方法。

按内容性质和研究方法的不同可以把论文分为理论性论文、实验性论文、描述性论文和设计性论文。

还有一种综合型的分类方法,即把论文分为专题型、论辩型、综述型和综合型四大类。

(一)专题型论文

这是在分析前人研究成果的基础上,以直接论述的形式发表见解,从正面提出某学科中某一学术问题的一种论文。

(二)论辩型论文

这是针对他人在某学科中某一学术问题的见解,凭借充分的论据,着重揭露其不足或错误之处,通过论辩形式来发表见解的一种论文。

(三)综述型论文

这是在归纳、总结前人或今人对某学科中某一学术问题已有研究成果的基础上,加以介绍或评论,从而发表自己见解的一种论文。

(四)综合型论文

这是一种将综述型和论辩型两种形式有机结合起来写成的一种论文。

二、毕业论文的特点

毕业论文是高等教育的重要环节,是对大学生(研究生)在校期间学习成绩的综合检验。毕业论文是学术论文的类型之一,与科学研究工作密切相关,它记录并再现科学研究的过程和方法,描述研究成果;毕业论文是学生综合运用已学专业的基础理论、基本知识和基本技能进行研究和探讨后写出的阐述解决某一问题、发表自己学术见解的文章;毕业论文是学生完成学业的标志性作业,也是对学习成果的综合性总结和检阅。写作毕业论文是学生从事科学研究的尝试,也是检验其掌握知识的程度、分析问题和解决问题的基本能力的一份综合答卷。

毕业论文就其内容来讲,一种是解决学科中的某一问题,并用自己的研究成果加以回答;一种是只提出学科中某一问题,综合别人已有的结论,指明进一步探讨的方向;再一种是对所提出的学科中的某一问题,运用自己的研究成果给予部分的回答。

毕业论文属于学术论文,它有以下几个特点。

1.总结性。毕业生在选题的时候,专业不同选题方向不同。比如中文系学生可能会选语言方面的,也可能会选文学方面的。语言方面,可能选古代汉语,也可能选现代汉语,或者选择应用语言学。选择了文学方面,则可能选古典文学,或者现代文学,或者是当代文学、外国文学。外国文学,还可能选择东欧的或者西欧的文学,或者选择日本的文学等。总起来说,专业分得比较细。尽管选择的选题可能是几年来所学的最感兴趣的题目,但要真正写出一篇像样的、合格的毕业论文,需要调动各种基础知识。所以我们可以通过毕业论文来检查一下在校的几年来所学习的基础知识、基本理论和技能都处在一个什么样的水平之上。因此,从这个意义上来说毕业论文具有总结性。

2.科学性。毕业论文的撰写应以正确的世界观和方法论为指导,以科学理论和科研实践为基础,采取严谨的态度去探求未知,得出结论。体现在论文的立论上要客观、正确;论据要可靠、充分;论证要符合逻辑,严密、有力;表述要严谨、准确。

3.学术性。毕业论文的论点和论证不能只停留在描述事物的外部现象上，而应在立论和论证过程中尽可能触及事物内部较深的层次，深入剖析事物的内在本质，揭示出事物的规律性。要综合考查已学知识的应用能力；考查运用已学专业知识分析问题、解决问题的能力；考查查询专业资料（中文资料和外文资料）的能力；考查运用计算机分析和处理数据的能力；考查语言（中文和外文）的表达能力和文章的撰写能力。

4.创造性。培养创新意识，要求学生的选题具有新颖性、实践性。要求详细阐述课题的研究过程，体现该课题的科研方法。在毕业论文撰写时要注意对所研究问题采取新的分析方法，得出新的观点，不能只重复前人的研究或人云亦云，不要大段复述已有的知识。当然，创造性并不排斥继承性，事实上，创造性是在继承基础上的创新。

5.指导性。毕业论文是在导师指导下独立完成的科学研究成果。

6.层次性。毕业论文与学术论文相比要求比较低。

三、毕业论文的选题问题

选题是毕业论文撰写的第一步，选择合适的题目是写好毕业论文的关键环节。一般选择毕业论文题目的时候，学生都要与指导老师进行沟通，选择适合自己的题目。选题可以从下几个方面考虑。

（一）选择有科学价值和现实意义的、切实可行的课题

1.从具有一定倾向性的问题中选题。在倾向性问题的苗头出现时，用理论观点分析，预见它的生命力或后果，这样具有前瞻性的选题往往具有现实指导意义。

2.要根据自己的能力选择切实可行的题目，从业务强项或兴趣出发进行选题。毕业论文的写作是一种创造性劳动，不但要有个人的见解和主张，同时还需要具备一定的客观条件。由于个人的主观、客观条件都是各不相同的，因此在选题时，还应结合自己的特长和兴趣，并根据所具备的客观条件来选。具体地说，学生可从以下三个方面来综合考虑。首先，要有充足的资料来源。"巧妇难为无米之炊"，在缺少资料的情况下，是很难写出高质量的论文的。选择一个具有丰富资料来源的课题，对课题进行深入研究与开发会很有帮助。其次，要有浓厚的研究兴趣，选择自己感兴趣的课题，可以激发自己研究的热情，调动自己的主动性和积极性，能够以专心、细心和耐心的积极心态去完成。再次，还应注意千万不能随大流或者赶时髦，写自己并没有弄懂或没有条件研究的问题。如有的一鳞半爪地接触到一点国外的材料，收集到几个新名词、新概念，为了"求新"，为了一鸣惊人，把别人的东西照搬过来，囫囵吞枣，东拼西凑。这样的论文当然

是写不好的,选题时要引以为戒。

(二)要选择能发挥自己业务专长的选题

能发挥自己业务专长的课题会对顺利完成课题的研究,展示出自己的理论水平和才能大有益处。

(三)要选大小适宜的题目

现实性强的重大问题和热点、难点问题当然是好题目,但由于自己主客观条件的限制,题目如果太大往往不容易写好。因此,一般来说,题目还是小一点、具体一点好。比如,在学习或实习中对某一方面的问题比较熟悉,材料丰富,对问题的理解有深度,小题目也能发挥水平,写出好文章。选题可以大题小做,也可以小题大做。总之,题目的选择应与自己的能力相适应,大小适宜为好。

(四)要拟一个好的标题

毕业论文的标题是文章的眉目,应仔细推敲,尽可能从各个角度充分考虑,选择最合适的。一个好的标题应确切适宜、简洁明了、醒目引人。标题不可过长,尽量在 20 个字以内。常用的拟标题方法有:一是直接揭示或概括主题;二是引人注意的标题;三是形象化暗示主题;四是直接指明主题的所属范围等。

四、毕业论文的结构

毕业论文结构布局的基本格式由标题、作者、中英文摘要和关键词、正文、参考文献、致谢语等几个方面的内容构成。

1.标题要求直接、具体、醒目、简明扼要。

2.作者署名要规范,署名置于题目下方。

3.摘要是对论文的内容不加注释和评论的简短陈述,要求扼要地说明研究工作的目的、研究方法和最终结论等,重点是结论,是一篇具有独立性和完整性的短文,可以引用、推广。摘要以不多于 300 字的语汇摘出论文中的主要观点,便于读者一看就能掌握论文内容的要点。目前比较通用的是结构式摘要,包括研究目的、方法、结果和结论。

4.正文是论文的核心内容,包括导论、正论、结论三大部分。导论部分又称前言、序言和导言,用在论文的开头。一般要概括地写出作者意图,说明选题的目的和意义,并指出论文写作的范围。导论要短小精悍、紧扣主题,通常几百字即可。正论部分是论文的主体,作者要对所研究的问题进行分析、论证、阐明自己的观点和依据。应包括论点、论据、论证过程。这部分要以充分有力的材料阐述观点,要准确把握文章内容的层次、大小段落间的内在联系。结论部分是论文的归结收束部分,要写明论证的结果,做到首尾一贯,同时要写对课题研究的展望,提及进一步探讨的问题或可能解决的途径等。

论文的层次不宜过多,一般不超过五级。在一篇论文中,导论、正论和结论都要有,但却不一定是三部分三块。有的论文三部分齐全,导论提出问题,正论分几层进行论证,最后得出结论;有的论文把结论提前融进导论,以解决问题导入,正论再一层一层地分析论证,最后没有结论,或只有一个结尾;还有的论文在导论中提出问题,正论分析问题,得出结论后,然后提出对策,再写个结尾。

五、毕业论文的格式

(一)论文题目

位置居中(下附作者),要求准确、简练、醒目、新颖,能概括论文的特定内容,揭示专业的特点和学科的范畴,有助于选定关键词,符合编制题录、索引和检索的有关原则。论文题目一般不超过 25 个字,必要时可以设副标题,可分两行书写。如:"旅游从业人员的素质如何与时俱进"(只有正题);"大学学习如何成为就业成功的阶梯——谈大学学业生涯规划与职业生涯如何接轨"(有副标题)。

毕业论文的标题一般分为总标题、副标题、分标题几种,分标题也就是论文正文中的层次标题。

作者署名一定要规范,作者署名置于题名下方。有时,作者姓名亦可标注于正文末尾。团体作者的执笔人,也可标注于篇首页地脚位置。如:××师范大学物理系,北京 100875;××教育学院物理系,北京 100011。

(二)目录

目录是论文中主要段落的简表,位于论文首页之后单独成页。一般说来,篇幅较长的毕业论文都设有分标题。设置分标题的论文,因其内容的层次较多,整个理论体系较庞大、复杂,故通常设目录(短篇论文不必列目录)。

目录应独立成页,包括论文中全部章、节的题标(目录中应至少标至第三级)及页码。

目录有两种基本类型:①用文字表示的目录;②用数码表示的目录。

(三)摘要

摘要又叫内容提要,它是文章主要内容的摘录,位于目录下一页,要求短、精、完整。字数少可几十字,多不超过三百字。内容提要是全文内容的缩影,以精练的笔墨,勾画出全文的整体面目;提出主要论点,揭示论文的研究成果,简要叙述全文的框架结构。摘要的内容必须完整,不能把论文中所阐述的主要内容(或观点)遗漏,应写成一篇可以独立使用的短文。

摘要一般不分段。摘要不宜使用"本文提出了……""总结了……"等主观性词语,也不宜与别人的研究作对比说明。还不宜使用公式、图表,不标注引用文献编号,避免将摘要写成目录式的内容介绍。如:《诚信是立人之本——浅谈高职高专大学生诚信培养》一文的摘要如下。

摘要:教育部2005年颁布的《高等学校学生行为准则》第五条中明确提出了当代大学生要"诚实守信,严于律己"。在全方位提高受教育者素质的今天,诚信与否成为衡量一个人素质高低的重要指标。本文在综合了当今高职院校大学生日常行为诚信现状的同时,强调了诚信修养的迫切性与重要性,提出了有关的诚信培养模式。

这是一则不规范的摘要,因为其中较多地使用了一些主观性的词语。可做如下修改:

摘要:教育部2005年颁布的《高等学校学生行为准则》第五条中明确提出了当代大学生要"诚实守信,严于律己"。在全方位提高受教育者素质的今天,诚信与否成为衡量一个人素质高低的重要指标。本文在综合当今高职院校大学生日常行为中为学不浓、为学不诚,华而不实、做人不诚,我行我素、信誉不诚等不诚信行为的同时,阐述了诚信是大学生创业发展的需要,更是大学生生存发展的需要。

(四)关键词

关键词是反映论文主题概念的词或词组,是对表述论文的中心内容有实质意义的词汇。每篇论文一般选取3~8个词汇作为关键词,且关键词应尽量从国家标准《汉语主题词表》中选用;未被词表收录的新学科、新技术中的重要术语和地区、人物、文献等名称,也可作为关键词进行标注。关键词应采用能覆盖论文主要内容的通用技术词条,按词条的外延层次从大到小排列,应另起一行,排在"摘要"的左下方。

关键词的一般选择方法是:由作者在完成论文写作后,从其题名、层次标题和正文(出现频率较高且比较关键的词)中选出来。如,上例中的关键词可以是:

诚信　大学生　诚信培养　立人之本
英文关键词则一定要与中文关键词相一致。

(五)论文正文

1.引言。引言又称前言、序言和导言,用在论文的开头。引言一般要概括地写出作者的意图,说明选题的目的和意义,指出论文写作的范围。引言要短小精悍、紧扣主题。

2.论文正文。正文是论文的主体,正文应包括论点、论据、论证过程和结论。主体部分包括以下内容:

（1）提出问题——论点；

（2）分析问题——论据和论证；

（3）解决问题——论证方法与步骤；

（4）结论。结论是对整个论文主要成果的总结,应以简练的文字说明论文所做的工作。

毕业论文正文段落层次划分标准如下：

一、（用于论文小标题）

（一）（用于重要段落的划分）

1.（用于要点的排列）

（1）（用于特征的排列）

①（用于分特征的排列）

（六）参考文献

参考文献是毕业设计及论文不可缺少的组成部分,它反映毕业设计及论文的取材来源、材料的广博程度。论文中引用的文献应以近期发表的与论文工作直接有关的学术期刊类文献为主。一篇论文的参考文献是将论文在研究和写作中可参考或引证的主要文献资料列于论文的末尾。参考文献可另起一页。参考文献的内容如下：

中文：作者—标题—出版物信息（书籍名称或刊物、出版社、出版时间、版次）

英文：作者—标题—出版物信息

所列参考文献的要求：

第一,所列参考文献应是正式出版物,以便读者考证。

第二,所列举的参考文献要标明序号、著作或文章的标题、作者、出版物信息。

（七）致谢

一项科研成果或技术创新,往往不是独自一人可以完成的,还需要各方面的人力、财力、物力的支持和帮助。因此,有的论文在末尾列有"致谢",主要是对论文完成期间得到的帮助表示感谢,这是学术界谦逊和有礼貌的一种表现。

六、毕业论文主体撰写程序

（一）做好资料的分析工作

1.将资料分类。

2.分析资料并从中导出结论。

3.给每类资料拟写标题。

（二）内容与结构的思考

1.根据拟定的论题，分析各类资料的内容，进一步分析资料的意义或关系。

2.根据资料的情况和它们之间的逻辑关系，写出总体结论。

3.根据初步研究结果，确定主体结构。

（三）进一步提炼论点

1.观点与材料相统一。

2.结论应当升华。有了基本的结论，这个结论还存在哪些问题没有解决，有什么发展前景，可再进行分析，上升认识。

七、毕业论文的起草、修改和定稿

毕业论文选题之后真正开始写作的一般程序是：搜集资料、研究资料；明确论点和选定材料；最后是执笔撰写、修改定稿。

（一）毕业论文的基础工作——收集与整理资料

收集资料有多种途径，可以查阅图书馆、资料室的历史资料；从报纸杂志、网络中查找资料；也可以找资深人士调查了解；也可以做实地考察研究。搜集的资料越具体、越细致越好。在搜集资料时，还要做好资料的记录。对新鲜论点、好的见解，要完完全全摘录；对能说明问题、有说服力的论据及好材料，要不加改动地摘录；对过长的资料，可加以简明扼要的概括，对这些资料都要分类整理。

（二）毕业论文的核心工作——确定论点和选定材料

首先，在占有大量资料的基础上，提出观点和见解，根据选题确立论文的框架结构，明确基本论点和分论点。提出的观点要突出新创见，创新是灵魂，切忌人云亦云。同时，还要防止贪大求全的倾向，生怕不完整，大段地复述已有的知识，那样就体现不出自己研究的特色和成果了。其次，根据已确立的基本论点和分论点选定材料，这些材料必须是在对所搜集的资料加以研究的基础上形成的。组织材料时要注意掌握科学的思维方法，注意前后材料的逻辑关系和主次关系。

（三）毕业论文的关键工作——执笔撰写

这一过程包括拟定提纲、起草初稿、修改和最终定稿。

1.拟定提纲包括题目、基本论点、主要依据以及如何进行论证等具体内容。拟定提纲有助于安排好全文的逻辑结构，构建论文的基本框架。论文提纲一般不少于1 000字。

2.起草初稿要按照提纲结构写，又要发挥创造性。要用具体的材料、科学的论述和连贯成篇的语言去展开提纲上的要点。从论文的整体看，导论导出正论，正论必须根据导论提出的问题进行分析论证，不能岔开，结论是论证的结果。在初稿写作过程中，最忌讳的是打断，使思路停顿，论文写不下去；要贯彻"大改小不改"的原则，不是论文的整体结构有问题，就不要停下，局部的小问题在论文修改时再解决。

3. 修改定稿是论文质量的重要保障工作。通过这一环节，可以看出写作意图是否表达清楚，基本论点和分论点是否准确、明白，材料用得是否恰当、有说服力，材料的安排与论证是否有逻辑效果，大小段落的结构是否完整、衔接自然，句子词语是否正确妥当，文章是否合乎规范。

4. 毕业论文修改时应注意的几个问题

(1) 要注意论文正文结构的完整，首尾呼应，切忌结构松散、支离破碎。

(2) 对已收集到的资料的使用，要注意该详则详，应略当略，不要形成资料的堆砌，要适当剪裁，使文章重点突出、层次清楚。

(3) 毕业论文的语言是文章内容的载体和表现形式，毕业论文的语言要符合论文的语言特点。一是要精确。用词要恰当贴切，要多使用含义单一的专业术语；要多用附加成分多的、表意严密的长句和语义详尽、逻辑性强的复句；要多使用准确无误的统计数据。二是要简明。即用尽可能少的语言，把尽可能多的信息明白无误地传递出去。三是要平易。语言要平实自然、明白流畅，所以要做到朴实无华，实实在在，避免使用生僻难懂或华丽的辞藻，要做到直截了当，不要让人去领会"言外之意"，不需要含蓄和委婉。四是要庄重。句子形式要严整，在措辞上要避免使用口语色彩过浓或感情色彩过强的语词，更不能使用粗俗词，也不要随便使用简称。

八、毕业论文写作的基本要求

(一) 坚持理论联系实际的原则

撰写毕业论文必须坚持理论联系实际的原则。只有深入到实际中去，同客观事物广泛接触，获得大量的感性材料，然后运用科学的逻辑思维方法，对这些材料进行去粗取精、去伪存真、由此及彼、由表及里的加工制作，才能从中发现有现实意义而又适合自己研究的新课题。

(二) 立论要科学，观点要创新

1. 立论要科学。文章的科学性通常取决于作者在观察、分析问题时能否坚持实事求是的科学态度。

2. 观点要创新。毕业论文的创新是其价值之所在。学术论文如果毫无创造性，就不成其为科学研究，因而也不能称之为学术论文。毕业论文虽然着眼于对学生科学研究能力的基本训练,但创造性仍是其着力强调的一项基本要求。

(三)论据要翔实,论证要严密

1. 论据要翔实。一篇优秀的毕业论文仅有一个好的主题和观点是不够的,它还必须要有充分、翔实的论据材料作为支撑。旁征博引、多方佐证,是毕业论文有别于一般性议论文的明显特点。毕业论文的论据要充分,还须运用得当。一篇论文中不可能也没有必要把全部研究工作所得,古今中外的事实事例、精辟的论述、所有的实践数据、观察结果、调查成果等全部引用进来,而是要取其必要者,舍弃可有可无者。毕业论文中引用的材料和数据,必须正确可靠,经得起推敲和验证,即保证论据的正确性。

2. 论证要严密、富有逻辑性。从文章全局来说,作者提出问题、分析问题和解决问题,要符合客观事物的规律,符合人们对客观事物认识的程序,使人们的逻辑程序和认识程序统一起来,全篇形成一个逻辑整体。从局部来说,对于某一问题的分析,对某一现象的解释,要体现出较为完整的概念、判断、推理的过程,这样才能使文章具有说服力。

[实例 9 - 1 - 1]

毕业论文样本

1. 毕业论文"封首"式样(包括这样几项内容)

(学校)毕 业 论 文

论文题目:

学生姓名:

院　　系:

专　　业:

毕业时间:

指导教师:

2. 毕业论文

《关于旅游景区发展与保护问题的思考》一文的"目录"式样

目　　录

摘　　要 ……………………………………………………………… 1

关键词 ……………………………………………………………… 2

一、旅游景区发展现状 …………………………………………… 3

(一)旅游景区是我国旅游业发展的重要载体 ………………… 3

(二)旅游景区发展面临的问题 ………………………………… 5

（三）旅游景区的开发必须坚持可持续发展的原则 ·················· 6

二、旅游环境与旅游业的关系 ································· 7

（一）旅游区的旅游资源是游客观赏的对象 ·················· 7

（二）旅游环境对旅游业的影响 ························· 8

三、目前我国旅游业面临的主要环境问题 ···················· 8

四、旅游环境问题产生的原因 ··························· 9

（一）人类经济行为的不当破坏了旅游环境 ·················· 9

1. 经济开发对环境的破坏 ···························· 10

2. 规划不合理对环境的破坏 ·························· 11

（二）旅游活动对旅游区环境的影响 ····················· 12

（三）旅游开发和建设破坏旅游区环境 ···················· 13

五、旅游环境保护的对策分析 ·························· 13

（一）加强旅游环境保护的科研工作和旅游环境保护知识的宣传教育 ····· 14

（二）进行旅游开发的环境影响评价 ····················· 14

（三）在旅游区发展建设中做好旅游环境规划 ················· 16

（四）运用经济及其他手段，控制热点旅游地的旅游规模 ············ 17

（五）加强旅游环境立法 ···························· 18

参考文献 ·································· 19

附录一 ···································· 19

附录二 ···································· 19

致谢 ····································· 20

3. 毕业论文《关于旅游景区发展与保护问题的思考》"摘要"式样

摘要：旅游景区的发展是我国旅游业发展的基础，在旅游景区开发的同时，景区环境保护也是不容忽视的。发展与保护协调统一、可持续发展是旅游业一贯坚持的原则。发展绿色旅游是当前旅游发展的趋势，应加强旅游环境保护的科研工作和旅游环境保护知识的宣传教育，在旅游区发展建设中做好旅游环境规划，加强旅游环境立法，并运用经济及其他手段控制热点旅游地的旅游规模，实现旅游景区的可持续发展。

4. 毕业论文"关键词"式样

关键词：旅游景区发展　景区环境保护　可持续发展　解决方法

5. 毕业论文"正文"式样（略）

应用能力训练

1. 对照毕业论文格式对下面这篇论文不完善的地方进行修改。

旅游企业连锁经营初探

××职业学院　导游系×××

摘要：连锁经营是伴随着经济时代的到来而出现的一种新的经营方式，经过130 多年的实践，一些连锁企业已经成为世界知名企业。如麦当劳以其连锁经营方式，已有 28 000 余家店铺，遍布全球 128 个国家和地区。连锁经营的企业具有一定的特征，统一的经营理念，统一的企业识别，统一的商品服务，统一的经营管理。连锁经营有利于中小零售商业的发展，可提高其经营水平和经营质量。本文针对当前国内旅游企业的状况，依据锦江国际集团在中国的发展，提出了旅游企业连锁经营的概念并阐述了旅游企业连锁经营的策略，其中核心思想是提高旅游企业的竞争力。

关键词：旅游企业　连锁经营　锦江国际集团　竞争力

连锁经营最早起源于美国，至今已有 130 多年的历史。世界第一家连锁店，是由纽约市一家小茶叶店首创的。1859 年这家商店作为同一资本的所有者，在全国各地开办了自己的分店，实行统一管理、统一经营，在激烈的市场竞争中依靠薄利多销、扩大与消费者的接触面和经营规模求得发展。经过了 130 多年的发展，证明了连锁经营的卓越成效。许多世界知名的企业也正是在连锁经营模式下不断发展壮大的。

结合到旅游企业，目前国内旅游企业的发展还不十分完善，没有形成一个明确的体系。这样既不利于企业的发展，也影响中国旅游业的发展。很多旅游企业的实力还非常弱小，没有统一的管理经验和统一的服务标准，在国际市场上没有竞争力。本文结合国内知名企业——锦江国际集团连锁经营的经验，对中国旅游企业连锁经营提出自己的看法。

1. 旅游企业及连锁经营的概念

1.1 旅游企业的概念

旅游企业是以盈利为目的进行生产经营，为社会提供旅游产品和旅游服务的经济组织。

第一，旅游企业是一个契约性组织。

第二，旅游企业是一个市场性组织。旅游企业是市场性组织，人对市场负责，市场化程度的高低决定了旅游企业盈利能力的高低。

第三，旅游企业是学习型组织。旅游企业是制造思想的。

第四,旅游企业是一个系统性的组织。现在的旅游企业经营分成两条线:一条线是产品和服务,另一条线是使旅游企业具有持续竞争力的保障系统。

第五,旅游企业是全球性组织。每个旅游企业根据全球定位,你做一段,我做一段,全球集成,融入全球化进程中。最终的旅游企业就是全球化组织。

1.2 连锁经营的概念及分类

1.3 连锁经营的意义

2. 连锁经营的构成要素及特征

2.1 连锁经营的构成要素

2.1.1 经营管理可以工程化

2.1.2 核心禀赋

2.1.3 人力资源的开发与储备

2.1.4 销售渠道的成熟度

2.1.5 关系资源

2.2 连锁经营在概念上的特征

2.2.1 统一的经营理念

2.2.2 统一的企业识别(CIS)

2.2.3 统一的商品服务

2.2.4 统一的经营管理

2.2.5 统一的扩张渗透

3. 企业连锁经营的成功实例

3.1 连锁经营企业麦当劳

4. 连锁经营在旅游企业中的应用

4.1 中国旅游企业现状

4.2 旅游企业连锁经营形成的必要性

4.3 旅游连锁企业锦江国际集团

4.3.1 历史

4.3.2 成长背景

4.4 旅游企业连锁经营策略

4.4.1 通过连锁经营提升旅游企业竞争力

4.4.2 创新品牌谱系

4.4.3 在管理技术方面不断突破

4.4.4 创新性地培养、使用人才

5. 结语

除了上述几个方面以外,锦江国际集团长期以来一直坚持的网络化经营和国际化发展的思路对于目标的实现和集团竞争力的提升也起到了非常重要的作用。

有理由相信,只要坚持目前连锁经营的发展思路,很多旅游企业也会如锦江国际集团一样,发展之路将会越来越宽广。

参考文献:(略)

2.搜集有关资料,学习论文写作经验,为写作毕业论文做准备。

第二节　述职报告

课前提示

述职报告是担任某种职务或从事某个岗位工作一段时间之后,陈述一年或一个阶段自己在任期内履行职责时的思想和工作情况的报告,包括工作中的主要业绩、存在的问题和对今后工作的设想等内容。

教学要求

◇了解述职报告的特点、种类及写作要求

◇掌握述职报告的写作方法

一、述职报告的特点

述职报告是党政机关、团体、企事业单位的领导或员工,向主管领导部门、人事部门或本单位的职工群众,陈述自己在一定时期内工作实绩、问题和设想的自我述评性的报告文书。

述职报告的主要特点是:自述性、自评性和报告性。

所谓自述性,就是要求报告人述说自己在一定时期内履行职责的情况。因此,必须使用第一人称,采用自述的方式,向有关方面报告自己的工作实绩。

所谓自评性,就是要求报告人依据岗位规范和职责目标,对自己任期内的德、能、勤、绩等方面的情况做自我评估、自我鉴定、自我定性。

所谓报告性,就是要求报告人以被考核、接受评议、被监督的身份,履行职责做报告。要认识到自己是在向上级汇报工作,是严肃的、庄重的、正式的汇报,是让组织了解自己、评审自己工作的过程,因此,语言必须得体,应有礼貌、谦逊、诚恳、朴实、掌握分寸。

二、述职报告的种类

（一）从内容上划分

1.综合性述职报告，报告内容是一个时期报告人所做工作全面、综合反映的报告。

2.专题性述职报告，指内容是对报告人某一方面工作的专题反映的报告。

3.单项工作述职报告，指报告内容是对某项具体工作的汇报。

（二）从时间上划分

1.任期述职报告，指对从任现职以来的总体工作进行报告。一般来说，这类述职报告时间较长，涉及面较广，要写出一届任期的情况。

2.年度述职报告，是一年一度的述职报告，写本年度履行职责的情况。

3.临时性述职报告，是指担任某一项临时性的职务后写出的其任职情况的报告。比如，负责了一期的招生工作，或主持了一项科学实验，或组织了一项体育竞赛，之后写出自身履行职责的情况。

（三）从表达形式上划分

1.口头述职报告。这是指需要向选区选民述职，或向本单位职工群众述职的，用口语化的语言写成的述职报告。

2.书面述职报告。这是指向上级领导机关或人事部门报告的书面述职报告。

三、述职报告的写法

述职报告一般由标题、抬头、正文、落款四部分组成。

（一）标题

述职报告的标题常见的写法有三种：

1.文种式标题，只写"述职报告"四个字即可。

2.公文式标题。公文式标题由时限＋事由＋文种名称组成，如《2016—2017年试聘期述职报告》《2016年任旅游局市场科科长职务的述职报告》。

3.文章式标题。文章式标题使用正题或正副题配合的形式，如《2016年述职报告》《思想政治工作要结合经济工作一起抓——××职业学院×××述职报告》。

（二）抬头

1.书面报告的抬头，写主送单位名称，"如××党委"、"××组织部"或"××人事处"等。

2. 口述报告的抬头,写对听者的称谓,如"各位代表"、"各位委员"或"各位领导、各位同志"。

(三)正文

述职报告的正文由开头、主体、结尾三部分组成。

1. 开头。开头又叫引语,一般交代任职的自然情况,包括何时任何职、变动情况及背景;岗位职责和考核期内的目标任务情况及个人认识;对自己工作尽职情况的整体评估,确定述职范围和基调。这部分要写得简明扼要,给听者一个大体印象。

2. 主体。主体是述职报告的中心内容,主要写实绩、做法、经验、体会或教训、问题。

这部分要写得具体、充实、有理有据、条理清楚。由于这部分内容涉及面广,量多,所以宜分条列项写出。"条""项"要注意内在逻辑关系。

3. 结尾。结尾一般写结束语。用"以上报告,请审阅""以上报告,请审查""特此报告,请审查""以上报告,请领导、同志们批评指正"等作结。

(四)落款

述职报告的落款,写述职人姓名和述职日期或成文日期。署名可放在标题之下,也可以放在文尾。

[实例 9 - 2 - 1]

职务转正考核述职报告

各位领导、各位同事:

去年 5 月,我通过竞争上岗走上办公室副主任岗位,主要负责文秘方面的工作。在当时的竞职演讲中,我曾经说过:不管竞职能否成功,作为在办公室岗位工作的一名公务员,我都要努力到"五勤",诚心当好"四员"。"五勤"就是眼勤、耳勤、脑勤、手勤、腿勤,"四员"就是为各级领导和地税事业当好参谋员、信息员、宣传员和服务员。一年来,我主要从四个方面实践着自己的诺言,力争做到更高、更强、更优。下面,我就这一年的工作情况向各位领导做个简要汇报,以接受大家评议。

一、努力学习,全面提高自身素质

办公室工作是一个特殊的岗位,它要求永无止境地更新知识和提高素质。为达到这一要求,我十分注重学习提高。

一是向书本学。工作之余,我总要利用一切可利用的时间向书本学习,除了认真阅读《中国税务报》《中国税务》《税务研究》等报纸杂志外,我还经常自费购买一些工作需要的参考书。如去年省局在我们这里召开精神文明研讨会，为了高质量地完成会议材料准备工作，我自费到书店买了 100 多元钱的书。通过博采众长，我撰写的会议材料得到与会专家学者的一致好评。二是向领导学。在办公室工作，与领导接触的机会比较多。一年来，我亲身感受到了市局各位领导的人格魅力、领导风范和工作艺术，使我受益匪浅，收获甚丰。三是向同事学。古人说"三人行必有我师"。我觉得，市局机关的每位同事都是我的老师，他们中有业务专家，有科技尖兵，有文字高手。正是不断地虚心向他们求教，我自身的素质和能力才得以不断提高，工作才能基本胜任。在市局机关工作一年多，我个人无论是在敬业精神、思想境界，还是在业务素质、工作能力上都有了很大的进步，工作业绩也得到了领导的肯定，年底被评为优秀公务员和先进工作者。

二、加强修养，时刻注意自我约束

在办公室工作，与上下左右层面及社会各界联系非常广泛，我始终牢记自己是地税局的一员，是领导身边的一兵，言行举止都注重约束自己。对上级机关和各级领导，做到谦虚谨慎、尊重服从；对基层、对同事，做到严于律己、宽以待人；对社会、对外界，做到坦荡处事、自重自爱。一句话，努力做到对上不轻漫，对下不张狂，对外不卑不亢，注意用自己的一言一行，维护市局机关和各级领导的威信，维护地税部门的整体形象。

三、勤奋工作，回报领导和同事的关爱

我从基层调入市局工作以来，市局领导和机关的同志们给了我许多政治上的关心、工作上的帮助和生活上的关怀。我能有今天，永远也不会忘记领导和同志们的关爱，我唯一的回报方式就是拼命工作。我珍惜这份来之不易的工作，珍惜这良好的工作环境，同时也被市局领导和机关全体同志的敬业精神深深感动。一年来，对领导安排的所有工作，我从不讲任何客观理由和条件，总是默默无闻地努力完成。多少个节假日，多少个不眠夜，我都是在拼命工作中度过的。据自己粗略统计，全年撰写各类文字材料近 200 篇，计 90 余万字，平均每天近 3 000 字，被地市级以上各类媒体采用 32 篇。虽然常常感到身心疲惫，头发也白了许多，但我的心情始终是舒畅的。每当我的工作得到领导和同志们的认可，每当看到自己的努力为我市地税事业发展起到了一些作用时，那种成就感和那种自豪感是任何语言也无法表达的。古人说：四十而不惑。年近四十的我对人生、对事业也有了自己的感悟。对金钱、对名誉、对权力，我都没有什么奢求，努力工作是我最大的追求。说句实在话，工作不仅是我谋生的手段，更是我回报领导和同志们的最好方式，也是一个人实现人生价值的唯一选择。

四、尽心履职,全心全意当好配角

作为办公室领导的副手,按我的理解,没有什么谋求利益和享受待遇的权力,只有承担责任、带头工作的义务。在平时的工作中,对领导交办的工作,从不讨价还价,而是努力保质保量完成;对自己分内的工作积极认真对待,努力完成,做到既不越位,又要到位,更不失职。在同办公室其他几位同志的工作协调上,做到真诚相待,互帮互学。一年来,办公室的工作得到了省局、市局领导和同志们的认可,这是我们团结奋斗、共同努力的结果。从本人所处的角色看,可以说总体上是称职的。

总而言之,总结一年来的工作,我可以问心无愧地说:自己尽心了,努力了,流汗了。不管这次述职能否通过,我将一如既往地做事,一如既往地为人,也希望领导和同志们一如既往地待我!

述职人:×××

2016 年 12 月 20 日

应用能力训练

针对自己在班级和学校的学习和表现,模拟述职报告的形式和写法,写一篇述职报告。

第三节　计划和总结

课前提示

俗话说:"人无远虑,必有近忧。"深谋远虑,才能运筹帷幄之中,决胜于千里之外。计划是行动的先导,我们做任何事都要有目的、有准备,只有科学地计划各项工作,成功的可能性才会大。《左传》里的《曹刿论战》,记叙了历史上著名的长勺之战。战争结束后,鲁庄公问曹刿取胜的原因,曹刿说:"打仗全靠勇气。第一次擂鼓,士兵勇气大振,第二次擂鼓,勇气衰退,第三次擂鼓,勇气全完了。敌人的勇气全完了而我军的勇气正旺盛,因此打败了齐军。大国的情况难以捉摸,怕他们有埋伏。我看到他们的车迹混乱,望见他们的旗帜倒下,因此才追击他们。"这就是总结。总结不一定都形成书面文字,而书面总结影响会更深远。在学习和工作中及时总结经验,找到差距和不足,就能不断进步、不断提高。

教学要求

◇了解计划、总结的特点

◇掌握计划、总结的写作格式

◇学会写作计划和总结

[实例 9 – 3 –1]
××市旅游局今冬明春旅游安全工作方案

根据国家、省、市有关安全通知精神和工作要求,为进一步深入开展旅游安全生产工作,加强监督检查,消除安全隐患,有针对性地防范重特大安全事故的发生,特制订本工作方案。

一、指导思想和工作目标

"安全是旅游的生命线,没有安全就没有旅游。"要按照"安全第一,预防为主"的方针,坚持政府主导与部门联动相结合、综合治理与专项治理相结合和标本兼治的原则,组织和制定各项防范措施,警钟长鸣,狠抓薄弱环节,对全市旅游行业安全情况进行大检查,严防各种旅游重特大事故的发生,争取实现今冬明春旅游安全无事故的目标。

二、工作要求

(一)明确任务,突出重点

市旅游局要根据国家、省、市有关精神层层落实安全工作责任制,充分发挥各区市县旅游管理部门的积极性,形成严格的层级管理制度,建立完善的安全管理体系。(略)

(二)专项治理,进行安全大检查

1. 检查内容

(1)安全制度建设。(略)

(2)消防安全。(略)

2. 检查方式

(1)旅游经营单位自检阶段。(略)

(2)联合检查阶段。(略)

3. 奖惩要求(略)

各区市县旅游局及旅游经营单位要认真贯彻落实各级政府关于安全工作的一系列重要指示,充分认识到安全工作的重要性,从对国家和人民群众生命财产安全高度负责的态度,增强紧迫感和责任感,切实加强领导,进一步落实安全责任,强化安全管理,对重点单位和薄弱环节加强监督检查,坚决遏制重特大事故和减少一般事故的发生,实现旅游安全目标。

××市旅游局

2017 年 11 月 22 日

一、计划的写作

计划类文书包括:规划、设想、计划、要点、方案、安排等。

计划类文书的特点和写法主要包括如下内容。

(一) 规划

规划是计划中最宏大的一种。从时间上说,一般都要在三五年以上;从范围上说,大都是全局性工作或涉及面较广的重要工作项目;从内容和写法上说,往往是粗线条的,比较概括,如《××省经济和社会发展十年规划》《××省旅游产品结构调整规划》等。规划是为了对全局或长远工作做出统筹部署,以便明确方向,激发干劲,鼓舞斗志。相对其他计划类文书而言,规划带有方向性、战略性、指导性,因而其内容往往要更具有严肃性、科学性和可行性。这就要求写作者必须首先进行深入的调查和周密的测算,在掌握大量可靠资料的基础上,根据党、国家和具体单位的发展方针确定发展远景和总体目标,然后充分吸收有关意见,以科学的态度,反复经过多种方案的比较、研究和选择,确定各项指标和措施。

规划因具有严肃性,所以一般都是通过“指示性通知”来转发的,其格式都是由“标题”和“正文”两部分组成,一般不必再落款,也不用写成文时间。规划的标题是“四要素”写法:单位名称＋时间期限＋内容范围＋“规划”二字,如《石家庄市“九五”旅游业发展总体规划》。规划的正文一般都比较长,大致有以下几方面的内容:

1. 前言,即有关的背景材料,也就是制订规划的起因和缘由。这是制订规划的依据,因此不能简单地罗列事实,而应把诸多有关情况经过认真地综合、分析,找出其有利因素和不利因素,这样才会使人相信下面所提出的规划目标言之有据,有可靠性。

2. 指导方针和目标要求。这是规划的纲领和原则,是在前言的基础上提出的,因此既要写得鼓舞人心,又要写得坚定有力,还要用精练的语言概要地阐述出来。

3. 主要任务和政策、措施。这是规划的主体和核心,是解决“做什么”和“怎样做”的问题,因此任务要写得明确,措施要写得概括有力。这部分写作通常有两种结构:对于全面规划或任务项目较多的规划,因其各项任务比较独立,没有多少共同的完成措施，一般采用以任务为主线的"并列式结构"（措施都在各自的任务之后分别提出）；对于专题规划或任务较单一的规划，因其任务项目较少而其项目之间的联系又较大，一般采用任务、措施分说的"分列式结构"。

4.结尾，即远景展望和号召。这部分要写得简短有力，富有号召力。

（二）设想

设想是计划中最粗略的一种。它在内容上是初步的，多是不太成熟的想法；在写法上是概括地、粗线条地勾勒。但其时间不一定都是远的，范围也不一定都是宏大的。

一般说来，时间长远些的称"设想"；范围较广泛的称为"构想"；时间不太长、范围也不太大的则称为"思路"或"打算"。设想是为制订某些规划、计划做准备的，是一些初步想法。设想在严肃性、科学性和可行性方面的要求相对差一些，因为它是为正式的规划或计划做准备，不是给各级领导看的，因此不必考虑得很周密，只要基本成形就可以了，且在提出任务或目标时往往还有一些简短的论述语句。设想与规划一样，在内容的写法上都是比较原则和概括，不可能也没有必要写得太细、太具体。

设想因具有超前性，所以其写作要求并不十分严格，其格式也不大一样。如果是给领导看的，报给上级，就要严肃一些，随报告报送，不必落款，也不必写行文时间；如果是交给群众讨论的，或者不以通知或报告的形式转发或上报，就要落款并写明具体行文时间。设想的标题可以是"四要素"，也可以是"三要素"，或省略单位名称，或省略时间期限；还可以是"两要素"，省略单位名称和时间期限，如《关于机构改革的初步设想》。设想的正文一般有两种写法。第一种是只讲目标、要求，运用条项并列的写法，适用于时间较长远的"设想"或工作计划的最初构思或打算。第二种是也按规划、计划、方案或安排的格式结构，只是内容粗略一些的想法，适用于预备性计划，即只是征求意见的"构想"、"思路"或"打算"。

（三）计划

狭义的计划是广义工作计划中最适中的一种。它的特点表现在：时间一般在一年、半年左右，范围一般都是一个单位的工作或某一大项重要工作，内容和写法要比规划具体、深入，要比设想正规、细致，要比方案简明、集中，要比安排扩展、概要。

计划由于大多是一个单位的工作内容范围，只在单位内要求执行，所以一般不以文件形式下发，因而除标题和正文外，往往还要在题下或文后标明"×年×月×日制定"字样，以示郑重。

计划的标题也是"四要素"写法。关于正文的写法，由于计划是对一个单位的全面工作或某一项重要工作的具体要求,所以写作上比规划和设想都要具体、详细,一般包括以下几方面内容:①开头,或阐述依据,或概述情况,或直述目的,要写得简明扼要;②主体,即计划的核心内容,阐述"做什么"(目标、任务)、"做到什么程度"(要求)和"怎样做"(措施办法)三项内容,既要写得全面周到,又要写得有条不紊、具体明白。全面工作计划一般采取"并列式结构"(任务、措施分说)。③结尾,或突出重点,或强调有关事项,或提出简短号召,当然也可不写结尾。

(四)要点

所谓要点,实际就是计划的摘要,即经过整理把主要内容摘出来的计划。一般以文件下发的计划都采用"要点"的形式。

要点大多是上级机关某一项重要或较重要工作计划的摘要,一般都要以文件形式下发,因而多用某个通知作"文件头",所以其只要有标题和正文两部分内容就可以了,不必再落款,再写成文时间。但也有些要点由于涉及的工作重大,为郑重起见往往要在标题下标明发文机关名称和制发具体时间。

要点的标题可写"四要素",也可写"三要素",但"三要素"的写法一般要在题下标明被省略的发文机关名称。

正文写法,由于要点的内容是摘录计划的主要之点,所以其正文都写得比较概要,既不要兼顾到各个方面,也不必讲具体做法,更不用讲道理;没有过渡段,段落也不长。在结构方式上,大都是并列式,可分若干项目一贯到底,也可分几大项,大项下分若干小项,其中的小项可在每一大项下单独排列,也可全文排列。

(五)方案

方案是计划中内容最为复杂的一种。由于一些具有某种职能的具体工作比较复杂,不做全面部署不足以说明问题,因而内容构成势必要烦琐一些,一般有指导思想、主要目标、工作重点、实施步骤、政策措施、具体要求等项目。

方案的内容由于是上级对下级或涉及面比较广的工作,一般都用带"文件头"的形式下发,所以不用落款,只有标题、成文时间和正文三部分内容。

方案的标题有两种写法:一种是"三要素"写法,即由发文机关、计划内容和文种三部分组成,如《东北师范大学五年发展规划总体方案》;一种是"两要素"写法,即省略发文机关,但这个发文机关必须在领头的"批示性通知"(文件头)的标题中体现出来,如《××市旅游精品战略实施方案》。为郑重起见,成文时间一般不省略。

方案的正文一般有两种写法。

一是常规写法,即按"指导方针"、"主要目标(重点)"、"实施步骤"、"政策措施"及"要求"几个部分来写,这个较固定的程序适合于一般常规性单项工作。

二是变项写法,即根据实际需要加项或减项的写法,适合于特殊性的单项工作。但不管哪种写法,"主要目标""实施步骤""政策措施"这三项必不可少,实际写作时的称呼可以不同,如把"主要目标"称为"目标和任务"或"目标和对策"等,把"政策措施"称为"实施办法"或"组织措施"等。在"主要目标"一项中,一般还要分总体目标和具体目标;"实施步骤"一般还要分基本步骤或阶段和关键步骤,关键步骤里还有重点工作项目;"政策措施"的内容里一般还要分"政策保证"、"组织保证"和"具体措施"等。

(六) 安排

安排是计划中最为具体的一种格式,所以其内容要写得详细一些。

安排的内容由于涉及范围较小或为单位内部的工作,所以一般有两种发文形式:一种是上级对下级安排工作,用"文件头"形式下发。"安排"的格式由"标题"和"正文"两部分组成。另一种,如果是单位内部的工作安排,也可直接下发文件,格式就由"标题""正文""落款及时间"三部分组成。

安排的标题可以是"三要素"写法,也可以是"两要素"写法(省略机关名称)。

安排的正文一般由"开头"、"主体"和"结尾"三部分组成;也有的省略"结尾","主体"结束正文即随之结束。

"开头"同计划的开头差不多,或阐述依据,或概述简明扼要。

"主体"是正文的核心,一般包括任务、要求、步骤、措施四方面内容。在结构上可按这四方面内容分项来写;也可把任务和要求合在一起,把步骤和措施合在一起来写;还可以先写总任务,然后按时间先后顺序一项一项地写具体任务,每一项有每一项的要求及措施,要依据工作性质及具体内容来定。但不管怎样结构,其任务都要具体,其要求都要明确,其措施都要得当。

二、总结的写作

[实例 9 - 3 - 2]

2016 年度洲际旅行社工作总结

送走了满载收获的 2016 年,迎来了崭新的 2017 年。当重新梳理逝去的岁月时,我们自豪地发现,2016 年对于洲际旅行社来说是一个收获成功、收获喜悦、收获希望的丰收之年。过去的一年里,洲际旅行社在贝尔集团公司的正确领导下,在市、区两级政府的大力支持下,各项工作取得了突出成绩,为呼伦贝尔的旅游事业和集团公司的经济发展做出了应有的贡献。岁末年初,我们对洲际旅行社一年来的工作做一总结,总结经验和教训,以为洲际旅行社 2017 年的工作打下良好基础。

一、加强服务意识,提高服务质量

为提高洲际旅行社的整体服务水平,年初我们组织参加了呼伦贝尔学院的人才交流会,在会上我们招聘了一批旅游专业学生充实到旅行社,大大提高了旅行社的接待力量。4月份,洲际旅行社全体员工按照旅行社服务质量的有关规定,苦练本领,先后组织旅游从业人员培训了职业道德规范、员工文明守则、旅游业务知识、北山日伪工事的相关课题,聘请了××学院旅游系教授和旅游局领导,为北山讲解员培训史实知识和导游技巧,使北山讲解员的讲解实力大大增强,为旅游旺季的到来做好了准备。在旅游旺季期间,由于北山讲解人员少,游客多,讲解员十分辛苦,但他们的敬业精神是值得赞扬的。他们的讲解服务以及相关服务得到了游客和市区领导的一致好评,也为北山保证客源做出了一定贡献。同时,北山作为海拉尔的一个窗口,展现了海拉尔人的热情、淳朴,为呼伦贝尔树立了良好的对外形象。

二、积极开展内接外连,广交朋友

2016年,洲际旅行社为了拓展旅游客源市场,发掘旅游发展潜力,积极配合市区两级旅游管理部门的工作,公司出资多次派旅行社经理出外考察学习,学习国内外先进的旅游管理经验。7月份,旅行社参加了市举办的旅游推介会,印发旅游宣传材料近万份,并在10月份派人参加了在北京举办的国内旅游交易会,学到了国内一些知名旅行社的成功经验,同时也扩大了我旅行社的对外影响力,树立了洲际旅行社良好的社会形象,广泛结交了旅游界的业内人士,为旅行社的更好发展打下了坚实的基础。在内接方面,积极与本地其他旅行社联合推出爱国主义基地特色旅游,通过同行宣传我们的景点,增加了旅游收入,为旅游业的更好发展奠定了基础。

三、建立健全各项规章制度,抓好导游队伍建设

根据公司部署,今年年初对旅行社班子进行了调整,新上任的班子根据旅行社人员少、任务重的具体情况,采用建立健全规章制度来弥补不足,建立了讲解员岗位责任制、讲解员培训制度,并在年初聘请××学院旅游与地理系教师进行专业指导,从软件和硬件两方面充实旅行社的力量。这些人员通过培训和实际接待工作的锻炼,大大提高了旅行社的整体接待水平。同时,还加强了导游员队伍其他素质的培养,如:遇到紧急情况时的应急心理素质、职业气质及才艺的培养,使我旅行社的专职导游受到了国内外游客的一致好评,为旅行社的稳步向前发展奠定了坚实的基础。

四、上下团结一致,圆满完成了侵华日军海拉尔要塞遗址的接待工作

侵华日军海拉尔要塞遗址的接待工作,是旅行社工作的一个重要组成部分。

随着××的旅游热,前来参观的游客数量呈逐年上升的趋势,游客的要求也越来越高。2016 年,旅行社加强了对侵华日军海拉尔要塞遗址的开发和管理工作,新增添了必要的服务设施,对景区进行了扩建,开发出多处废墟遗址,铺修环行路 2 000 余米,同时也对讲解人员进行了重点培训。抽调办公室管理人员对景区加强管理,按上级部门的管理要求,对管理人员、解说人员、保卫人员从各方面进行有针对性的培训,使景区的管理更趋于规范化,在多次的接待、讲解中,受到了国内外友人、有关部门领导的多次好评,提高了洲际旅行社在旅游城市中的知名度。我们在开展旅游业、扩大知名度的前提下,更注重社会效益,一年内免费接待各地领导、当地机关工委、妇联、中小学生团队、部队官兵多次,为有关部门进行爱国主义教育提供了基地。

总之,洲际旅行社在 2016 年里,内抓管理、强化服务,外树形象、狠抓效益,超额完成了年初预定的目标,取得了一定的成绩,但也存在一些不足。在新的一年里,在市、区两级管理部门的领导和监督指导下,在集团公司的支持下,洲际旅行社全体员工将更加努力工作,以更加饱满的热情,为企业再创佳绩,为发展呼伦贝尔旅游事业做出我们新的贡献!

洲际旅行社有限责任公司

2016 年 12 月 30 日

总结是单位或个人对过去一个时期内的实践活动做出系统的回顾归纳、分析评价,从中得出规律性认识,用以指导今后工作的事务性文书。

(一)总结的种类

从性质、时间、形式等角度可划分出不同类型的总结,从内容分主要有综合总结和专题总结两种。综合总结又称全面总结,它是对某一时期各项工作的全面回顾和检查,进而总结经验与教训。专题总结是对某项工作或某方面问题进行专项的总结,尤以总结推广成功经验为多见。总结也有各种别称,如自查性质的评估及汇报、回顾、小结等都具有总结的性质。

(二)总结的写法

1.标题 。总结的标题可以分为文件式标题、文章式标题、双行式标题等三种。

(1)文件式标题。一般由单位名称、时限、内容、文种名称构成。如:《天地旅行社 2017 年工作总结》。

(2)文章式标题。文章式标题以单行标题概括主要内容或基本观点,不出现总结字样,但对总结内容有提示作用。如:《我们是怎样整合旅游资源的》。

(3)双行式标题。即分别以文章式标题和文件式标题为正副标题,正标题揭示观点或概括内容,副标题点明单位、时限、性质和总结种类。例:《整章建制强化管理——××公司财务工作总结》。

2.正文。总结的正文一般由前言、主体和结尾三部分内容组成。

(1)前言。前言一般介绍工作背景、基本概况等,也可交代总结主旨并做出基本评价。开头要力求简洁,开宗明义。

(2)主体。主体应包括主要工作内容、成绩及评价、经验和体会、问题或教训等。这些内容是总结的核心部分,可按纵式或横式结构形式撰写。所谓纵式结构,即按主体内容纵向所做的工作、方法、成绩、经验、教训等逐层展开。所谓横式结构,即按材料的逻辑关系将其分成若干部分,标序加小标题,逐一写来。

(3)结尾。结尾作为总结的结束语可以归纳呼应主题、指出努力方向、提出改进意见或以表示决心、信心的语句作结,要求简短精练。

3.落款。总结的落款,一般在正文右下方署名。

应用能力训练

1.写一篇新学年学习计划或专业学习安排。

2.针对本学期的学习情况或实习情况写一篇总结。

10

第十章　公文写作

　　国家实施行政管理、指导工作、规范行动,维系国家机器的运转都要用到公文。我国的公文不仅在国家各行政机关内通用,而且还通用于各级各类企业、事业单位和群众团体,使用范围非常广泛。它是依法行政和进行公务活动的重要工具。公文的撰写有特定的行文规则与格式,这是公文的权威性和行政约束力在形式上的具体表现。

第一节 公文概述

课前提示

在科学技术突飞猛进、经济竞争日趋激烈、人类社会快步走向信息时代的今天,职场文书写作能力已成为评价员工职场素养的重要尺度之一。规范严谨的职场文书,已经成为现代企事业管理的重要内容,也是体现企事业执行力的重要保障性因素。公文在为党政机关、人民团体和企事业单位实施领导、处理公务、沟通信息、联系事务、传达决策中发挥着越来越重要的作用。如今,公文的写作也逐步走向科学化、规范化、制度化,讲究统一、规范的格式,既体现了公文的权威性、严肃性,也便于公文的制发、阅读、处理和保管,更能够提高办公效率。

教学要求

◇了解公文的含义、特点、作用及种类
◇掌握公文的写作格式及要求

一、公文的性质、特点及种类

公文,即公务文书的简称,属于应用文,或称文件。公文有广义和狭义之分。广义的公文,是指党政机关、社会团体、企事业单位为处理公务而形成的体式完整、内容系统的文字材料。狭义的公文,是指党政机关处理公务时所使用的公文。

(一)公文的性质

2012年颁布实施的《党政机关公文处理条例》中明确指出,党政机关公文是党政机关实施领导、履行职能、处理公务的具有特定效力和规范体式的文书,是传达贯彻党和国家的方针政策、公布法规和规章,指导、布置和商洽工作,请示和答复问题,报告和交流情况等的重要工具。

(二)公文的特点

1.有法定的作者。法定作者,即有依法成立并能以自己的名义行使权利和承担义务的组织。公文撰稿人和法定作者不是同一个概念,法定作者是制作和发布公文的机关单位,撰稿人并不是法定作者。

2.有法定的权威和特定的格式。作为机关的喉舌,公文可以代表机关发言,代表制发机关的法定权威。因此,制发公文必须统一格式,不能各行其是。

3.有特定的效用。公文是在现实工作中形成和使用的,为推动现实工作服务的,故有时间限制。特定的工作一旦完成,相应的公文作用也随之结束。

4.有规定的处理程序。公文的制发和办理都必须经过规定的处理程序。如公文的制发,一般应经过起草、核稿、签发程序。几个机关联合发文必须履行完备的会签程序。对于收文,一般包括签收登记、分办、批办、承办和催办等程序。任何人不能违反规定,擅自处理公文。

5.有庄重的用语。公文使用庄重、平实、概括的书面语,具有明确、规范、简洁的特点。它主要用逻辑思维,不用或少用形象思维;多用说明、叙述、议论,很少使用描写和抒情的手法,与一般文学作品有明显的不同。

(三)常见公文分类

公文按其行文方向,可分为上行文、下行文、平行文。上行文是指下级机关向上级机关报送的公文,如请示、报告等。下行文是指上级机关向所属下级机关的行文,如决定、指示、公告、通知、通报等。平行文指同级机关或不同隶属机关之间的行文,如函等。通知、会议纪要有时也可作为平行文。

公文按其时限要求,可分为特急公文、急办公文、常规公文。公文内容有时限要求,需迅速传递办理的,称紧急公文。紧急文件可分为特急和急件两种,时限要求越高,传递、办理的速度也就要求越快,但要"快中求准"。随着社会的发展,对公文的时效性要求越来越高,即使常规公文,也应随到随办,以提高办公效率。

公文按其机密程度,可分为绝密公文、机密公文、秘密公文、普通公文。绝密、机密、秘密公文又称保密文件,是指内容涉及党和国家的机密、需要控制知密范围和知密对象的文件。文件的密级越高,传达、阅办、保管的要求也越严格。

《党政机关公文处理工作条例》中明确公文种类主要15类,即决议、决定、命令(令)、公报、公告、通告、意见、通知、通报、报告、请示、批复、议案、函、纪要。

二、公文的格式

公文的格式是指文件的组成部分和印刷规范。撰写公文须严格遵守统一、规范的格式,只有这样,才能保证公文的权威性、严肃性,方便公文的办理、存档、管理和使用,提高工作效率。《党政机关公文处理工作条例》第 3 章第 9 条规定:"公文一般由份号、密级和保密期限、紧急程度、发文机关标志、发文字号、签发人、标题、主送机关、正文、附件说明、发文机关署名、成文日期、印章、附注、附件、抄送机关、印发机关和印发日期、页码等组成。"

为便于学习和掌握,我们将公文的各要素划分为眉首、主体、版记三部分进行阐述。

(一)眉首

置于公文首页红色反线以上的各要素统称眉首。眉首包括公文份数序号、密级和保密期限、紧急程度、发文机关标识、发文字号、签发人等六项内容。

1. 份号

份号是将同一文稿印制若干份数时每份公文的顺序编号。涉及国家"绝密""机密"的公文应当标明公文份数序号。标注份数序号便于文件的登记、分发和核查。份数序号用六位阿拉伯数码顶格标识在版心左上角第一行。

2. 密级和保密期限

密级是公文秘密程度的等级。需要标注秘密等级的公文是涉及国家秘密的公文。标注密级是为了确保密件递送、处理和使用的安全。密级用 3 号黑体字标注在版心右上角第一行,分为秘密、机密和绝密。保密期限标注在版心右上角第一行秘密等级之后,用★隔开。

3. 紧急程度

紧急程度是对公文送达和办理的时间限度。需要标注紧急程度的公文是有时间要求的急件。标注紧急程度是为了维护公文时限,保证优先送达和办理,避免延误。紧急程度分为"特急"和"加急",要根据公文内容和实际需要正确选用。紧急程度用 3 号黑体字标注在版心右上角第一行,若要同时标注秘密等级与紧急程度,则标注在第二行。

4. 发文机关标志

发文机关标志由发文机关全称或规范化简称加"文件"组成,如"北京市人民政府文件"。用 2 号小标宋体字套红标注于版头的正中央。因此,人们常把法定公文称为"红头文件"。若几个机关联合行文,发文机关标志可以并用联合发文机关名称,也可以单独用主办机关名称。

5. 发文字号

发文字号是同一年度机关公文排列的顺序号,由发文机关代字、年份和序号组成。编制发文字号,便于公文的办理、归档、查找和引用。如"京政发〔2013〕10 号",意即为北京市人民政府 2013 年发出的第 10 号文件。"京政"是机关代字,指北京市人民政府;"2013"是年份,指 2013 年;"10 号"是该公文的顺序号。发文字号在发文机关标志下空 2 行,用 3 号仿宋字居左排布。联合行文,只标明主办机关发文字号。

有关发文字号需要特别注意以下几点:

(1)机关代字是机关最有代表性的文字,它固定不变,又不能与其他单位的代字重复。如"京政"是北京市人民政府,"冀财"是河北省财政局,"津财预"则是天津市财政局预算处的代字。

(2)发文年度号用阿拉伯数字,必须用全称。发文年度号外用六角括号。

(3)序号不编虚位,不加"第"字。

(4)几个单位联合发文,只标明主办机关发文字号。

6.签发人

签发人是指上行文中发文机关负责人的签署,表示同意该文件发出并生效。公文如要注明签发人,发文字号居左空 1 字,签发人居右空 1 字,用 3 号仿宋体字,标冒号后用 3 号楷体字标识签发人姓名。联合发文的主办单位签发人姓名置于第一行。

(二)主体

主体是行政公文格式中的主要部分,由标题、主送机关、正文、附件、成文日期、印章、特殊情况说明等几部分组成。

1.标题。公文标题是对公文内容的高度概括与提炼,是整个公文内容的总题。公文标题位于红色反线正下方空 2 行用 2 号小标宋体字标识,一般由发文机关名称、事由、文种三部分(统称为公文标题的三要素)组成。常见的写法有以下四种:

(1)三要素齐全的标题。如:国务院关于保障民用航空安全的通告。

(2)省略发文机关名称的标题。如:关于 320 国道湘乡铁路段立交桥积水堵车的情况报告。

(3)省略事由的标题。如:中华人民共和国主席令。

(4)以文种为题。如:公告、布告、通知等。

需要注意以下几点:

第一,公文标题应准确、鲜明、简要。

第二,发文机关名称要规范。

第三,公文标题中除法规、规章名称加书名号外,一般不加标点符号。

第四,标题可分一行或多行书写,回行时要做到词意完整、排列对称、间距恰当。

第五,排列居中,两边等距。

2. 主送机关。主送机关是公文的接收和处理机关,即行文对象。应当使用全称、规范化简称或者同类型机关统称。主送机关位于标题之下,使用 3 号仿宋体空 1 行顶格书写,回行时仍顶格,最后用全角冒号。主送机关应按其性质、级别和有关规定或惯例依次排列。公开发布的普发性公文,如"公告""通告""布告"等一般不写主送机关。

3. 正文。正文用来表达公文的内容,是公文的主体和核心。使用 3 号仿宋体,书写位置在主送机关名称之下,每自然段左空两个字,回行时顶格。数字、年份不能回行。正文由于内容、文种的不同,写法也不尽相同,一般由开头、主体、结尾三部分组成。

有些公文篇幅较长,写作时需分层列段。公文正文层次段落安排的方法有并列法和递进法。需特别注意的是,公文正文的结构层次序数的标注,第一层为"一",第二层为"(一)",第三层为"1.",第四层为"(1)"。

4. 附件说明。该部分包括公文附件的顺序号和名称。

5. 发文机关署名和成文日期。署发文机关全称或者规范化简称,落款和成文时间。落款即公文法定作者的署名,写在正文或"附件"右下方的位置。成文日期是一份公文的制成时间,它是公文生效和备考的重要依据之一,署会议通过或者发文机关负责人签发的日期。联合行文时,署最后签发机关负责人签发的日期。成文时间位于落款处下方,无落款的写在正文或附件的右下方。

确定公文成文时间的办法:一是以领导人签发的日期为准;二是经会议讨论通过的公文,以通过的日期为准;三是事务性通知、函等,以实际印发时间为准;联合行文,以最后签发机关领导人签发日期为准。

6. 印章。印章是公文的生效标识。一般情况下,除了会议纪要外,不加盖公章的公文应视为无效。只有一个发文机关的公文,在公文落款处不署发文机关名称,只标识成文日期,然后加盖公章。公章的下沿需"骑年盖月",上沿距正文为一行的空白;两个单位联合行文,成文日期应居中,左右各空 7 格,主办单位印章在前,两个印章不相交地压在成文日期上。印章最多每排 3 个,主办单位印章在前。以国家领导人名义发布的公文,还须有领导人的签名章。

需要注意的是,当公文排版后,所剩空白处不能容下印章位置时,应采取调整行距、字距的措施加以解决,务必使正文与印章同处一面,不得采取标识"此页无正文"的方法解决。

7. 附注。附注是用以说明公文中在其他地方不便说明的各种事项。如需要解释的名词、说明该公文的传达范围等。公文如有附注,用 3 号仿宋体字,居左空两字加圆标号标识,在成文日期下 1 行。如:(此件发至县、团级)、(此件可以登报、广播)。如果是名词解释可写成:注释:①××:×××××××××。②×××:×××××××。

8. 附件。附件是对正文内容起说明和补充作用的文字材料,也是公文的重要组成部分。在正文之下空 1 行,左空 2 字,用 3 号仿宋体字标识"附件",并加冒号,之后完整地注明附件的名称。附件如果不只一件,应用阿拉伯数码标明顺序和名称。附件的原文附在公文的版记部分之后。附件通常是图表、数据、规章等被批转或转发的文字材料,它是正文的重要补充和参考材料。附件不是每份公文都有,应根据公文内容的需要而定。

(三) 版记

版记包括抄送机关、印发机关和印发日期、页码等项。

1. 抄送机关。抄送机关是主送机关以外的,需要了解公文内容或协助完成工作的机关或部门。公文如有抄送机关,在主体部分下一行,左空 1 字用 3 号仿宋体字写"抄送"并加全角冒号。抄送机关之间用逗号隔开,回行时与冒号后的抄送机关对齐,最后一个抄送机关后用句号。

2. 印发机关和印发日期。印发机关和印发日期是缮印机关公文的具体时间和办公部门。印发机关和印发日期位于抄送机关之下(无抄送机关在主题词之下)占一行位置,用 3 号仿宋体字左空 1 字写印发机关,印发日期右空 1 字。印发日期以公文付印日期为准,用阿拉伯数码标识。

3. 页码。页码指公文页数顺序号。版记中各要素之下均加一条反线,宽度同版心。版记应置于公文最后一页,版记的最后一个要素置于最后一行。

以上公文样式中的各要素分为指定要素和选择要素两种。

指定要素用于规定必须填写的,如发文机关标识、发文字号、公文标题、主送机关、正文、成文日期、印章、页码等。

选择要素用于规定选择填写的,如份号、密级和保密期限、紧急程度、签发人、附件、抄送机关、印发机关和印发日期等。

公文样式参见图 10 - 1、图 10 - 2。

三、公文主体的特点

(一) 条理要清楚

公文内容要有主有次,有纲有目,层次分明,中心突出,一目了然。

000001

机密★一年
特　急

×××文件

××〔2017〕6号

签发人：×××

────────────────────────────────────

关于××××的请示

××××：

　　××××××××××××××××××××××××××××
×××××××××××××××××××××××××××××××
×××××××××。

　　附件：1.××
　　　　　2.××

2017年3月2日（印）

抄送：××，×××。

×××办公室

2017年×月×日印发

图10-1　上行文样式

000001

机密★一年
特急

× × × 文 件

× ×〔2017〕6 号

关于××××的通知

××××：
　　××××××××××××××××××××××××××××××××
×××××××××××××××××××××××××××××××××××
×××××××。

　　附件：1. × × × ×
　　　　　2. × × × × × ×

2017 年 3 月 2 日（印）

抄送：× ×，× × ×。
　　× × ×办公室
2017 年×月×日印发
（共印××份）

图 10 - 2　下行文样式

正文中数字表示多层结构时,可用如下标识方法:

第一层:一、二、三、四……

第二层:(一)(二)(三)(四)……

第三层:1.2.3.4.……

第四层:(1)(2)(3)(4)……

(二)文字精练,篇幅要简短

公文内容文字要精炼简洁,清楚明白,不要长篇大论,不得要领。

(三)遣词造句要准确

公文要讲究提法、分寸,措辞用语要准确地反映客观实际,做到文如其事,恰如其分。造句要符合文法,通俗易懂,并注意修辞。不要随便生造一些难解其意的缩略语,对涉及一些平时用简称的单位应使用全称。

公文的语言不同于一般文章和文学作品,更不同于日常生活用语的特点和要求,其语法特征和表述方式,可理解为"三多一恰当"。

1. 多用专用词语。专用词语可分为以下 10 类。

开端用语:根据、遵照、按照、为了、近查、兹因、兹有、关于等;

称谓词用:本局、我单位、贵处、你方、该单位等;

经办用语:责成、已经、兹经、业经、现将等;

引述用语:悉、近悉、收悉、前接、近接等;

表态用语:同意、不同意、可行、不可、应予否定、确应、照办、遵照执行等;

期请用语:请、拟请、恳请、务必、即请查办、希执行等;

征询用语:妥否、当否、可否、是否同意等;

期复用语:请回复、请审批、请告知、请转发等;

承启用语:为此、由此等;

结尾用语:为要、为盼、为荷、特此函复、特此报告等。

2. 多用介词结构。如因、为了、根据、通过等。

3. 多使用缩略用语。如中共中央(中国共产党中央委员会)、三夏(夏收、夏种、夏管)、四化(工业现代化、农业现代化、科学技术现代化、国防现代化)等。

4. 恰当使用模糊用语。如基本上、长期以来、大多数、程度不同等。

(四)论理要符合逻辑

公文的观点要明确,概念要准确,切忌模棱两可,含糊其辞,以免产生歧义,耽误工作。

（五）正确使用标点符号

标点符号使用要合乎规范,这不仅体现了公文的严谨性,更能避免误解和歧义。

相关链接

公文格式写作中常见错误举述

公文一般由密级和保密期限、紧急程度、发文机关标志、发文字号、签发人、标题、主送机关、正文、附件说明、成文日期、印章、附注、抄送机关、印发机关和印发日期等部分组成,这些要素项目在页面上的标识,被称为公文格式。公文格式是公文具有法定权威性和组织约束力在形式上的表现,是区别公文与一般文章的重要标志,也是保证公文质量和提高办文效率的重要手段。公文格式中一些常见错误如下。

（一）密级方面

目前在秘密等级方面存在的问题有:一是划密不科学,或高或低。高了导致密级过多,影响到真正秘密文件的流转和保管;低了,往往会造成高密文件泄密的可能。因此,我们必须正确把握密级标准,正确划分。二是秘密文件不标密级,或只标密级不标期限。三是密级、期限中间没有★。四是密级位置标注不当。行政机关公文密级的标注应于版心右上角第一行,好多公文仍标注在左上角。五是"绝密""机密"级公文不标份数序号,不利秘密公文的收发和保管。

（二）发文字号方面

发文字号应当包括机关代字、年度、序号三个要素。目前在发文字号方面存在的主要问题,一是三要素排列不正确,如"〔2013〕×旅发×号",应为"×旅发〔2013〕×号"。二是书写不规范,有的年度不用全称,而是用两位数简写。三是序号前留有虚位,本来应为8号,却编为"08号",有的甚至加"第"字,这些都是多余的。四是标注位置不当。发文字号标注在发文机关标识下空2行,居中排列,好多公文不是多空,就是少空,极不规范。

（三）标题方面

公文标题应当准确简要地概括公文的主要内容并标明公文种类。目前在公文标题方面存在的主要问题,一是事由不能准确概括公文的主要内容。如:×学院的王谦同学在校门前拾到2万元人民币如数交还了失主。×学院为此发了一份通报,标题是《关于王谦同学拾金不昧的通报》。"拾金不昧"是指一个人的品格,拾到1元钱交公是拾金不昧,拾到一台电脑交公也是拾金不昧。标题中的"拾金不昧"究竟指哪件事,并未交待清楚。所以在标题中不宜使用仅指品格、精神、意义一类抽象化的词汇。该标题如写成《关于王谦同学拾 2 万元巨款交还失主的通报》就明确多了。二是公文标题的语法结构。如《××旅游局授予刘一等同志"十佳导游员"光荣称号通报》，这个标题在"授予"的前面去掉了"关于"二字，在"通报"的前面缺少"的"字，不符合公文标题拟制的语法结构要求。三是书名号使用不规范。现在的问题是被批转、转发的文件在标题中常被加上书名号。如《××省人民政府批转省国税局〈关于加强税收工作报告〉的通知》。省国税局的"报告"不属于法规、规章，故在批转时不加书名号才对。四是括号使用不当。在公务文书标题中，有时要用到括号，例如：《××市劳动就业服务企业管理实施办法（试行）》，其中的"试行"是对文件成熟程度的限定，说明此办法尚有待于在实践中进一步修订、补充。现行的公务文书中，在使用括号时存在的问题，突出表现是在拟写批转或转发公务文书标题时，对"试行""草案""暂行"等说明性词语，置于书名号之外，这是不正确的，有损于原标题的完整性。如：《××省人民政府关于批转省教委〈高职高专学生行为准则〉（试行）的通知》，标题中的"试行"表明的是该文件的成熟程度，与文件内容关系密切，是不可分割的整体，因此应将其置于书名号之内。

（四）附件方面

公文如有附件，在正文下一行左空 2 字用 3 号仿宋体字标识"附件"，后标全角冒号和名称。附件如有多份，要有序号，使用阿拉伯数码。在附件标识上存在的问题：一是把"附件"不是写在正文之后，而是写在落款之后。二是不写"附件"，只写"附"。三是重复。有些印发、转发类通知，把印发的法规或规章、所转发的文件列为附件，殊为不妥。印发、转发、批转类通知等公文是复合式公文，它所印发的法规或规章，所批转、转发的文件，是通知正件不可分割的重要组成部分，绝不应该列为附件。

（五）成文日期方面

成文日期方面常见的问题有：一是成文日期不对，有的以拟稿时间或印发时间为成文日期，这是不对的。正确的成文日期以负责人签发的日期为准。联合行文以最后签发机关负责人签发的日期为准。电报以发出日期为准。二是成文日期书写位置有误，有的空字多，有的空字少，极不规范。正确的书写位置是：单一机关制发的公文成文日期右空 4 字；当联合行文需加盖两个印章时，应将成文时间拉开，左右各空 7 字；当联合行文需加盖 3 个印章时，在最后一排印章之下右空 2 字标识成文日期。

（六）印章方面

在印章方面，有的发文不盖印章（尤其本机关内部发文）；有的虽有印章，但位置不规范。行政公文加盖印章问题有着如下具体要求。

1. 加盖印章应上距正文 2～4mm，端正、居中下压成文时间，印章用红色。

2. 当印章下弧无文字时，采用下套方式，即仅以下弧压在成文时间上。

3. 当印章下弧有文字时，采用中套方式，即印章中心线压在成文时间上。

4. 当联合行文需加盖两个以上印章时，应将成文时间拉开，左右各空 7 个字。主办机关印章在前；两个印章均压成文时间，印章用红色。只能采用同种加盖印章方式，以保证印章排列整齐。两印章间互不相交或相切，相距不超过 3mm。

5. 当联合行文需加盖 3 个以上印章时，为防止出现空白印章，就将各发文机关名称（可用简称）排列在成文时间和正文之间。主办机关印章在前，每排最多三个印章，两端不得超出版心；最后一排如余一个或两个印章，均居中排布；印章之间互不相交或相切；在最后一排印章之下右空 2 字标识成文时间。

应用能力训练

1. 以下公文标题有哪些错误，请指出并在适当地方加以修改。

（1）科技部高级专家离退休问题的函。

（2）××关于元旦文艺联欢会所需经费的报告。

（3）××公司关于要求批准建造冷库的请示报告。

（4）科技部、外交部发布《邀请国外科技专家来华短期工作的规定》的通知。

（5）××大学关于请求从我校校区内迁出居民住宅的请示。

（6）××市人民政府对五个文明单位放松管理和教育，造成不良影响予以撤销的处理决定。

（7）国务院办公厅关于发布《国家行政机关公文处理办法》的通知。

2. 下面是中共××县委、××县人民政府发出的一份通知。请根据公文要素和公文格式规范进行辨析，指出其错误之处，并逐一分析说明并加以改正。

机密

×政发(2016)02号
县委、县政府切实解决
下岗职工再就业问题的通知

各乡镇人民政府、县政府各部门：

为了切实做好国有企业、县属以上城镇集体企业下岗职工的再就业问题,现将有关事项通知如下：

……

中共××县委办公室
二〇一六年五月十日

抄送：××××,××××
中共××县委
共印80份

2016年5月12日印发

第二节　常见公文写作

课前提示

公文有着极强的法规性、政策性和指挥指导作用,在文种使用、格式规范、内容表达等方面有着极为严格的要求。如果不深入研究,仔细体味,准确把握,极易出现错误。在公文的撰写过程中,必须严格遵循各项行文规则。

教学要求

◇了解几种常见公文的样式及写作要求
◇学习几种常见公文的写作

一、通知

［实例 10 - 2 - 1］

教育部办公厅中央文明办秘书局关于印发
《全国高校文明校园测评细则》的通知

各省、自治区、直辖市党委教育工作部门、教育厅（教委）、文明办，新疆生产建设兵团教育局、文明办，部属各高等学校党委：

现将《全国高校文明校园测评细则》印发给你们，请结合实际，认真组织实施。

附件：《全国高校文明校园测评细则》

教育部办公厅　中央文明办秘书局

2017 年 6 月 19 日

以上就是常见的通知，既可用于下行，也可用于平行。此通知包括如下几项：通知的标题，主送机关；通知的事项、要求，附件；发文机关及发文日期。

（一）什么是通知

通知适用于批转下级机关的公文，转发上级机关和不相隶属机关的公文，传达要求下级机关办理和需要有关单位周知或者执行的事项及任免人员。

（二）通知的写法

由于通知的功能多、种类多，写法彼此有较大的区别，这里只概括介绍通知写作的基本方法。

1. 通知标题和主送机关

（1）通知的标题，一般采用公文标题的常规写法，由"发文机关 + 主要内容 + 文种"组成，如《中共中央办公厅国务院办公厅关于严禁用公费变相出国（境）旅游的通知》。也可以省略发文机关，由"主要内容 + 文种"组成标题，如《关于在全市旅行社行业开展创优创强活动的通知》。

发布规章的通知，所发布的规章名称要出现在标题的主要内容部分，并使用书名号。

批转和转发文件的公文，所转发的文件内容要出现在标题中，但不一定使用书名号。如《国务院办公厅转发教育部等部门关于进一步加快高等学校后勤社会化改革意见的通知》。

（2）通知的主送机关。通知的发文对象比较广泛，因此主送机关较多，要注意主送机关排列的规范性。如人事部《关于解除国家公务员行政处分有关问题的通知》的主送机关为："各省、自治区、直辖市人事（人事劳动）厅（局）、监察厅（局），国务院各部委，各直属机构人事（干部）部门，监察局（室）"。

2. 通知的正文

（1）通知缘由。发布指示、安排工作的通知，这部分的写法跟决定、指示很接近，主要用来表述有关背景、根据、目的、意义等内容。

（2）通知事项。这是通知的主体部分，所发布的指示、安排的工作、提出的方法、措施和步骤等，都在这一部分中有条理地组织表达出来。内容复杂的需要分条列款。

（3）执行要求。发布指示、安排工作的通知，可以在结尾处提出贯彻执行的有关要求。如无必要，可以没有这一部分。

3. 尾部。尾部包括签署发文机关、日期。其他篇幅短小的通知，一般不需要有专门的结尾部分。

相关链接

通知与其他下行文的区别

在下行文中，通知的功能是最为丰富的。凡需要特定机关和人员知道、办理的事宜，如布置工作、传达指示、晓谕事项、发布规章、批转和转发文件、任免干部等都可以用通知。总之，下行文的主要功能它几乎都具备。但通知在下行文中的规格，要低于命令、决议、决定、指示等文体。用它发布的规章多是基层的，或是局部性的，非要害性的；用它布置工作、传达指示的时候，文种的级别和行文的郑重程度，明显不如决定、指示。

二、通报

[实例 10 - 2 - 2]

××省旅游局关于 2016 年"十一"黄金周投诉情况的通报

各设区市、扩权县（市）旅游局：

根据全省各级旅游质监机构统计，今年"十一"黄金周期间共受理投诉 16 起，其中投诉旅行社 8 起，投诉旅游景区 6 起，投诉宾馆 1 起（因无管辖权，已转至消协），投诉旅游车司机 1 起。全省无重大旅游投诉，无旅游交通事故，旅游市场秩序总体稳定，旅游服务质量明显提升。今年"十一"黄金周，游客人数迅猛增长(30.1%),游客投诉数量与去年相比相对下降。"十一"黄金周期间所有旅游投诉,经过全省各级旅游质监、执法人员及时调解和公平、公正地处理,客人基本满意,结案率100%。

一、游客投诉的一些主要问题

(一)旅行社方面

1. 旅行社降低服务质量标准。如,某旅行社与游客签订的旅游合同中承诺:往返交通为火车下铺,但在旅游出行时交到游客手中的是火车中铺,导致游客投诉。

2. 旅行社因自身原因延误行程。如,某旅行社组织游客去河南旅游,途中旅游大巴出现故障,旅行社不能及时采取措施,耽误了近15个小时的路程,导致游览时间缩短。

3. 旅行社工作人员出错证件。如,一名游客参加某旅行社组织的港澳游,出行前由于旅行社工作人员不认真审查材料,造成证件上的名字与身份证上的名字不符(同音不同字),导致游客不能顺利入关。

(二)景区方面

1. 一些景区不按照相关规定和文件执行收费标准。如,武警现役军官刘某去某景区游览,景区收费处要求其支付全额票价,刘某对此提出质疑,要求按照国家有关规定收费。

2. 景区"导游"索取高额服务费。如,一名游客在某著名景区内游览,途中遇到一名自称景区导游的人,称其熟知景点内的人文历史和典故,以诱骗方式为游客讲解,游览结束后向游客索取高额服务费。

(三)司机方面

旅游大巴车司机出言不逊,恶语伤人。如,某旅行社雇用的大巴司机在团队运行过程中,由于心情不悦,话语粗俗,引起游客不满。

二、造成投诉的主要原因

1. 个别旅行社缺乏诚信意识,擅自改变合同条款。

2. 一些旅行社对黄金周期间容易发生的问题和比较突出的问题考虑不周。

3. 一些旅行社工作人员缺乏责任心,不注意细节问题,为日后的投诉埋下隐患。

4. 个别景区不认真学习国家相关政策及地方法规,导致执行滞后。

5. 一些景区对旅游市场日常监管力度不够,对旅游高峰期的各项工作准备不足。

6. 一些旅行社与雇用的司机在服务质量方面约定不明。

三、对今后工作的几点建议

1. 旅行社要认真学习新的《旅行社条例》和《导游人员管理条例》，按照条例实施细则认真培训导游和计调人员，不断增强诚信意识和服务意识。旅行社要根据黄金周的特点，认真制订应急方案和措施，不断提高应对突发事件的能力。旅行社要讲信誉、树品牌，认真履行合同约定，确保游客出行质量。对导游人员要建立真正的考评机制，使导游人员时刻把游客的利益放在首位，以优质服务作为他们增薪升级的重要条件，从而不断提高导游人员的自身素质和业务水平，不断增强服务意识。

2. 景区要及时组织工作人员认真学习国家相关政策和地方有关文件，把新规定、新标准落到实处，确保游客利益不受损失。景区管理处应在景区售票处和收费口，按照国家相关政策和地方有关规定对减免人群做到明确提示。

3. 加强景区日常市场管理的检查力度，重拳打击"野导"，为游客营造良好的旅游环境。

4. 旅行社应加强与汽车公司沟通，制订旅游大巴司机奖惩措施，不断提高大巴司机的服务意识和自身素质，恪尽职守，确保旅游团队运行畅通，确保游客出行安全和身心愉悦。

特此通报。

2016 年 10 月 11 日

这是交流情况的通报，用于传达重要精神，通报重要情况。此类通报针对工作中带倾向性的问题，明确阐述领导机关的意见，往往有具体的要求、措施、办法或相关规定，带有一定的指导性。

（一）什么是通报

通报是把工作情况、经验教训、好坏典型事例等告知所属下级单位的文件。它的内容很广泛，主要有工作中的新情况、新问题、新经验，科学研究的动态和成果，需要表彰宣传的好人好事，应当引起注意的不良倾向和恶性事故等，用以沟通信息，教育干部和群众，推动工作的开展。

（二）通报的结构和写法

通报由首部、正文和落款组成。

1. 首部由标题、主送单位构成。标题由发文机关、事由、文种或事由、文种构成。如《国务院办公厅关于××省××县××特大爆炸事故情况的通报》《关于人大建议政协提案办理情况的通报》等。

2. 正文。正文部分包括：

（1）主要事实。表彰性通报要突出主要的先进事迹，批评性通报要抓住主要的错误事实,情况通报要对有关事实作客观叙述。

(2)分析指出事例的教育意义。表彰性通报要在阐述先进事迹的基础上,提炼出主要经验、意义和值得学习与发扬的精神。批评性通报要分析错误的性质、危害,产生的根源和责任,指出应吸取的主要教训等。有的情况通报对有关情况要加以分析说明。

(3)决定要求。写明组织结论和予以表彰或处理的决定,同时提出对表彰或批评对象与读者的希望和要求。为了防范和杜绝类似错误发生,批评性通报的结尾处,通常要有针对性地提出防范的措施或规定。情况通报有时还针对具体问题提出应采取何种对策的指导性意见。

3.落款。在正文右下方标明发文机关名称,加盖印章,写明发文日期。

通报写作必须注意以下几点。

第一,通报的写作要事实准确,把时间、地点、人物、数据、事例、背景都书写清楚。要目的明确,对其原因、影响、经验、教训进行科学的总结,使人得到教益。

第二,必须认真负责,切实把事实核对清楚,有一说一,有二说二,不夸大,不缩小。若有些许不切实际的地方,就会影响通报的效果,甚至会适得其反。

第三,表彰先进或处分犯错误者的通报,均属对问题的定性的文件,其遣词用句必须慎重严谨,反复推敲,宁可留有余地,也不可说过头话,以免留下后遗症,给工作造成被动。

相关链接

通报和通知的区别

　　通报和通知,在沟通情况、传达信息方面有相似的地方。其主要区别是:通知一般要求贯彻执行,具有一定的约束力;通报则只是起倡导、警诫、启发和沟通情况的作用。

三、请示

[实例 10 - 2 - 3]
关于要求评定××中青旅行社四星级旅行社的请示
×旅〔2016〕46 号

××市旅游局:

　　根据××中青旅行社的申请,我局对照《××省旅行社品质等级划分与评定（DB 33T −719—2008）》的有关标准,对××市××中青旅行社进行了资料审核与现场查看打分。我局认为××市××中青旅行社已经符合四星级旅行社标准。

特向贵局申请对××市××中青旅行社进行等级评定。

以上请示,请批准。

××市××区风景旅游局

2016 年 10 月 25 日

以上是下级机关针对某些具体事宜向上级机关请求批准的请示。

(一)什么是请示

请示是向主管上级机关请求对某项工作或问题作出指示、给予答复、审核批准时所使用的公文。请求必须事前行文,一事一文。上级应在一定的时限内批复。

一般而言,凡向上级请示的问题,应属于以下几种情况。

1.属于主管上级单位明确规定必须请示批准才能办理的事项。

2.对现行方针、政策、法令、规章、制度等不甚了解,有待上级单位明确答复才能办理的事项。

3.工作中发生了新情况,而无章可循,有等上级明确指示才能办理的事项。

4.因情况特殊难以执行现行规定,有待上级重新指示才能办理的事项。

5.因意见分歧无法统一,难以工作,有待上级裁决才能办理的事项。

6.有章可循,有法可依,可以开展工作,但因事由重大,为防止工作中失误,需请示上级审核的事项。

7.按上级明文规定,完成一个任务,需报请上级审核的有关事项。

(二)请示的类别

请示根据不同内容和写作意图可分为以下三类。

1.请求指示的请示。此类请示一般是政策性请示,是下级机关需要上级机关对原有政策规定做出明确解释,对变通处理的问题做出审查认定,对如何处理突发事件或新情况、新问题做出明确指示等的请示。

2.请求批准的请示。此类请示是下级机关针对某些具体事宜向上级机关请求批准的请示,主要目的是为了解决某些实际困难和具体问题。

3.请求批转的请示。下级机关就某一涉及面广的事项提出处理意见和办法,需各有关方面协同办理,但按规定又不能指令平级机关或不相隶属部门办理,需上级机关审定后批转执行,这样的请示就属此类。

（三）请示的结构、内容和写法

请示由首部、正文和尾部三部分组成，其各部分的格式、内容和写法如下。

1. 首部。首部主要包括标题和主送机关两个项目内容。请示的标题一般有两种书写方式：一种是由发文机关名称、事由和文种构成，如《×××学校关于创办校园文学报的请示》。另一种是由事由和文种构成，如《关于减征蓝天塑料包装有限公司企业所得税的请示》。每份请示只能写一个受文领导，不能多头请示。主送机关即接受请求的直接上级机关，在标题下面一行顶格写起。

2. 正文结构一般由开头、主体、结语构成。开头主要交代请示的理由，一写情况依据（往往用"目前"开头），二写目的说明（用"为……"开头）。主体主要说明请示事项，分层分项写清具体要求，并说透理由，提出充足的事实和理论根据。同时，依据实际情况，提出切实可行的处理意见，作为上级机关进行判断和指示的参考。它是向上级机关提出的具体请求，这部分内容要单一，只宜请求一件事。结语另起一段，其习惯用语有"当否，请批示""妥否，请批复""以上请示，请予审批""以上请示，呈请核准""以上请示如无不妥，请批转各部门予以执行"等。

3. 尾部，为落款与成文时间两部分。

（四）撰写请示需掌握的三个要领

1. 详细、准确地写明请示事由。不仅应在标题上写清，还要在正文里写明请示什么问题，为什么要向上级请求。请示事项要专题专文，以便上级及时答复。

2. 明确提出本单位对解决这一问题的意见，供上级参考。意见要写得有理有据，必要时可引证有关的现行政策和规定条文。如本单位意见有分歧，要分别陈述不同意见的内容并加以分析比较，还可提出倾向性的意见供上级权衡、批复。

3. 具体提出对上级的要求。包括：希望按某个最佳方案批示；由于时间限制或事态严重，希望上级尽快答复，甚至务请在什么时限内答复；提请上级批复时需要注意或强调的问题，否则可能引起什么不良后果；在上级正式批复前，建议上级同意暂先按什么原则进行工作等。向上级提出上述要求的目的，是为了得到上级及时、准确的批复，但行文中切勿使用要挟的言辞。

相关链接

请示与报告的区别

请示与报告同是上行文，但在写作内容、时机、目的等方面有明显的区别：请示是要事前行文、要求上级机关给予答复的文件，具有请求的性质；报告则是事后行文、不要求答复的文件，具有陈述性质。

四、报告

[实例10-2-4]

关于2013年"五一"小长假旅游市场
统计数据汇总及简要分析报告

省旅游局：

今年"五一"小长假期间,我市天气晴好,凉风习习,气温适宜游客出行。但由于H7N9病毒在各地蔓延的趋势和其他原因,造成我市旅游市场接待情况与去年"五一"小长假相比略有下降。经市假日办汇总、测算,今年"五一"小长假期间,全市共接待境内外游客380.55万人,同比下降2.02%,实现旅游总收入31.97亿元,同比增长5.05%。通过相关数据分析,我们认为,苏州旅游业目前正处于转型升级的关键时期,数量增长的空间不大,质量提升是当务之急。主要数据汇总分析如下。

一、传统景区空间有限,发展理念有待转化

节前,省发改委召开新闻发布会,要求全省部分高等级景区降低门票价格,给予游客优惠,为此我市三家景区(东山景区、沙家浜景区、太湖国家湿地公园)严格执行相关优惠政策要求,节日期间所售门票,在发改委要求的基础上进一步下降。节日期间我市景区的接待情况显示,游客对景区的"高价门票"不满意,有门票的传统景区接待量有所下降;而开放式景区如平江路、金鸡湖、常熟虞山、太湖东山、金庭农家乐等休闲旅游区则人满为患,停车位明显不足,充分体现了游客对门票的"选择性忽视"。"五一"期间,平江路人数增长15.71%,虞山增长10%,东山、金庭农家乐每天接待3万~4万人休闲用餐。同时,传统景区如古典园林、盘门景区、水乡古镇等,接待人数和门票收入普遍下降,古典园林下降10.15%,盘门下降12.15%,周庄、同里均下降5%左右。

总体而言,全市4A级以上旅游景区接待游客317.98万人次,同比增长2.04%,门票收入4 700万元,同比增长4.8%。旅游景区依靠门票收入实现经济增长的路正变得越来越窄,摆脱门票经济、实现综合效益增长成为必由之路。实现门票经济向综合效益的转变,如果单靠某个景区自身应对是相当困难的,其中的转折时期将会给景区造成难以承受的压力。对此,应当从政府的层面对门票经济向综合效益转化进行深入研究,下定决心,转变发展方式,尽快由被动应付向主动应对转变。

二、休闲度假趋势明显,现有产品有待优化

除景区外,我市还有大量的乡村旅游点和农家乐区域因为自然环境好、空气质量高,深受游客欢迎,是本地游客和上海、浙江等周边游客重复游、休闲游的必选之地,如太湖周边的东山陆巷、三山岛,金庭的明月湾,阳澄湖周边的莲花岛、巴城等,但这些地方提供的休闲度假产品比较单一,游客一般只能享受当地的自然环境,喝茶、钓鱼、打牌、吃饭,静态的、消极的休闲产品多,动态的、积极的休闲产品少,有深度文化内涵或者适合游客住宿两晚以上的度假产品几乎没有。

下一步,我市各旅游度假区应当积极引进休闲度假类项目和相关活动内容,丰富提升滨水区域的休闲度假产品,将度假酒店、文化体育活动、文艺演出、美食餐饮、购物娱乐等项目与当地的自然生态环境更好结合,形成层次丰富、内容多样的休闲度假产业。

三、住宿接待淡旺不均,产品开发有待深化

节日期间,我们对全市多家宾馆饭店进行了跟踪调查,平均出租率为60.96%,比去年同期下降7个百分点。被调查饭店中,五星级饭店下降8%,四星级饭店下降10.2%,三星级饭店下降13.4%,非星级饭店下降10.4%,经济型酒店下降0.5%。饭店反映:一是节日期间出租率比平时稍好,但全年平均出租率不理想,饭店盈利普遍不多,今年的情况则更加严峻;二是饭店客房出租率的淡旺季过于明显,不利于管理和服务水平的保持;三是饭店房价不高,与苏州在全国的经济地位不符。

针对以上情况,我们认为应当加大旅游产品的开发,吸引国内外各行业协会和重要企业来苏举办活动,加大对企业奖励旅游的吸引和扶持力度,同时搭建沟通交流平台,把宾馆饭店的客房资源、旅游景区的资源和苏州文化演出产品联系在一起,共同向国内外的市场推广。

四、团队出游逐步减少,公共服务亟待提升

节日期间,我们对全市重点旅行社接待组团情况进行了跟踪调查,旅行社接待团队来苏游客人数平均下降12.87%。在携程网和中国旅游研究院联合发布的"五一"小长假旅游城市人气排行榜中,苏州在到访和出游人气两个榜单中均未能进入前十名。

对此,在团队旅游逐步减少的情况下,一方面旅行社要强化新品开发,在提供个性化服务上下功夫,开发独具苏州特色的旅游产品,吸引更多游客来苏州旅游;另一方面政府主管部门应当不断强化公共服务意识,在公共交通、旅游咨询、产品开发、智慧旅游、卫生管理、应急救助和市场整治方面加大力度,提升服务管理水平。"五一"期间,市旅游咨询服务中心共接受游客现场和网络咨询2 600多人次,咨询涉及景点、交通、门票、住宿、餐饮等各方面。今后,咨询中心将进一步丰富咨询渠道,将现场咨询、线上查询、呼叫中心和服务中心等功能集于一身,

为来苏散客提供优质服务。

特此报告。

苏州市旅游局

2013 年 5 月 9 日

（摘自苏州旅游局政务网）

以上是苏州市旅游局针对 2013 年"五一"小长假旅游市场的统计数据向省旅游局作的分析报告，属于专题性报告。专题性报告针对性较强，条理清晰，时间比较集中。

（一）报告及分类

报告是向上级机关报告工作、反映情况、提出建议和答复询问的公文。报告一般事后、事中行文，不要求上级批复，行文较长。报告和总结、调查报告的写法大同小异。常见单位部门的总结同时用于会议，成为报告。报告要用事实说话，以叙述为主，叙议结合。

报告是陈述性文件。它的种类很多，按内容可分为专题报告、综合报告、总结报告；按时间可分为年度报告、季度报告、月份报告和工作进程报告；等等。

（二）报告的结构和写法

报告的结构分为首部、正文、落款三部分。

1. 首部。首部包括标题和主送机关。标题一种是由事由和文种组成，另一种是由发文机关、事由和文种组成。写主送机关时要求顶格写上受文单位全称。

2. 正文。正文内容因种类不同而有差异。为学习方便，把报告大致分为两种。

（1）综合性报告，或称总结性报告。政府及机关单位都要在大会上作此种工作报告。该类报告的正文分为以下几部分。

①情况简述，主要包括工作时间、地点、背景、条件或各项工作的开展情况。这种开头称为概述式。此外还有结论式（议论判断）、说明式（用"为了…"）等，要求百字上下。

②成绩做法，这是报告的主体。可以简要叙述一下工作过程。成绩常常通过数字、比较、事实来表现。安排形式有条陈式、小标题式、阶段式和贯通式。

③经验教训。该部分内容要有观点、看法和规律，又要有具体的典型事例以及理论分析，常常占 1/5 的篇幅。

④今后计划。往往写成今后的工作计划，常常占 1/3 的篇幅。

各级各类行政机关每年都要作这种总结式的报告。

（2）专题性报告。专题性报告着重汇报某项工作或某个问题,特点是专项、特殊,一事一报。专题报告的正文写法为以下几点:

①概述情况。讲清工作开展情况或问题发生的原委、事项的起因和经过。

②说明理由、做法和反映。这部分或说明取得的成绩和经验,这部分或分析存在的问题及原因,或说明工作做法,或写出群众反映。

③提出意见。写明基本看法、解决问题的建议和办法。

结尾一般用"特此报告""以上报告如无不妥,请批转各地执行"等习惯用语,有的不写。

3.落款。落款包括发文机关或个人、印章、发文时间。

相关链接

报告的写作要求

1.报告事项要真实,有喜报喜,有忧报忧,不能弄虚作假。

2.报告要及时,时过境迁,报告就失去了意义。

3.报告中不要夹带请示事项,如果报告中夹带请示事项,受文单位没有答复的责任,这样就可能贻误工作。

五、函

[实例 10-2-5]

关于举办 2016 年××省旅行社计调岗位资格培训班的函

各省辖市旅游局、省直旅行社:

计调,是进行旅游实际操作的专业人员,是旅行社的中枢,负责线路的开发、食宿行程安排、成本核算等经营管理工作。计调工作的优劣直接影响和决定着公司业务的正常开展,是旅行社中不可或缺的重要角色。目前旅游人才需求正发生着转折性变化,计调需求异军突起,随着旅游市场规范的加速,专业计调人员将更加抢手。而我省现有计调人员普遍存在学历层次低、未经专业系统培训、经验缺乏等问题,旅行社对计调人员的培养主要采取老员工带新员工的方式,使创新能力受到限制,从而限制了旅行社的发展。

为进一步提升旅行社计调人员的业务素质,开阔视野,创新思路,提升旅行社的收益能力,提高旅行社的经营管理水平,推动旅行社的长远发展,经研究,省旅游局人才服务中心将于 2016 年 12 月中旬举办全省旅行社计调岗位资格培训班,现将有关事项函告如下。

一、培训目标

通过培训,全面系统地了解计调业务在旅行社运转中的作用和任务,掌握计调业务的运作过程和基本策略,全面提升计调人员综合素质,使其能够在计调工作岗位上不断创新,从而提高旅行社的经营管理水平,提升竞争力。

二、培训内容

国内计调人员应具备的素质及相关资源;

信息时代计调业务新趋势;

计调线路组合与价格策略;

旅游线路行程的设计理念;

国内组团计调操作实务;

旅游市场细分与旅游产品的开发、设计与推广;

旅游产品的销售及旅行社同业推广渠道;

出境计调操作实务;

出境旅游市场营销、旅游产品销售渠道。

三、培训安排

(一)报到时间:2016 年 12 月 20 日下午(地点:××羚锐大厦,地址:××市政六街与红旗路交汇处北 30 米路西,总台电话0371 - ××××××)。

(二)培训时间:2016 年 12 月 21～24 日。

(三)培训地点:××羚锐大厦。

(四)联系人:××

电话:0371 - ××××××、××××××(传真)。

四、培训费用

请向省旅游人才服务中心咨询。

联系人:××　　　电话:0371 - ×××××

五、所需资料

(一)《2016 年××省旅行社计调岗位资格培训报名表》、近期一英寸免冠照片三张及身份证复印件一份。

(二)各省辖市旅游局将报名人员资料于 2016 年 12 月 17 日前报省旅游局人才服务中心,并将"2016 年旅行社计调岗位资格培训报名回执表"汇总后发至邮箱×××××。

六、证书颁发

学员完成规定学习内容,经考试成绩合格者颁发国家旅游局岗位职务培训指导委员会"全国旅游行业管理人员岗位职务培训证书(计调岗位)"。

附件:2016 年旅行社计调岗位资格培训报名回执表

2016 年××省旅行社计调岗位资格培训报名表

××省旅游局人才服务中心

2016 年 11 月 25 日

(一)什么是函

函是机关之间办理日常公务的交往性公文。《国务院行政机关公文处理办法》规定:"函适用于不相隶属机关之间相互洽谈工作、询问和答复问题,请求批准和答复审批事项。"

函作为公文中的平行文种,适用的范围相当广泛。在行文方向上,不仅可以在平行机关之间行文,而且可以在不相隶属的机关之间行文,其中包括上级机关或者下级机关行文。在适用的内容方面,它除了主要用于不相隶属机关相互洽谈工作、询问和答复问题外,也可以向有关主管部门请求批准事项,向上级机关询问具体事项,还可以用于上级机关答复下级机关的询问或请求批准事项,以及上级机关催办下级机关有关事宜,如要求下级机关函报报表、材料、统计数字等。此外,函有时还可用于上级机关对某件原发文件作较小的补充或更正。不过这种情况并不多见。

(二)函的特点

1.沟通性。函对于不相隶属机关之间相互洽谈工作、询问和答复问题起着沟通作用,充分显示平行文种的功能,这是其他公文所不具备的特点。

2.灵活性。这表现在两个方面:一是行文关系灵活。函是平行公文,但是它除了平行行文外,还可以向上行文或向下行文,没有其他文种那样严格的特殊行文关系的限制。二是格式灵活,除了国家高级机关的主要函必须按照公文的格式、行文要求行文外,其他一般函,比较灵活自便,可以有文头版,也可以没有文头版,不编发文字号,甚至可以不拟标题。

3.单一性。函的主体内容应该具备单一性的特点,一份函只宜写一件事项。

(三)函的分类

函可以从以下不同角度进行分类。

1.按性质可以分为公函和便函两种。公函用于机关单位正式的公务活动往来;便函则用于日常事务性工作的处理。便函不属于正式公文,没有公文格式要求,甚至可以不要标题,不用发文字号,只需要在尾部署上机关单位的名称、成文时间并加盖公章即可。

2.按发文目的,函可以分为发函和复函两种。发函即主动提出了公事事项所发出的函;复函则是回复对方所发出的函。

3.从内容和用途上,函还可以分为商洽事宜函、通知事宜函、催办事宜函、邀请函、请示答复事宜函、转办函、催办函、报送材料函等。

(四)函的结构、内容和写法

函的类别较多,从制作格式到内容表述均有一定的灵活机动性。这里主要介绍规范性公函的结构、内容和写法。

公函由首部、正文和尾部三部分组成,其各部分的格式、内容和写法要求如下。

1.首部。首部主要包括标题、主送机关两个项目内容。

公函的标题一般有两种形式,一种是由发文机关名称、事由和文种构成;另一种是由事由和文种构成。主送机关,即受文并办理来函事项的机关单位,应于文首顶格写明全称或者规范化简称,其后用冒号。

2.正文。正文结构一般由开头、主体、结尾、结语等部分组成。

(1)开头。主要说明发函的缘由。一般要求概括交代发函的目的、根据、原因等内容,然后用"现将有关问题说明如下"或"现将有关事项函复如下"等过渡语转入下文。复函的缘由部分,一般首先引叙来文的标题、发文字号,然后再交代根据,以说明发文的缘由。

(2)主体。这是函的核心内容部分,主要说明致函事项。函的事项部分内容单一,一函一事,行文要直陈其事。无论是洽谈工作、询问和答复问题,还是向有关主管部门请求批准事项等,都要用简洁得体的语言把需要告诉对方的问题、意见叙写清楚。如果属于复函,还要注意答复事项的针对性和明确性。

(3)结尾。结尾一般用礼貌性语言向对方提出希望,或请对方协助解决某一问题,或请对方及时复函,或请对方提出意见或请主管部门批准等。

(4)结语。通常应根据函询、函告、函或函复的事项,选择运用不同的结束语,如"特此函询""请即复函""特此函告""特此函复"等。有的函也可以不用结束语,如属便函,可以像普通信件一样,使用"此致""敬礼"。

3.结尾落款。结尾落款和成文时间两项内容。

相关链接

撰写函应注意的问题

函的写作,首先要注意行文简洁明确,用语把握分寸。无论是向平行机关或是向不相隶属机关行文,都要注意语气平和有礼,不要倚势压人或强人所难,也不必逢迎恭维、曲意客套。至于复函,则要注意行文的针对性和答复的明确性。其次,函也有时效性的问题,特别是复函更应该迅速、及时。像对待其他公文一样,要及时处理函件,以保证公务等活动的正常进行。

应用能力训练

1. 请根据所学公文知识判断下列说法是否正确。

(1)公文用印要求是上应压正文,下应骑年盖月。

(2)公文都应该有主送机关。

(3)公文标题有时可以根据需要省略文种。

(4)公文的成文时间是指它的印制时间。

(5)公文标题有时可以根据需要省略事由部分。

(6)公文语言的特点是形象、生动、得体。

(7)某县拟向市政府汇报该县遭受水灾的情况,可使用通报。

(8)国家旅游局转发国务院关于进一步清理整顿旅行社的通知。

(9)调查报告属于公文中的"报告"这一文种。

(10)向无隶属关系的有关主管部门请求批准,应当用函。

(11)通报应先叙后议,不应先议后叙。

(12)总结一般用第三人称写作。

(13)所有公文都应在眉首部分标明签发人的姓名。

(14)为减少发文,在向上级机关呈送的报告中,可附带请示问题。

(15)公文的份号只适用于绝密级公文,以防遗失,造成泄密。

(16)通报适用于经会议讨论通过的重要决策事项。

(17)上行文是上级机关发来的文件,下行文是下级机关发出的文件。

(18)向上级机关请求指示、批准时,用请示报告。

2. 根据所学公文写作知识,指出以下公文格式、用语、内容存在的问题并改正。

××市旅游局关于召开县区局长会议的通知

兹定于 2017 年 2 月 28 日至 3 月 5 日,召开县、区局长会议,传达全省旅游局会议精神,研究我市旅游工作十年规划。28 日上午 9 时报到。会议重要,务希准时出席。

特此通知

（公章）

2017 年 2 月 2 日

关于要求拨款修复办公室的请示

市旅游局、市建设厅、市民政厅：

由于今年第 3 号沙暴的袭击,我局办公室遭到严重破坏,许多门窗被毁,沙暴后又连降暴雨,造成许多房屋严重漏雨,不仅影响正常生活,而且影响我局的工作。为尽快修复被毁的办公室,恢复正常的工作生活秩序,现请示拨发维修款15万元。

目前,社会治安状况严峻,我局保安力量又不足,因此欲从今年复员转业军人中选拔一部分,补充到我局保安队伍中来,请有关部门考虑,予以帮助解决。

由于以上工作较紧迫,请领导于10日内给予回复。

特此报告

××市旅游局

2017年7月9日

3.××市旅游局将于半年后举办第四届全市十佳导游大赛,请代该局拟写一篇通知,请全市各旅行社组织参赛队,并通过选拔选手,带动导游业务学习的开展。

4.××职业学院经过一年多的努力,已基本具备了招收涉外旅游专业的条件,决定向省教育厅申报成立"涉外旅游专业",并拟于明年开始招生。请你为该院拟订一份请示。

5.环城旅游公司因业务发展需要,拟从××旅游职业学院挑选5名实习生充实管理队伍。请以该公司名义拟写一份致××旅游职业学院商洽此事的函。

主要参考文献

[1]潘桂云.应用写作与口才[M].北京:高等教育出版社,2014.

[2]张建.应用写作[M].北京:高等教育出版社,2016.

[3]何小庭.汉语言文学导游知识[M].北京:燕山出版社,2004.

[4]张惠芬.导游业务[M].北京:燕山出版社,2004.

[5]李鸿.承德实用导游词[M].呼和浩特:远方出版社,2004.

[6]叶骁军.中华名胜100景[M].北京:中国地图出版社,2004.

[7]四川省旅游局,四川省旅游协会.四川导游词精选[M].北京:中国旅游出版社,2002.

[8]国家旅游局人事劳动教育司,西藏自治区旅游局.西藏导游解说词[M].北京:中国旅游出版社,2003.

[9]张浩.办公室文秘写作大全[M].北京:光明日报出版社,2000.

[10]甘朝有.旅游心理学[M].天津:南开大学出版社,2001.

[11]何晖,梁松林.应用文写作基础[M].上海:华东理工大学出版社,2007.

[12]金绍兵等.水利应用文写作指南[M].北京:中国水利水电出版社,2000.

[13]郭雨韩.演讲与口才精品收藏[M].海口:海南出版社,2004.

[14]张英奇.校园演讲[M].长春:北方妇女儿童出版社,2000.

[15]郝慧珠.广告文案写作[M].北京:团结出版社,2003.

[16]康贻祥.现代应用文写作大全[M].北京:金城出版社,2003.

[17]宋志明.市场营销[J].中国人民大学书报资料中心,2005.

[18]中华人民共和国教育部高等教育司全国高职高专校长联席会.纵横职场[M].北京:高等教育出版社,2004.

[19]霍唤民,任鹰,宋海军.新编应用文写作全书[M].北京:中国社会出版社,2003.

[20]陈才俊.现代经济写作[M].广州:华南理工大学出版社,2003.

[21]李凯源,荆志岭,王志文.现代应用写作[M].北京:警官教育出版社,1998.

[22]何永刚.财经应用文[M].北京:中国财政经济出版社,2000.

[23]顾克广,刘永章.司法文书[M].北京:中国政法大学出版社,2000.

[24]向国敏.现代秘书实务[M].北京:首都经济贸易大学出版社,2005.

[25]傅西路.公文处理规范[M].北京:人民日报出版社,2003.